BIÈRES
DU MONDE

BIÈRES
DU MONDE

AVEC LA CONTRIBUTION DE

STAN HIERONYMUS • WERNER OBALSKI • ALASTAIR GILMOUR • JORIS PATTYN

LORENZO DABOVE • GILBERT DELOS • CONRAD SEIDL • RON PATTINSON • LAURA STADLER-JENSEN

BRYAN HARRELL • WILLIE SIMPSON • GEOFF GRIGGS • ADRIAN TIERNEY-JONES

SOUS LA DIRECTION DE TIM HAMPSON

EDITIONS ‖ PRISMA

DK, premier éditeur de livres de référence illustrés au monde,
produit des livres, des eBooks et des applications destinés aux lecteurs
de tous âges dans plus de soixante langues et une centaine de pays.
Fondée à Londres en 1974, DK est réputée pour l'excellence
de ses ouvrages qui ont pour but d'informer, inspirer et divertir
grâce à une approche graphique et photographique innovante.
DK fait partie du groupe Penguin Random House formé à la suite
de la fusion des deux géants de l'édition mondiale Penguin
et Random House qui a pris effet le 1er juillet 2013.

Ce livre est extrait de l'ouvrage *Bières du monde*
publié en 2011 par les Éditions Prisma.

Édition originale publiée sous le titre *Beer Book*
© 2008 Dorling Kindersley Limited
Tous droits réservés

Directeur de projet : Rosalyn Ellis
Édition : Michael Ellis
Directeur artistique : Stephen Bere
Assistant d'édition : Fay Franklin
Design : Marisa Renzullo, Ian Midson
Iconographie : Rebecca Carman,
Jürgen Scheunemann, Katerina Cerna

Édition française © 2011 Prisma Media.
Tous droits réservés.

Pour la présente édition © 2015 Prisma Media
13 rue Henri-Barbusse
92624 Gennevilliers cedex
Tous droits réservés

Éditions Prisma
Directeur : Pierre-Olivier Bonfillon
Directrice éditoriale : Françoise Kerlo
Chargée d'édition : Julie Drouet
Chefs de fabrication : Jérôme Brotons et Anne-Kathrin Fischer

Adaptation : InTexte, Toulouse
Traduction : Ludivine Verbeke

www.editions-prisma.com

ISBN : 978-2-8104-1560-1

Dépôt légal : à parution

Imprimé en Espagne par Cayfosa Impresia Ibérica
Carretera de Caldes, km 3
08130 Santa Perpetua de Mogoda (Barcelone)

PEFC certifié
Ce produit est issu de forêts
gérées durablement et de
sources contrôlées
PEFC/14-38-00157   www.pefc.es

SOMMAIRE

Introduction 6

BIÈRES DU MONDE

Principaux pays producteurs 12
États-Unis 12
Allemagne 42
Îles Britanniques 66
Belgique 88
République tchèque 106

Les autres pays 116
Europe 118
Amériques 148
Asie 154
Afrique 159
Océanie 160

GROS PLAN SUR...

Les brasseries
Les géants de la bière 20
Guinness 72
Hoegaarden 94
Pilsner Urquell 110

Les notions
Le malt 36
Le houblon 48
Les verres 84
L'aromatisation 124
Les bouteilles 132
La bière à table 144

TYPES DE BIÈRE
Ales américaines 31
Bières allemandes 52
Lager 55
Kölsch 60
Altbier 63
Porters et stouts 81
Bières sauvages 92
Bières fruitées 103
Bières de froment 138

CARTES

Brasseries
États-Unis 12
Allemagne 42
Îles Britanniques 66
Belgique 88
République tchèque 106
Les autres pays 116

Routes de la bière
Oregon 28
Bamberg 56
Les Cotswolds 78
Bruxelles 100
Prague 114

Glossaire 164
Index 166
Remerciements 168
Crédits photographiques 168

INTRODUCTION

Voici un livre sur la bière, la boisson alcoolisée la plus vendue au monde. Ce breuvage a changé l'homme et l'a civilisé, même si nous pensons souvent à tort qu'une bière est un simple produit standard de notre société industrielle. La bière est issue de la terre, élaborée avec d'excellents ingrédients naturels, transformée en boisson grâce au savoir-faire, à l'art et à la science du brasseur.

Cet ouvrage est une aventure – un voyage dans le monde fascinant des saveurs, des couleurs et des arômes – qui nous mènera dans l'univers de la brassiculture américaine, puis au cœur des grandes nations brassicoles d'Europe.

Nous visiterons aussi des pays associés traditionnellement à la culture viticole. En France, la viticulture est si présente qu'elle en éclipse souvent la tradition rurale brassicole. De même, l'Italie, autre grande nation viticole du Vieux Continent, émerge peu à peu au premier plan de la brassiculture artisanale.

Pour un amateur de bière, imaginer un monde sans bière revient à imaginer un monde sans ciel ni étoiles. La bière fait tellement partie de notre quotidien que, trop souvent, elle n'est pas appréciée à sa juste valeur. À tort, car c'est l'une des boissons les plus anciennes et les plus populaires au monde. Il y a 10 000 ans, les peuples nomades du Moyen-Orient se mirent à cultiver et à récolter les céréales, et à bâtir des villages près des champs. Certains archéologues pensent même que la fabrication de la bière aurait été l'une des raisons de leur sédentarisation.

L'Épopée de Gilgamesh, poème oral antique originaire de Babylone et datant de plus de 4 000 ans, raconte l'histoire de l'influence civilisatrice du brassage de la bière. Enkidu, homme non civilisé, apprit à manger du pain et à boire de la bière. Il but sept tasses de bière et « son cœur guérit ». D'après la légende,

il se lava et devint un être humain raffiné – la bière l'avait apprivoisé.

PREMIERS VESTIGES

Les plus anciens vestiges du brassage remontent à 6 000 ans, en Mésopotamie, et sont attribués aux Sumériens. Plus de 3 000 ans avant l'ère chrétienne, en Égypte, une boisson enivrante élaborée à partir de céréales faisait partie de l'alimentation humaine. Dans ses écrits, l'historien romain Pline l'Ancien rapporte qu'une boisson fermentée produite à partir de maïs et d'eau était souvent consommée en Europe du Nord.

Parallèlement au plaisir, les croyances religieuses jouèrent un rôle majeur dans le développement de la brassiculture ; aujourd'hui encore, certaines communautés tribales organisent des cérémonies au cours desquelles les participants consomment une forme ancienne de bière, en signe de reconnaissance adressée aux divinités. Jadis, la bière était comme le pain – un élément essentiel de l'existence. Riche en calories, elle était aussi moins dangereuse que l'eau, car elle était bouillie. Dans toutes les régions agricoles, la culture des céréales s'accompagnait du brassage de la bière.

DE NOS JOURS

L'industrie brassicole a deux visages, l'un traditionnel, l'autre moderne et dynamique ; les deux sont représentés dans cet ouvrage.

La brasserie artisanale a ses mérites, elle a forgé l'industrie que nous connaissons. En évoluant, elle a apporté le principe de réfrigération, développé la science et le marketing – c'est pourquoi nous mettons à l'honneur les bières produites par les brasseries Anheuser-Busch InBev, Carlsberg, Heineken et SABMiller. Grâce à ces entreprises, la brassiculture est passée d'une pratique fortuite à un art, une science. Enfin, la brassiculture connaît un renouveau fascinant, notamment par le phénomène des microbrasseries, auquel s'intéresse également le présent ouvrage.

ÉTATS-UNIS

L'Amérique est le nouveau monde de la bière. De l'Alaska au Mexique, les brasseurs américains repoussent les limites. Ils élaborent les bières les plus brunes, les plus houblonnées et les plus amères du monde. En termes de brassage, il n'existe plus aucune règle, les styles européens sont disséqués, puis réassemblés.

Au cours des 40 ans écoulés depuis que Fritz Maytag, père de la renaissance brassicole américaine, sauva la brasserie Anchor de la fermeture, une révolution se profila. On compte aujourd'hui plus de 1 400 nouvelles brasseries aux États-Unis, dont quelques-unes se limitant à une gamme restreinte. La plupart brasse des bières aux styles très variés, certaines inspirées des bières classiques, d'autres issues directement de l'imagination du brasseur.

À Dogfish Head Brewery, le fondateur Sam Calagione élabore des « bières excentriques pour les gens excentriques ». Ses bières contiennent des ingrédients originaux ou des quantités « extrêmes » d'ingrédients traditionnels. Muscat blanc, miel, safran, réglisse ou chicorée sont plongés dans les cuves de brassage.

À la Brooklyn Brewery, Garrett Oliver agit non seulement sur le plan environnemental –

la brasserie fonctionne intégralement sur l'énergie éolienne – mais il relève aussi le défi de marier bière et gastronomie, poursuivant l'objectif que chaque restaurant puisse proposer une carte des bières au même titre que celle des vins. La bonne bière, déclare-t-il, est un luxe accessible, et l'association avec de bons produits culinaires est une expérience véritablement créative.

À la brasserie Alaskan, à Juneau, chaque bière produite est un hommage à ses origines régionales. La Smoked Porter est brassée avec du malt fumé au bois d'aulne à la poissonnerie locale – une variante des bières allemandes de Bamberg, dont le malt est fumé au bois de hêtre. Samuel Adams, à Boston, n'a aucune limite en matière de bières fortes ; l'Utopias, titrant à 26,5 % vol., en est l'expression la plus extrême.

Greg Hall, brasseur chez Goose Island, à Chicago, mise essentiellement sur la quantité de houblons utilisés. Son Imperial IPA est un véritable cocktail : les houblons Tettnang, Simcoe et Cascade, entre autres, sont ajoutés à la bière jusqu'à ce que le breuvage atteigne 90 IBU (unité mesurant l'amertume de la bière) – bien au-delà des 5 IBU que contient une lager américaine légère.

ALLEMAGNE

Les grandes nations brassicoles européennes ont conservé leur prestige, et savent conjuguer tradition et innovation. Les bars à bière se multiplient dans tout le pays. Les chopes d'un litre débordant de bière, les fanfares tonitruantes et les fêtes extravagantes contribuent à faire de ce pays un paradis de la bière. En général, les goûts des Allemands demeurent assez traditionnels, et certains pubs-brasseries ouverts récemment brassent de la pilsner plutôt que des bières modernisées.

L'Allemagne compte 15 styles de bière classiques, de la rauchbier de Bamberg et

Nuremberg à la douce kölsch de Cologne, servie par les *köbes* au tablier bleu, ou encore la weissbier acide de Berlin.

Dans la brasserie Heller, l'établissement Schlenkerla de Bamberg, le brasseur Matthias Trum produit des bières de malt fumées de qualité supérieure et inégalées. À l'abbaye de Weltenbourg, au nord de Munich, Anton Miller – qui est le plus jeune maître brasseur d'Allemagne – prouve que sa Barock Dunkel est aussi appréciée par les habitants locaux que les consommateurs étrangers. Sa bière fut récompensée de la médaille d'or dans la catégorie des dark lager au World Beer Cup 2008 de San Diego, en Californie.

ÎLES BRITANNIQUES

La brasserie Hook Norton date de plus d'un siècle et fonctionne certes à la vapeur, mais ses bières ne sont pas figées dans le passé. Le brasseur James Clarke utilise de plus en plus d'ingrédients cultivés localement pour élaborer des bières aux saveurs nouvelles.

Le centre touristique de Heineken, à Amsterdam

Ouverte en 2005, Thornbridge est l'une des brasseries britanniques les plus récentes, et elle s'est rapidement forgé une réputation pour ses bières innovantes à la saveur prononcée. Richard Keene, chez Cotswold Brewing, prouve qu'une petite brasserie artisanale est capable de brasser des bières de type lager au lieu des ales habituelles.

À la brasserie londonienne Meantime, le maître brasseur Alastair Hook met en valeur les saveurs amples que la bière peut dégager. Sa Coffee Porter, riche en saveur de cappuccino torréfié, est brassée avec des grains de café rwandais issus du commerce équitable.

Toutes ces brasseries contribuent chacune à leur manière à la renaissance de la brassiculture anglaise, centrée sur les producteurs de petites cuvées.

BELGIQUE

Les Belges ont probablement le choix de bières le plus diversifié au monde. Entre les pale ale et les red ale aigres flamandes, la gueuze, le lambic et la kriek de Bruxelles, les bières d'abbaye et de saison, et la witbier, chacun y trouve une bière à son goût.

Marquée par la tradition, la brasserie bruxelloise Cantillon produit des bières intensément aigres au caractère rude. Depuis plus de 100 ans, la famille Van Roy élabore des gueuzes acétiques (mélange de lambics jeunes et vieux) ; elle a commencé avant même l'existence du terme de « bières extrêmes ». Il y a une décennie, Jean-Pierre Van Roy s'est orienté vers la production bio, il est aujourd'hui réputé pour tester de nouveaux ingrédients et pour mettre au point des variantes des lambics, gueuzes et bières fruitées traditionnels à partir de levures sauvages. À l'instar de nombreux autres brasseurs artisanaux, il reconnaît l'importance

La brasserie Portland, où sont brassées les bières MacTarnahan

d'Internet pour la publicité et la vente de ses bières ; la moitié de sa production est désormais exportée sur les marchés étrangers du monde entier.

RÉPUBLIQUE TCHÈQUE

La ville de Plzeň en République tchèque a joué un rôle majeur dans l'histoire de la bière. C'est ici, en 1842, que le brasseur Josef Groll apprit à maîtriser l'art de la triple décoction dont il résulta une bière blonde et claire. L'histoire a fait le reste ; la pilsner est devenue le style de bière dominant le marché mondial.

Les bars praguois sont réputés, à juste titre, pour être les lieux de visite immanquables pour tout amateur de bière. À l'extérieur de la capitale, les brasseurs ruraux, également engagés sur la voie du tourisme brassicole, ont ouvert des centres touristiques, tels que celui de Pilsner Urquell à Plzeň, ou encore de Budweiser Budvar à České Budějovice.

ITALIE

N'importe quel pays au monde peut aujourd'hui produire de la bière. L'Italie, pays de tradition viticole, n'abrite pas que des brasseurs néophytes ; il n'est pas rare de croiser des experts américains en visite dans les brasseries novatrices, en quête d'inspiration.

Teo Musso vit dans une région italienne réputée pour ses vins barolo et barbera. Dans son établissement Le Baladin, il produit « ses merveilles » à base de levures de vin et de whisky. Une de ses bières, la Xyauyu, est oxydée un an pour dégager des saveurs picotantes, évoquant le sherry. Non conformiste, il a placé des écouteurs sur ses cuves de fermentation, convaincu que le genre de musique influence la qualité et les caractéristiques de ses breuvages.

Au pub-brasserie Bi-Du, dans le petit village de Rodero, à quelques pas de la frontière suisse, Beppe Vento propose des bières qui repoussent les limites des styles conventionnels. La Rodersch par exemple est un digestif frais et trouble, ou un parfait apéritif avant le copieux menu.

Agostino Arioli, alors brasseur amateur, eut une révélation lorsqu'il se rendit à la brasserie Grenville Island de Vancouver, au Canada. Aujourd'hui, sa production à la brasserie Birrificio Italiano comprend la Fleurette, une bière à base d'orge, de froment et de seigle, aromatisée aux pétales de rose. Sa Tipopils, brassée avec quatre variétés de houblons (Hallertauer Magnum, Herbsucker, Perle et Saaz), fut récemment désignée meilleure pilsner du monde par le site Ratebeer.com.

LITTORAL PACIFIQUE

Au Japon, la brasserie Isekadoya utilise de la pâte de fèves de soja et le jus d'un agrume local, le yuzu. Dans les mash tun et les cuves de certains brasseurs japonais, on retrouve même du raisin cabernet. Pour produire son lambic particulier, la brasserie Hakusekikan utilise des levures sauvages airborne.

Quant aux Australiens, leur réputation d'amateurs de lager jaune pâle n'a jamais correspondu à la réalité. Ceux-ci recherchent des bières de distinction, innovantes – cette demande est non seulement satisfaite par les grands producteurs, mais également par un nombre croissant de brasseurs artisanaux indépendants. Aujourd'hui, on compte plus d'une centaine d'établissements produisant un éventail fascinant de bières.

La brasserie familiale Coopers, ouverte en 1862, continue de développer sa savoureuse gamme de bières troubles, conditionnées en bouteilles, tandis que Little Creatures, nouvelle venue sur la scène brassicole de Fremantle, a lancé sur le marché local des pale ale houblonnées de style américain.

BIÈRE CONTRE VIN

Bière et vin devraient partager le même statut. Pourtant, le vin est souvent considéré comme une boisson culturelle, à la différence de la bière. Les experts du milieu viticole s'expriment souvent avec vénération au sujet des cépages, des nuances de robe, d'arôme et de saveurs qu'apporte chaque variété. Il ne faut pas oublier que ces observations s'appliquent aussi à la bière et à ses ingrédients.

Un lambic fruité (bière sauvage) de la brasserie belge Cantillon

Pour élaborer le vin, le raisin est écrasé pour libérer un liquide doux et sucré qui est ensuite fermenté. La tâche du brasseur est similaire, quoique plus complexe. La fabrication de la bière nécessite plus de talent et de savoir-faire que la vinification, car le brasseur doit extraire les sucres fermentescibles des céréales. Il libère la magie de la levure, qui transforme le sucre en alcool, puis ajoute les houblons et leur bouquet d'arômes, de saveur et de qualités nettoyantes pour le palais, et choisit l'eau de brassage suivant le résultat envisagé.

Ainsi, les consommateurs peuvent choisir parmi plus de 100 styles de bière, couvrant tous les goûts et les couleurs imaginables. À partir d'ingrédients simples : céréales, levures, houblons et eau, les brasseurs créent une symphonie de saveurs, de robes et d'arômes qui s'entrelacent dans le verre.

Avant de siroter la première gorgée de bière, il est nécessaire de boire avec les yeux et le nez pour savourer le spectre des nuances et le bouquet d'arômes qui font aussi partie du bonheur de la dégustation. C'est ensuite que l'on porte le verre à la bouche pour laisser la bière libérer ses saveurs sur la langue et le palais. À la deuxième gorgée, alors que vous vous délectez de l'arrière-goût persistant, ayez une pensée à la santé des talentueux brasseurs – car ce sont de véritables artistes, capables de créer des boissons dont la diversité et la complexité égalent celles des vins les plus luxueux.

CONNAÎTRE LA BIÈRE

Pourvu de nombreuses notes de dégustation et de descriptions des types de bière et du rôle des ingrédients, cet ouvrage offre toutes les informations nécessaires pour comprendre l'origine de la complexité des couleurs, des arômes et des saveurs si intenses de la bière.

La brasserie Boulevard, à Kansas City, Missouri

Vous y retrouverez tous les brasseurs novateurs, créateurs des plus grandes bières du monde, les différentes marques classées par pays, avec les informations sur leur titre d'alcool et leur caractère. Ce livre est un guide de l'univers brassicole mondial.

En général, lorsque l'on commande du vin, on précise si l'on souhaite un vin rouge ou blanc, doux ou sec, pétillant ou non. On choisit ensuite le pays d'origine et la variété du cépage – chardonnay ou pinot noir, cabernet sauvignon ou muscat. Ce livre s'adresse aux lecteurs désireux d'élargir leurs connaissances sur la bière et de découvrir les breuvages les plus singuliers du monde. L'objectif est que vous puissiez sélectionner une bière en tenant compte de son style : pilsner ou bière de froment, fruitée, IPA, ale belge ou gueuze.

La bière est certes une boisson populaire, mais les grandes cuvées méritent d'être considérées au même titre que les vins ou les whiskies les plus raffinés.

En 10 000 ans, nous sommes passés d'une existence de chasseurs-cueilleurs à celle de peuples civilisés aux cultures riches. La bière nous a accompagnés depuis nos débuts et elle aussi a changé de statut, le « pain liquide » qu'elle représentait jadis est devenu une boisson sophistiquée. Qu'importe ce que nous réserve l'avenir, nous pouvons être pratiquement sûrs que la bière sera toujours un élément vital de l'expérience humaine. Car il est peu de meilleurs plaisirs que celui d'une bonne bière, savourée au retour d'une journée laborieuse ou dans un bar coutumier. Mais laquelle ? À vous de choisir – bonne dégustation !

Tim Hampson

ÉTAT DE WASHINGTON

▣ Seattle

Pike

Pyramid

ALASKA

ALASKA

Midnight Sun

Alaskan

MINNESOTA,

Summit

MINNESOTA

IOWA

Redhook
Seattle ▣ Mac & Jack's

WASHINGTON

Pelican
Portland
Rogue

Terminal Gravity

OREGON

▣ Portland, Oregon

Bridgeport

Hair of the Dog

Mactarnahan's

Widmer

Deschutes

Seattle

WASHINGTON

Portland

OREGON

Bayern/
Big Sky

MONTANA

DAKOTA
DU NORD

MINNESOTA

IDAHO

CALIFORNIE DU NORD

Snake River

WYOMING

DAKOTA
DU SUD

IOWA

NEBRASKA

Sierra Nevada

San Francisco

NEVADA

UTAH

○ Denver

COLORADO

Boulevard

KANSAS

MISSOURI

Russian River
Marin
San Francisco

Sudwerk

Firestone Walker

CALIFORNIE

Ska/
Steamworks

▣ San Francisco

Anchor

ARIZONA

NOUVEAU-
MEXIQUE

OKLAHOMA

Nimbus

TEXAS

COLORADO

New Belgium/
Odell

Coors
Tommyknocker
Denver

COLORADO

▣ Denver

Flying Dog

ÉTATS-UNIS

Si les États-Unis furent jadis réputés pour produire de la bière pâle et insipide, ces jours sont révolus. Le pays compte le plus grand nombre de brasseries artisanales au monde, et la passion des Américains nourrit une brassiculture dont la diversité de styles, de saveurs et d'expériences est le but essentiel.

Cette carte illustre l'origine de chaque brasserie.

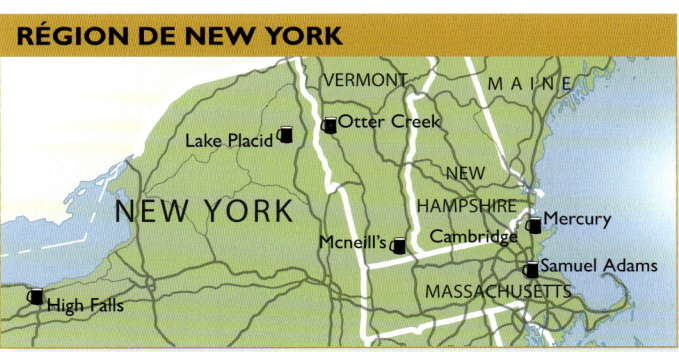

RÉGION DE NEW YORK

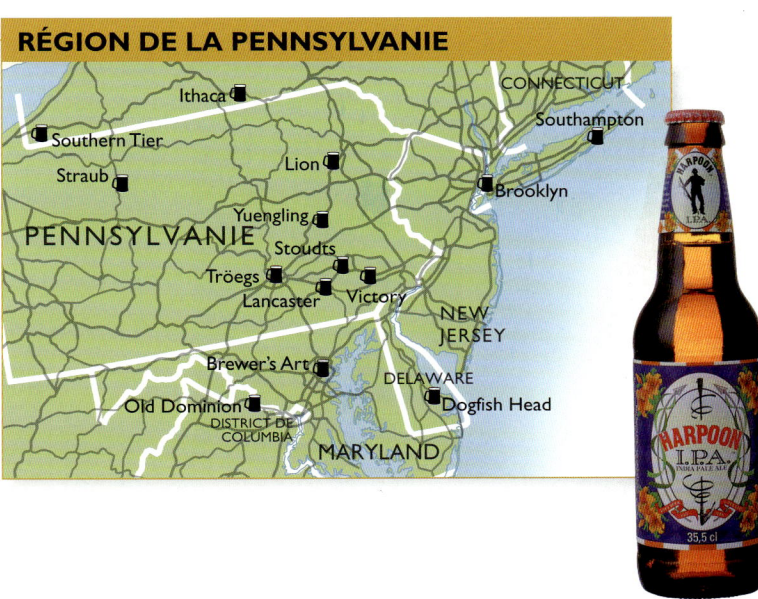

RÉGION DE LA PENNSYLVANIE

TEXAS

Shiner

Harpoon

BRASSERIES

ALASKAN

5429 Shaune Drive, Juneau,
Alaska 99801, É.-U.
www.alaskanbeer.com

Située au cœur d'une communauté
côtière dépourvue de routes reliées
au réseau national, l'Alaska Brewering
est néanmoins devenue une puissance
régionale dont la bière est distribuée
sur la majeure partie du territoire à
l'ouest des Rocheuses. Geoff et Marcy
Larson, fondateurs de la brasserie, ont
misé dès le départ sur les ingrédients
et les recettes locales. La première

bière d'Alaskan, l'Amber Ale, produit
phare de la marque, s'inspire d'une
bière brassée à Juneau au début
du XXᵉ siècle.

SECRET DE BRASSERIE L'Alaskan's
Smoked Porter, bière caractérisant
la brassiculture moderne américaine,
est composée de malt fumé dans
une poissonnerie locale.

ANCHOR

705 Maripossa St., San Francisco,
Californie 94107, É.-U.
www.anchorbrewing.com

En 1965, Anchor Brewing échappa
à la fermeture grâce à Fritz Maytag,
qui proposa différents styles classiques
de bières, initiant une révolution dans
le monde de la microbrasserie.

SECRET DE BRASSERIE Maytag préserve le
« steam style » en ajoutant de la levure
basse portée à haute température dans
des cuves larges et peu profondes.

ANHEUSER-BUSCH

One Busch Place, Saint-Louis,
Missouri 63118, É.-U.
www.anheuser-busch.com

Anheuser-Busch brasse la moitié de
la bière vendue aux États-Unis, dont
la Budweiser et la Bud Light, deux
des marques les plus vendues au
monde. Avec sa marque Michelob, ses
spécialités saisonnières et des bières
produites par les brasseries régionales
pour les consommateurs locaux,
la société a remarquablement étendu
la gamme de ses produits.

BIÈRES

AMBER
ALTBIER 5 % VOL.
Notes de caramel sur le nez et
de touches épicées. Bière onctueuse
et maltée, amertume équilibrée.

BARLEY WINE ALE
BARLEY WINE 10,4 % VOL.
Vieillie dans une ancienne mine d'or.
Épaisse et onctueuse, avec des notes
de caramel brun, de cerises et de
prunes. Agréablement équilibrée.

SMOKED PORTER
SMOKED BEER 6,5 % VOL.
Fumée au bois d'aulne. Arôme
de chocolat et fruits brûlés ;
grasse et sirupeuse sur le palais.
Finale généreuse.

WINTER ALE
BIÈRE DE NOËL 6,4 % VOL.
Attaque par des notes de pin et de
saveurs fruitées. Modestement riche
sur le palais, boisée sur la finale.

LIBERTY ALE
PALE ALE 6 % VOL.
Une référence en matière de bières
blondes américaines. Nez fruité et
floral, amertume vive sur le palais.

ANCHOR STEAM
STEAM BEER 4,9 % VOL.
Nez caractéristique de bois
et de menthe. Arômes bien ronds
de caramel menant à une finale
franche et vive.

MICHELOB
MALT LAGER 5 % VOL.
En 2007, la bière retrouva ses
origines 100 % malt. Délicate,
nez épicé, milieu de bouche net
et malté, et finale vive et sèche.

STONE MILL ORGANIC PALE ALE
PALE ALE 5,5 % VOL.
Bière issue de l'agriculture biologique.
Saveur légère de pain, caractère
houblonné, évoquant la terre.

ATLANTA

2323 Defoor Hills Road, NW,
Atlanta, Georgie 30318, É.-U.
www.atlantabrewing.com

Fondée en 1993, Atlanta Brewing
dut récemment quitter sa brasserie
typique en brique rouge, à laquelle
les bières doivent leur nom, pour
laisser place à une autoroute. Les
nouveaux propriétaires ont stimulé
la capacité de production et élargi
le champ de distribution, contribuant
ainsi à la réputation croissante
du Sud-Est pour les bières spéciales.

BAYERN

1507 Montana Street, Missoula,
Montana 59801, É.-U.
www.bayernbrewery.com

Bayern Brewing est spécialisée dans
la production de bières de Bavière,
la région d'origine du propriétaire,
Jürgen Knöller. Ce dernier, brasseur
allemand diplômé, s'initia au brassage
de la bière à l'âge de 16 ans. Il intégra
l'entreprise Bayern à son ouverture
en 1987, puis racheta la brasserie
quatre ans plus tard.

BELL'S

8938 Krum Avenue, Galesburg,
Michigan 49053, É.-U.
www.bellsbeer.com

La plus vieille microbrasserie
de l'ouest du Colorado, Bell's
(anciennement Kalamazoo Brewing),
a connu une croissance fulgurante
depuis ses premières ventes en 1985.
Larry Bell, le fondateur, s'est forgé
une réputation de rebelle ; en 2006,
il retira ses produits des ventes dans
l'Illinois, l'un des principaux marchés
de l'entreprise, suite à un conflit
à propos de la distribution. À la fin
de l'année 2007, il relança une gamme
de bières Kalamazoo (et non Bell's)
dans la région de Chicago. Bell's
a construit un nouveau bâtiment
à l'extérieur de Kalamazoo, mais
a conservé la brasserie d'origine,
ainsi que l'Eccentric Café, au nom
évocateur. Les bières Bell's sont
réputées pour leur intensité, bien
que les plus vendues soient brassées
à partir de froment.

RED BRICK ALE
BROWN ALE 6,5 % VOL.
Étonnamment forte. Le caramel est
longuement présent, avec des notes
sous-jacentes de chocolat et de café.

RED BRICK WINTER BREW
BIÈRE DE NOËL 7,5 % VOL.
Une « double porter chocolat-
avoine » basée sur du malt d'orge
offrant une gamme de saveurs
chocolatées à la fois riches et amères.

BAYERN PILSENER
PILSNER 5 % VOL.
Notes florales, avec des saveurs
maltées à peine sucrées, suivies
d'une amertume houblonnée.

BAYERN AMBER
LAGER VIENNOISE 5,3 % VOL.
Créée à l'ouverture de la brasserie,
mélange de malt riche de type
Oktoberfest et de houblons de
pilsner tchèques.

EXPEDITION STOUT
IMPERIAL STOUT 11,5 % VOL.
Explosion de figues et prunes se
développant en notes de chocolat,
de café torréfié et de porto.

TWO HEARTED ALE
INDIA PALE ALE 7 % VOL.
Houblon amplifié, avec une affluence
de pamplemousse et d'orange mêlés
à des notes florales fraîches. Équilibrée,
avec une amertume persistante.

OBERON ALE
BIÈRE DE FROMENT 5,8 % VOL.
Désaltérante. Acidulée, avec
un arôme de zeste d'orange
dissimulant de délicates notes
épicées. Finale vive et intense.

BEST BROWN ALE
BROWN ALE 5,8 % VOL.
Débordant de saveurs riches comme
le caramel et le chocolat, équilibrées
par les notes brutes de houblons.

BRASSERIES

BIG SKY

5417 Trumpeter Way, Missoula,
Montana 59808, É.-U.
www.bigskybrew.com

Les trois associés de l'entreprise ont combiné une bière de qualité, un nom pertinent (excepté une marque qui leur valut des poursuites du brasseur canadien Moosehead) et une étiquette séduisante. Big Sky est vite devenue une brasserie régionale distribuant ses bières de l'Alaska au Minnesota, et dont les trois quarts de ses meilleures ventes sont des bières brunes.

BREWER'S ART

1106 N. Charles Street, Baltimore,
Maryland 21201, É.-U.
www.thebrewersart.com

Implantée dans une grande maison de ville de 1902, dans la région de Mount Vermont, The Brewer's Art propose des bières domestiques d'inspiration belge et une remarquable sélection de bières européennes (essentiellement belges) dans une atmosphère chaleureuse. Depuis peu, l'entreprise brasse et embouteille certaines de ses bières sous contrat en Pennsylvanie.

BROOKLYN

1 Brewers Row, 79 North 11th Street,
Brooklyn, New York 11211, É.-U.
www.brooklynbrewery.com

Si la brasserie Brooklyn Brewery rend hommage à l'histoire brassicole new-yorkaise, elle est bel et bien une entreprise moderne. Elle occupe l'un des premiers bâtiments commerciaux de la ville dont la totalité de la consommation d'électricité provient de l'énergie éolienne. Les bières en bouteilles sont produites sous contrat au nord

de l'État, tandis que Garrett Oliver, maître brasseur et porte-parole estimé de l'entreprise, élabore régulièrement des bières de saison ainsi qu'une Reserve Series, vendue à la pression dans la région.

SECRET DE BRASSERIE Une chaîne de mise en bouteilles de 75 cl, de type bouteilles de champagne, a été installée dans la brasserie, pour conditionner des bières inspirées des bières belges.

BIÈRES

MOOSE DROOL

BROWN ALE 5,3 % VOL.

Fruits noirs et noix se mêlent au chocolat ; douceur atténuée par des notes de houblons évoquant la terre. Bière chocolat, de corps moyen.

SCAPE GOAT PALE ALE

PALE ALE 4,7 % VOL.

Biscuitée, fruitée et épicée sur le palais, équilibrée par une amertume modérée. Finale courte mais sèche.

GREEN PEPPERCORN TRIPEL

TRIPLE 10 % VOL.

Effervescente, vive. Fruitée et épicée, douceur de bonbon, notes de poivre, et finale s'asséchant progressivement.

RESURRECTION

DOUBLE 7 % VOL.

Caramel et fruits noirs sur le palais, avec des notes d'agrumes. La levure de la première cuvée « meurt » puis « ressuscite », d'où son nom.

BROOKLYNER WEISSE

HEFEWEIZEN 5,1 % VOL.

Effervescence et arômes de banane soutenus par des épices, du houblon et des notes de clou de girofle.

BROWN

BROWN ALE 5,6 % VOL.

Caramel, chocolat et prunes très présents, avec des notes minérales sous-jacentes et un soupçon de fumée. Finale sèche, évoquant le café.

LOCAL 1

GOLDEN ALE BELGE 9 % VOL.

Explosion d'arômes et de saveurs fruitées et épicées, texture complexe, le tout marqué par une finale sèche et crayeuse.

BLACK CHOCOLATE STOUT

IMPERIAL STOUT 10,6 % VOL.

Très sombre, mélange sirupeux de fruits noirs, de porto et, bien entendu, de chocolat amer.

LES BIÈRES AMÉRICAINES LES PLUS CONNUES

Ces 30 dernières années, le monde brassicole américain a vécu bien des changements, bien que le marché reste surtout saturé de bières blondes légères.

Il y a 10 ans à peine, les États-Unis ne proposaient qu'un style basique de bière – une bière blonde, de fermentation basse, de corps léger et dépourvue d'arômes et de saveurs de houblon. Aujourd'hui, on compte plus de 1 400 brasseries produisant une gamme de bières dont la diversité est inédite au monde. Cependant, malgré cette évolution, le marché reste dominé par les industries Anheuser-Busch InBev (qui produit la Budweiser), Coors et Miller. Six des sept bières les plus vendues aux États-Unis sont des bières de fermentation basse et légères (« basses calories »). Le passé brassicole américain se manifeste toujours au travers des affiches publicitaires estompées jalonnant les routes secondaires. Néanmoins, de nombreuses marques sont encore produites sous contrat – notamment Pabst, Schlitz et Lone Star – et rencontrent de fervents amateurs. Toutes sont des bières blondes de fermentation basse (de type lager) et de saveurs identiques.

BUD LITE (LAGER 4,2 % VOL.)
BUDWEISER (LAGER 5 % VOL.)
COORS LIGHT (LAGER 4,2 % VOL.)
MILLER LITE (LAGER 4,2 % VOL.)
BUSCH LIGHT (LAGER 4,2 % VOL.)
MICHELOB LIGHT (LAGER 4,2 % VOL.)
PABST (LAGER 5 % VOL.)
SCHLITZ (LAGER 4,7 % VOL.)
LONE STAR (LAGER 4,7 % VOL.)

COORS

311 10th Street, Golden, Colorado 80401, É.-U.
www.coors.com

Malgré la fusion avec Molson et le partenariat avec SABMiller, Coors ne cesse de développer des bières hors du commun. La gamme Blue Moon rivalise avec les plus grandes marques artisanales, et la brasserie SandLot, située au sein du complexe de base-ball Coors Field à Denver, produit en permanence de remarquables lager traditionnelles.

BLUE MOON BELGIAN WHITE
WITBIER 5,4 % VOL.
Nez sucré et acidulé, épicé avec des notes de céleri. Aigreur évoquant le froment avec une finale plutôt sucrée.

BARMEN PILSNER
PILSNER 5 % VOL.
La mousse produit une jolie volute. Riche en houblons Saaz, florale et épicée. Notes agréables de céréales, et finale longue et amère.

DESCHUTES

901 Southwest Simpson Avenue, Bend, Oregon 97702, É.-U.
www.deschutesbrewery.com

À l'origine pub-brasserie créé en 1988 dans un lieu de villégiature, Deschutes développa rapidement un site de production indépendant qui devint l'une des plus grandes brasseries artisanales du pays. Parallèlement à la commercialisation de bières houblonnées singulières dans l'ouest des États-Unis, Deschutes maintient la gestion du pub-brasserie d'origine à Bend, et a ouvert un second établissement à Portland. La gamme Bond Street Series, rassemblant des bières spéciales élaborées « au pub », a contribué à renforcer la notoriété de la brasserie.

SECRET DE BRASSERIE Deschutes affirme que le caractère de sa bière est dû en partie à l'utilisation de fleurs de houblon entières.

MIRROR POND
PALE ALE 5,2 % VOL.
Pamplemousse et fleurs fraîches au départ. Notes de biscuits sur le palais, généreuse saveur de houblon.

BLACK BUTTE PORTER
PORTER 5,2 % VOL.
Complexe et équilibrée, arômes et saveurs mêlant café torréfié, chocolat et fruits noirs, ainsi que des notes acides caractéristiques.

THE ABYSS
IMPERIAL STOUT 11 % VOL.
Brassée avec de la réglisse et de la mélasse, et partiellement vieillie en fûts de chêne. Profusion de saveurs réunies par une texture fabuleuse.

INVERSION IPA
INDIA PALE ALE 6,8 % VOL.
Arômes de houblons (zeste d'orange). Le malt franc et biscuité se maintient face à l'amertume vivifiante.

BRASSERIES

DOGFISH HEAD

6 Cannery Village Center, Milton, Delaware 19968, É.-U.
www.dogfish.com

Suivant la devise du fondateur Sam Calagione : « bières excentriques pour gens excentriques », Dogfish Head connaît un succès national. Les bières sont développées à partir de recherches archéologiques et de recettes comportant des ingrédients singuliers – de la chicorée ou du piment – employés en quantités pouvant être élevées. La brasserie a récemment installé les plus grandes cuves de brassage en bois des États-Unis depuis la prohibition. Calagione est l'auteur de trois ouvrages ; dans l'un, coécrit avec un sommelier, il ouvre le débat entre le vin et la bière. Dogfish gère toujours le pub-brasserie de Rehoboth Beach, où Calagione a débuté l'aventure en 1995.

SECRET DE BRASSERIE La bière Pangaea est un mélange d'ingrédients de tous les continents, dont l'eau de l'Antarctique.

FIRESTONE WALKER

1400 Ramada Drive, Paso Robles, Californie 93446, É.-U.
www.firestonebeer.com

Avec la commercialisation de l'Union Jack IPA au début de 2008, Firestone Walker Brewing Company a renforcé sa spécialisation dans la production de pale ale. Chaque bière contient une quantité de bière fermentée en fûts selon le système breveté Firestone Union, inspiré de la méthode Burton Union, originaire de Burton-on-Trent en Angleterre. Firestone mélange également de la bière fermentée dans le bois et de la bière fermentée dans l'inox pour personnaliser ses produits. Récemment, pour célébrer l'anniversaire de la brasserie, les brasseurs se sont inspirés des pratiques vinicoles locales pour créer plusieurs bières fortes vieillies en fûts de bourbon, de cognac ou en fûts de chêne non traités, puis mélangées pour obtenir une seule boisson.

BIÈRES

MIDAS TOUCH

BIÈRE HISTORIQUE 9 % VOL.
Les ingrédients (raisin muscat blanc, miel et safran) créent divers niveaux de saveurs mêlés d'une acidité subtile.

WORLD WIDE STOUT

IMPERIAL STOUT 18 % VOL.
Plus forte que l'interprétation classique du style. Évoque le porto, avec des fruits noirs, des fruits rouges et une bonne dose d'alcool.

60 MINUTE IPA

INDIA PALE ALE 6 % VOL.
Brassée avec des houblons Warrior, Amarillo et « Mystery Hop X ». Déborde de saveurs acidulées.

FESTINA PECH

SOUR ALE 4,5 % VOL.
Étiquetée « neo-Berliner Weisse », et fermentée avec des pêches ; douceur équilibrée par du froment acide et des éléments aigres.

DOUBLE BARREL ALE

PALE ALE 5 % VOL.
Contient 15 à 20 % de bière vieillie en fûts de chêne. Épicée ; fruits et vanille issus de la fermentation, et texture évoquant le bois.

PALE 31

PALE ALE CALIFORNIENNE 4,6 % VOL.
Contient 3 % de bière vieillie en fûts de chêne. Arômes vifs et acidulés, avec fruits et malt sur le palais.

UNION JACK IPA

INDIA PALE ALE 7,5 % VOL.
Le houblon juteux arrive par vagues d'agrumes, de pin et de mangue, complétant une base maltée. Chêne et amertume s'équilibrent.

FIRESTONE 11

STRONG ALE 11 % VOL.
Riche, avec des dizaines de saveurs rassemblées par la texture, soyeuse en attaque puis épaisse sur la finale.

FLYING DOG

2401 Blake Street, Denver, Colorado 80205, É.-U.
www.flyingdogales.com

Avec des étiquettes de l'illustrateur britannique Ralph Steadman et l'esprit « gonzo » véhiculé par feu Hunter S. Thompson (deux amis du fondateur George Stranahan), Flying Dog n'est pas une brasserie classique. Le pub-brasserie, créé à l'origine à Aspen, a aujourd'hui son siège à Denver, tandis que le site de production a été transféré à Frederick, dans le Maryland, en 2008.

GOOSE ISLAND

1800 West Fulton Street, Chicago, Illinois 60612, É.-U.
www.gooseisland.com

La large gamme de bières proposée par cette brasserie reflète le programme MBA (Master of Beer Appreciation) établi peu après sa création en 1988, en tant que pub-brasserie. À l'ouverture du site de production en 1995, Greg Hall, maître brasseur, élabora des dizaines de styles différents au cours d'une année. Goose Island continue de produire ses bières au pub d'origine à Clybourn, ainsi que dans un autre établissement près de Wrigley Field, tous deux proposant une « MBA » (qui s'apparente à une carte de fidélité !)

SECRET DE BRASSERIE La Bourbon County Stout (commercialisée en 1995 pour la 1000ᵉ cuvée) initia la mode américaine de vieillir la bière en fûts de bourbon (par opposition aux fûts ayant contenu d'autres alcools).

HIGH FALLS

445 St. Paul Street, Rochester, New York 14605, É.-U.
www.highfalls.com

High Falls perpétue la tradition des bières Genesse, sur le site même où elles sont brassées depuis 1878. L'entreprise brasse également les bières de la gamme JW Dundee pour le marché classique.

SECRET DE BRASSERIE High Falls est l'une des plus grandes et des plus anciennes brasseries en activité aux États-Unis.

GONZO IMPERIAL PORTER
PORTER 9 % VOL.
Notes de rhum, de chocolat, presque sucrée, puis cacao sec et amertume franche du houblon.

DOGGIE STYLE PALE ALE
PALE ALE 5,3 % VOL.
Parfum de fruits frais au départ. Les agrumes accentuent la saveur fruitée en milieu de bouche, équilibrée par un malt biscuité. Finale sèche et nette.

INDIA PALE ALE
INDIA PALE ALE 5,9 % VOL.
Ananas et pamplemousse, saveur de houblon, avec structure fruitée et maltée équilibrant l'amertume.

312 URBAN WHEAT
BIÈRE DE FROMENT AMÉRICAINE 4,2 % VOL.
Non filtrée et trouble, avec un nez de houblon acidulé, presque sucré. Aigrelette, fruitée, avec une texture crémeuse sous-jacente.

MATILDA
STRONG ALE BELGE 7 % VOL.
Fougueuse, arôme vif de houblon, terreuse, avec des fruits charnus et une finale franche et sèche.

BOURBON COUNTY STOUT
IMPERIAL STOUT (TITRE VARIABLE)
Les millésimes varient, certains dégageant plus de bourbon. Mariage du chocolat riche, des fruits noirs, de la vanille et du bourbon.

GENESEE CREAM ALE
CREAM ALE 4,9 % VOL.
Pale, faiblement sucrée, avec des saveurs de maïs grillé ; homogène et facile à boire.

JW DUNDEE'S IPA
INDIA PALE ALE 6,3 % VOL.
Bière estivale. Caractère de caramel relativement sucré, le houblon dégage davantage d'amertume que de saveurs. Finale fraîche.

LES GÉANTS DE LA BIÈRE

CARLSBERG

Les temps ont bien changé depuis la création de Carlsberg en 1847 par J. C. Jacobsen. Ses trois grands marchés sont l'Europe occidentale, l'Europe orientale et l'Asie. La société possède la majorité des titres dans plusieurs grandes brasseries européennes, telles que Carlsberg UK, Carlsberg en Suède, Ringnes en Norvège, Feldschlösschen en Suisse, Sinebrychoff en Finlande et Carlsberg Polska en Pologne. Carlsberg possède désormais l'intégralité de Baltic Beverages Holding, qui brasse de la bière en Russie, en Ukraine et dans les pays baltes. Son activité est aussi importante en Asie, où elle est gérée par sa filiale Carlsberg Asia.

Rendez-vous dans n'importe quel aéroport du monde, n'importe quel hôtel cinq étoiles, n'importe quel grand supermarché ; il est très probable que vous y trouviez la bière d'une des quatre brasseries multinationales. SABMiller, Anheuser-Busch InBev, Heineken et Carlsberg sont les géants de l'industrie de la bière. Ces méga sociétés sont implantées sur tous les continents et dominent les marchés intérieurs. Et, tandis que chaque jour leurs bières sont joyeusement sirotées par des millions de personnes, elles irritent les nombreux grands amateurs de bières qui les accusent d'étouffer l'innovation et les traditions brassicoles locales et régionales.

Dans le monde entier, ces quatre géants se sont lancés dans une concurrence impitoyable, bataillant pour récupérer la meilleure part de marché. Car il ne s'agit pas d'un confortable cartel, mais d'une cruelle bataille en règle pour l'accession au trône du plus grand brasseur du monde. Chacun observe une croissance organique par le moyen d'acquisitions, et, depuis que la bière est consommée mondialement, tous visent la Russie, la Chine et l'Inde – des zones géographiques bien au-delà de leurs marchés traditionnels.

Si ces corporations sont puissantes, elles sont surtout soumises au marketing et à la comptabilité. Mais il n'en demeure pas moins qu'au sein de chacune d'elle bat le cœur d'un brasseur fier de produire une bière élaborée à partir de bons ingrédients naturels.

▲ Affiche publicitaire pour la bière Carlsberg datant de 1958.

◀ La brasserie d'origine au Danemark fut fondée au milieu du XIXᵉ siècle à Valby.

▼ Elle est aujourd'hui utilisée pour le brassage de la gamme Jacobsen, regroupant des bières de spécialité.

ANHEUSER-BUSCH INBEV

Le patrimoine de Anheuser-Busch InBev est ancré dans les traditions brassicoles datant de la brasserie Den Hoorn, à Louvain en Belgique, fondée en 1366, et dans l'esprit novateur de la brasserie Anheuser, créée en 1860 à Saint-Louis, au États-Unis. La société fut établie en 2008, lorsque la brasserie InBev, d'origine belge, acquit son rival américain Anheuser-Busch. La transaction, de 52 milliards de dollars, fut le plus gros rachat de l'histoire de la brasserie. InBev résulte de la fusion en 2004 de la société belge Interbrew et de la Companhia de Bebidas das Américas, société brésilienne, pour former une nouvelle puissance brassicole mondiale. Interbrew, conçue comme la plus grande brasserie locale à l'échelle internationale, est née en 1987 de la fusion des brasseries Stella Artois, alors deuxième plus grande brasserie en Belgique, et des brasseries Piedbœuf, brasseur de Jupiler. Anheuser-Busch InBev emploie plus de 120 000 personnes dans 30 pays et se décrit elle-même comme « la meilleure brasserie dans un monde meilleur ».

Anheuser-Busch InBev est le leader mondial dans ce secteur et fait partie des cinq plus grandes sociétés de produits de consommation au monde. Son portefeuille rassemble des marques internationales telles que Budweiser, Stella Artois et Beck's, mais la société cherche à être en tête de la production mondiale de bières locales, et gère un portefeuille de plus de 200 autres bières regroupant des marques en plein essor comme Leffe et Hoegaarden, et d'autres perles régionales telles que Bud Light, Skol, Brahma, Quilmes, Michelob, Harbin, Sedrin, Cass, Klinskoye, Sibirskaya, Corona, Chernigivske et Jupiler. Elle possède enfin des parts dans la brasserie chinoise Tsingtao et dans la Compañia Cervecerías Unidas, basée en Argentine.

◀ Le siège social d'Anheuser-Busch InBev à Louvain, en Belgique, est le site d'origine de la marque Stella Artois.

▼ Anheuser-Busch InBev a aussi la brasserie allemande de Brême où est élaborée la bière Beck's. Au cours de ces 20 dernières années, Beck's est devenue une marque de bière majeure sur le plan international.

▲ Les chevaux de trait autrefois utilisés à la brasserie Anheuser-Busch InBev sont le symbole du patrimoine de la société, dont Budweiser est la marque la plus célèbre.

▶ Anheuser-Busch InBev a des parts dans plusieurs autres brasseries, dont 50 % de participation au Grupo Modelo, au Mexique, brasseurs de marque Corona.

SABMILLER

SABMiller a des brasseries dans plus de 60 pays, répartis sur 6 continents. Ses marques internationales regroupent Pilsner Urquell, Peroni Nastro Azzurro et Miller Genuine Draft ; ses marques locales incluent Aguila, Miller Lite, Snow et Tyskie.

SAB (South Africa Breweries) fut fondée en 1895 avec le lancement de sa première marque, Castle Lager, sur le marché intérieur sud-africain. Le fondateur, un entrepreneur suédois nommé Jacob Letterstedt, avait l'intention de vendre de la bière aux milliers de mineurs et de chercheurs d'or des environs de Johannesburg. En 2002, SAB racheta la Miller Brewing Company, formant désormais SABMiller, alors deuxième plus grande brasserie mondiale américaine en termes de volume. La société connaît actuellement un essor en Chine et a récemment acquis la société néerlandaise Grolsch, deuxième producteur de pilsner aux Pays-Bas. En 2007, la filiale russe de SABMiller investit 170 millions de dollars dans la construction d'une nouvelle brasserie à l'est de Moscou.

S. Hernand

▲ La production de la bière Snow a permis à la société de s'implanter en Chine, potentiel marché croissant pour les bières SABMiller.

▶▲ Parmi les marques les plus connues de SABMiller, on distingue Peroni (Italie), Pilsner Urquell (République Tchèque), Grolsch (Pays-Bas), et Miller Lite (États-Unis).

◀ Castle Lager symbolise les débuts de SAB, avant le rachat de Miller ; la société South African Breweries fut créée en 1895, Castle Lager fut le nom de sa première bière.

◀ Gerard Heineken, le fondateur de la brasserie, créa Heineken en 1864, et brassa sur le champ ses premières lager.

HEINEKEN

Amsterdam est la ville d'origine de Heineken. Gerard Adriaan Heineken y acheta une brasserie en faillite, Haystack, en 1864. Aujourd'hui, la marque Heineken est la plus vendue en Europe, et la société affirme qu'elle est la marque de la plus grande qualité mondiale. Heineken possède également Amstel, qui est la troisième plus grande marque sur le marché européen.

Opérant dans plus de 170 pays par le biais de ses propres brasseries et de ses partenaires d'exportation et de licence, Heineken jouit de la plus large présence mondiale dans ce secteur. L'Europe représente plus de la moitié de ses ventes. Heineken a plus de 120 brasseries dans plus de 65 pays et emploie 60 000 personnes à travers le monde. Récemment, le géant a repris les brasseries Scottisch & Newcastle au Royaume-Uni.

▲ Site de production majeur de Heineken, aux Pays-Bas, la brasserie Zoeterwoude, près d'Amsterdam, fut construite en 1975.

◀ Heineken est désormais la plus grande marque de bière en Europe.

PERLES DE LA BRASSICULTURE

Tout en concentrant leurs stratégies marketing et leur budget sur leurs marques principales, les quatre géants brassent aussi des trésors qui raviront les grands amateurs.

La Jacobsen Vintage No 1 de Carlsberg est la bière la plus chère du monde. Cette barley wine de 10,5 % vol. est vieillie en fûts de la Côte-d'Or fabriqués en chênes suédois et français. Elle dégage des saveurs de vanille, de fumée, de caramel et de porto.

Campbell's Scotch Ale de Anheuser-Busch InBev (à droite), titre à 7,7 % vol. Elle présente de merveilleux arômes épicés de bonbons au caramel. Saveurs riches de raisins secs, avec une finale légèrement brûlée. Aux États-Unis, Anheuser-Busch InBev est principalement réputée pour

sa marque classique Budweiser, mais elle brasse également une bière vive dans le style des witbier belges. Shock Top – une bière de froment non filtrée titrant à 5,2 % vol. – présente une consistance naturellement trouble et des saveurs d'orange et d'épices.

Dans les années 1990, Heineken racheta la brasserie Zywiec en Pologne. À la brasserie Bracki de Zamkowy, appartenant à la société, la Baltic Porter est brassée dans des cuves de fermentation ouvertes. Bière costaude, titrant à 9,5 % vol., elle est riche en notes de café sucrées.

La Castle Milk Stout de SABMiller titre à 6 % vol. Véritable milk stout ; des sucres de lactose ont été ajoutés au moût pendant le processus de brassage.

▶ La Scotch Ale de Campbell, produite par Anheuser-Busch InBev.

BRASSERIES

HIGHLAND

12 Old Charlotte Highway, Asheville, Caroline du Nord 28802, É.-U.
www.highlandbrewing.com

L'installation sur un nouveau site de production en 2006, au moment même où la législation de Caroline du Nord s'assouplit au sujet de la teneur en alcool des bières, contribua à implanter Highland Brewing dans le marché local. Asheville est une ville de montagne à la croissance fulgurante, et compte cinq brasseries.

ITHACA

606 Elmira Road, Elmira, New York 14851, É.-U.
www.ithacabeer.com

Située dans la région des Finger Lakes, dans l'État de New York, et réputée parmi les amateurs de vin, Ithaca Beer Company a relancé l'activité brassicole de la région depuis ses débuts en 1998.

SECRET DE BRASSERIE La brasserie a entrepris de grandes démarches afin que l'État de New York redevienne un centre de culture du houblon.

JOLLY PUMPKIN

3115 Broad Street, Dexter, Michigan 48130, É.-U.
www.jollypumpkin.com

Jolly Pumpkin Artisan Ales n'est pas une brasserie américaine banale. Ses bières se développent sous l'influence d'une levure sauvage locale. Toutes les bières sont vieillies en fûts, et sont souvent mélangées puis refermentées en bouteilles pour un résultat effervescent. Malgré une production limitée, la brasserie peut se targuer d'un succès national.

LAKE PLACID

14 Mirror Lake Drive, Lake Placid, New York 12946, É.-U.
www.ubuale.com

Située dans la station d'hiver des montagnes Adirondack, cette brasserie fut rendue célèbre par sa bière Ubu Ale, lorsque Bill Clinton fit livrer des « growlers » (choppe d'une contenance de 1,92 l) à la Maison Blanche. L'entreprise a aménagé une nouvelle brasserie à côté de son pub, et propose des visites guidées et des dégustations chaque samedi.

BIÈRES

GAELIC ALE

ALE AMBRÉE 5,8 % VOL.
Son nom et son caractère de caramel évoquent l'Écosse, mais la finale de houblon résineux est bien américaine.

OATMEAL PORTER

PORTER 5,8 % VOL.
Chocolat en attaque, avec des grains de café torréfiés se développant et dominant la bouche. Impression de café-crème. Sèche et amère.

NUT BROWN

BROWN ALE 5 % VOL.
Breuvage profond. Noix, notes de caramel et de chocolat, saveur sucrée sous-jacente équilibrée par des houblons évoquant l'herbe.

OLD HABIT

BIÈRE DE SEIGLE 9 % VOL.
Brassée à partir de quatre malts de seigle, une partie est vieillie en fûts de whiskey de seigle.

ORO DE CALABAZA

STRONG ALE BELGE 8 % VOL.
Dorée et trouble, acide et épicée, avec des fruits du verger et des agrumes. Se bonifie avec l'âge.

BAM BIERE

BIÈRE DE SAISON 4,5 % VOL.
Le tout dépasse la somme de ses parties dans cette bière « fermière », des houblons (volutes de mousse, finale sèche) aux malts épicés.

UBU ALE

STRONG ALE 7 % VOL.
Plutôt sucrée, dominée par le malt avec des saveurs de chocolat, de caramel et de fruits noirs.

46'ER IPA

INDIA PALE ALE 6 % VOL.
En l'honneur de tous ceux qui ont gravi les 46 sommets d'Adirondack High Peaks. IPA typiquement fraîche et à la forte saveur de houblon.

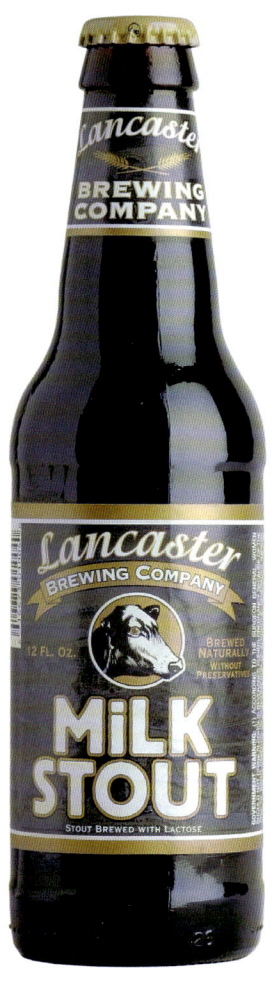

LANCASTER

302 North Plum Street, Lancaster, Pennsylvanie 17602, É.-U.
www.lancasterbrewing.com

Autrefois surnommée « Munich des États-Unis », Lancaster comptait 14 brasseries, dont certaines continuèrent leur activité durant la prohibition. En 1995, 40 ans après la fermeture de la dernière brasserie d'origine, Lancaster Brewing fut créée. L'ancien entrepôt à tabac du XIXᵉ siècle abrite désormais un restaurant servant des plats à base de bière.

MILK STOUT

MILK STOUT 5,3 % VOL.
Notes de café accompagnant parfaitement la texture crémeuse. Chocolat, fruits noirs et saveurs de noix.

HOP HOG IPA

INDIA PALE ALE 7,9 % VOL.
Caractère de malt au caramel bien équilibré par le pamplemousse, les agrumes et l'épicéa houblonné.

LION

700 North Pennsylvania Avenue, Wilkes-Barre, Pennsylvanie 18705, É.-U.
www.lionbrewery.com

Lion Brewery, fondée en 1905, est la dernière des brasseries qui étaient jadis en activité dans le nord-est de la Pennsylvanie. Plus récemment, la brasserie a rendu hommage à son passé avec une gamme de bières traditionnelles de grande qualité, Stegmaier, dont les origines remontent à 1857.

STEG 150

LAGER VIENNOISE 5,5 % VOL.
Créée pour le 150ᵉ anniversaire de la brasserie. Arômes de pain grillé aux accents de malt, sucrée mais homogène, sans être mielleuse.

STEGMAIER PORTER

PORTER 5,5 % VOL.
Notes de chocolat sucré et de fruits mûrs, malt grillé et finale amère marquée par le café.

MAC & JACK'S

17825 Northeast 65th Street, Redmond, Washington 98025, É.-U.
www.macandjacks.com

Mac & Jack's a acquis une place régionale majeure grâce à une gamme réduite composée de bières à la pression. Son African Amber représente 90 % des ventes et est la bière pression la plus vendue à Seattle.

SECRET DE BRASSERIE Chaque fût quittant la brasserie contient un filet rempli de houblon.

AFRICAN AMBER

AMBRÉE 5,4 % VOL.
Généreusement houblonnée, sèche, et débordant d'arômes d'agrumes, de fleurs et de houblon. Sur le palais, le caramel laisse place à une finale moyennement sèche.

MACTARNAHAN'S

2730 Northwest 31st Avenue, Portland, Oregon 97210, É.-U.
www.macsbeer.com

Portland Brewing, l'une des premières brasseries de l'Oregon, fut achetée par Pyramid en 2004. Elle brasse désormais les bières de cette dernière, ainsi que la gamme MacTarnahan, bien appréciée, nommée d'après Robert MacTarnahan, un des premiers investisseurs de Portland Brewing. Spécialiste éminent de la bière, il a représenté la brasserie jusqu'à sa mort en 2004.

MACTARNAHAN'S AMBER ALE

ALE AMBRÉE 5 % VOL.
Caramel de type écossais et caractère de sucre brun, avec du houblon Northwest acidulé.

BLACKWATCH CREAM PORTER

PORTER 5,3 % VOL.
Brassée avec de l'avoine pour une sensation en bouche crémeuse. Arôme de cacao et noix, avec fruits noirs et chocolat riche sur le palais.

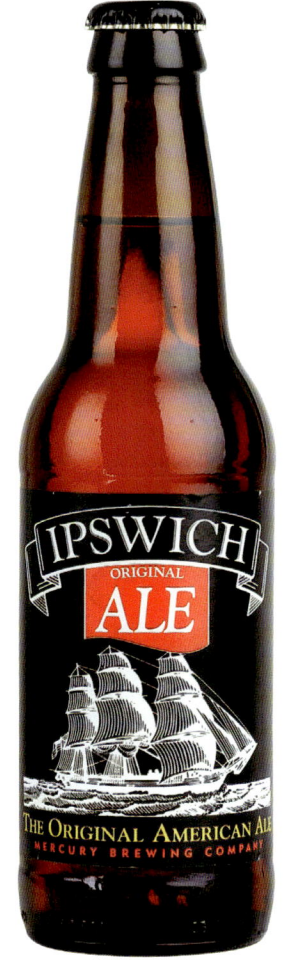

BRASSERIES

MARIN
1809 Larkspur Landing Circle, Larkspur, Californie 94939, É.-U.
www.marinbrewing.com

Durant les premières années du Great American Beer Festival, Marin Brewing fut l'une des brasseries les plus récompensées. Elle revint sur le devant de la scène en 2007, ajoutant 4 médailles d'or à sa collection. Moylan's, pub-brasserie ouvert près de Novato par Brendan Moylan, maître brasseur, remporta l'or et l'argent pour son imperial india pale ale.

MERCURY
23 Hayward Street, Ipswich, Massachusetts 01938, É.-U.
www.mercurybrewing.com

Fondée en 1991 sous le nom d'Ipswich Brewery, elle a vendu les droits de ses marques avant d'être rachetée en 1999 et renommée Mercury. Mercury racheta ensuite les marques d'Ipswich et connut une croissance rapide, notamment grâce aux bières Ipswich et Stone Cat, à un soda élaboré selon une recette ancienne, et à une moutarde à la stout d'avoine.

MICHIGAN
1093 Highview Drive, Webberville, Michigan 48892, É.-U.
www.michiganbrewing.com

Michigan Brewing était l'une des plus grandes brasseries de l'État avant de racheter la marque Celis, désormais disparue, au géant international Miller. Pourtant, elle est aujourd'hui uniquement réputée pour cette gamme de bières de style belge créée par Pierre Celis (ancien brasseur de Hoegaarden). Celis participa même au brassage des premières cuvées dans le Michigan.

MIDNIGHT SUN
7329 Arctic Boulevard, Anchorage, Alaska 99518, É.-U.
www.midnightsunbrewing.com

Midnight Sun attire des amateurs nombreux et fervents, malgré une capacité de production égale à celle d'un pub-brasserie bien développé, et bien que sa distribution se limite à l'Oregon. En 2007, une série de bières « excessives », Seven Deadly Sin, fut suivie d'une gamme de bières « hors de notre monde » Nine Planet.

BIÈRES

SAN QUENTIN'S BREAKOUT STOUT
STOUT 7,1 % VOL.
Chocolat doux-amer et café en attaque et en finale, mélasse sucrée en milieu de bouche. Sèche, aux notes de torréfaction.

STAR BREW TRIPLE WHEAT ALE
BIÈRE DE FROMENT AMÉRICAINE 9,5 % VOL.
Tornade pour la langue : fruits noirs d'une barley wine, aigreur de froment épicé, houblon et amertume.

IPSWICH ORIGINAL ALE
PALE ALE 5,4 % VOL.
Accents légers de pain et de fruits exotiques sur le nez. Saveurs de houblon mêlées à un palais biscuité.

IPSWICH DARK ALE
BROWN ALE 6,3 % VOL.
Audacieuse, avec des houblons citriques présents associés à un corps plein de malts grillés, de chocolat, de sucre brun et de caramel.

CELIS WHITE
WITBIER 4,25 % VOL.
Trouble, aux accents de coriandre, avec agrumes omniprésents, aigreur de froment et finale douce.

MACKINAC PALE ALE
PALE ALE 5,5 % VOL.
Robe orange doré, pas tout à fait pâle, avec un important caractère fruité donné par le malt. Houblons américains de terre et d'agrumes.

SOCKEYE RED IPA
INDIA PALE ALE 5,7 % VOL.
Houblons Northwest, puis aiguilles de pin et pamplemousse, complétés par une richesse de caramel.

ARCTIC DEVIL BARLEY WINE
BARLEY WINE 14 % VOL.
Vieillie en fûts de porto, vin ou whiskey, elle varie selon les cuvées. Base de malt, riche en prunes et en raisins secs, complexité affirmée.

MINHAS

1208 14th Avenue, Monroe,
Wisconsin 53566, É.-U.
www.minhasbrewery.com

Ravinder Minhas avait 24 ans lorsqu'il
racheta la brasserie Joseph Huber
en 2006 pour élaborer ses bières
Mountain Creek, brassées avant sous
contrat à Monroe pour une distribution
canadienne. Minhas Craft Brewery
produit encore les marques Huber
(datant de 1843), les bières Berghoff,
ainsi qu'une gamme de bières maison
distribuée dans les grandes surfaces.

NEW BELGIUM

500 Linden Street, Fort Collins,
Colorado 80524, É.-U.
www.newbelgium.com

Outre les bières, les amateurs de
New Belgium Brewing apprécient la
démarche environnementale et sociale
de l'entreprise. Les bières sont très
convoitées à l'est du Mississippi,
où il est pratiquement impossible
de les trouver. Jeff Lebesch et Kim
Jordan commencèrent dans leur cave,
en 1991, avec un système conçu
pour produire des bières aux

caractéristiques belges. Aujourd'hui,
ils gèrent la troisième plus grande
brasserie artisanale des États-Unis.
Surtout réputée pour la Fat Tire
Ale, la brasserie propose une gamme
assez large, comportant notamment
l'exceptionnelle Blue Paddle Pilsener.

SECRET DE BRASSERIE New Belgium
a une capacité de stockage de bières
vieillies en fûts supérieure à celle de
toutes les autres brasseries, exceptées
la brasserie Rodenbach en Belgique.

NEW HOLLAND

690 Commerce Court, Holland,
Michigan 49423, É.-U.
www.newhollandbrew.com

Les capsules des bouteilles de bière
New Holland portent le slogan « Art
in Fermented Form », qui s'applique
aussi bien à la bière qu'à une gamme
de vodka, de gin, de rhum et autres
alcools. Pour satisfaire la demande en
bières franches, la brasserie a depuis
peu installé une salle de brassage
équipée de trois cuves à dômes
de cuivre achetées en Allemagne.

LAZY MUTT

GOLDEN ALE 4,8 % VOL.
Première bière produite sous la
marque Minhas, présentée comme
une « bière fermière », mais plus
bière d'été que bière de saison.

HUBER BOCK

BOCK 5,4 % VOL.
Caractère sec et de pain grillé, et
notes de caramel. À déguster au
Baumgartner's Cheese Store & Tavern.

FAT TIRE

ALE AMBRÉE 5,3 % VOL.
Nez biscuité et malté, avec caramel
grillé en milieu de bouche et finale
équilibrée, sèche, mais plutôt sucrée.

MOTHERSHIP WIT

WITBIER 4,8 % VOL.
Première bière bio de la brasserie.
Fruitée et épicée ; texture crémeuse
et aigreur de froment sur la langue.
Acidité désaltérante en finale.

LA FOLIE

BIÈRE DE TYPE FLAMAND 6 % VOL.
Fruits aigres sur le nez, puis chêne et
vanille. Acidité distincte et équilibrée,
la finale fait pincer les lèvres.

ABBEY

DOUBLE 7 % VOL.
Arômes fruités et épicés de bananes
et de raisins secs, saveurs complexes
de chocolat et fruits noirs. Riche
sur la langue avant la finale sèche.

THE POET

OATMEAL STOUT 6,5 % VOL.
Torréfaction abondante, chocolat
et fruits noirs évoquant le rhum.
De corps plein, et assez crémeuse
pour équilibrer l'attaque de café.

BLACK TULIP

TRIPLE 9 % VOL.
Florale, avec douceur de bonbon
et de miel. Saveur sucrée et aigre en
bouche, houblons épicés et amers.

ROUTE DE LA BIÈRE

OREGON

Le terme « Beervana » est souvent utilisé pour évoquer la brassiculture artisanale dans l'Oregon. Les paysages spectaculaires de cet État raviront les amateurs de loisirs de plein air, de la côte pacifique, à l'ouest, au Hells Canyon, à l'est, et à la chaîne des Cascades, au centre. Les opportunités en matière de tourisme de la bière abondent ; on pourrait passer des semaines à voyager sans jamais boire deux fois le même breuvage. Cette excursion de trois jours débute dans la ville portuaire de Newport, qui abrite la célèbre brasserie Rogue Ales. Le jour suivant, la balade mène en direction de Portland, avec des haltes touristiques, puis se termine par une journée entière dans la « Cité des roses ». Pour plus d'informations, rendez-vous sur http://oregonbeer.org.

Dead Guy Ale

1 JOUR 1 : NEWPORT ET ROGUE ALES

L'auberge de Rogue Ales est sur OSU Drive, en plein cœur du port de commerce de Newport. Cette ville chaleureuse offre beaucoup d'opportunités de logements en *Bed and Breakfast*. Rogue propose même une formule *Bed and Beer*, à l'étage de l'auberge. C'est aussi à l'auberge que s'effectuent les réservations pour l'une des visites guidées de la brasserie, qui débutent chaque jour à 15 heures. *2320 OSU Drive, Newport (www.rogue.com)*

2 JOUR 2 : PELICAN PUB & BREWERY

La route panoramique ralliant Newport à Pacific City (77 km) occupe facilement la matinée – vous arriverez au pub-brasserie Pelican à l'heure du déjeuner. L'établissement est situé sur la côte de Pacific City, où vous profiterez des paysages spectaculaires de Haystack Rock et Cape Kiwanda, prisés des photographes. *33180 Cape Kiwanda Drive, Pacific City (www.pelicanbrewery.com)*

3 JOUR 2 : GOLDEN VALLEY BREWERY & PUB

L'agréable route en direction de McMinnville passe par Willamette Valley, l'une des premières régions viticoles du pays. Le pub-brasserie Golden Valley propose des bières vieillies en fûts de vin. *980 East 4th St, McMinnville*

4 JOUR 3 : PORTLAND

Avec plus d'une trentaine de brasseries répartie dans toute l'agglomération, il n'est pas étonnant que les habitants de Portland considèrent vivre dans le « Beervana ». Voici quelques adresses immanquables pour le 3ᵉ et dernier jour de l'excursion.

HAIR OF THE DOG

Cette petite brasserie utilise du matériel à l'origine non destiné au brassage de la bière. Visites sur rendez-vous. *4509 SE 23rd Avenue, Portland (www.hairofthedog.com)*

WIDMER *(voir page 40)*

Rendez-vous au Gasthaus, restaurant de la brasserie, pour goûter à quelques-unes des nombreuses bières sélectionnées, dont la Alt, ancien produit phare de la maison avant que la Hefeweizen ne devienne une référence aux États-Unis. La brasserie propose des visites guidées le vendredi et samedi. *929 North Russell, Portland*

BRIDGEPORT

La plus ancienne brasserie de l'Oregon a contribué à transformer le Pearl District en un quartier branché. *1313 Northwest Marshall Street, Portland*

HIGGINS BREWPUB

Greg Higgins utilise des produits locaux pour élaborer un menu très réputé, qui se marie parfaitement avec les bières et les vins de l'Oregon. *1239 SW Broadway, Portland*

GREEN DRAGON BISTRO & PUB

Ce nouveau venu sur la scène brassicole remporte un large succès notamment auprès d'une population branchée. Il propose une sélection permanente de bières originales, servies par un personnel savant. *928 SE 9th Avenue, Portland*

HORSE BRASS PUB

Institution à Portland depuis 1976, le Horse Brass est un grand hommage à la fois au pub anglais et à la brassiculture de l'Oregon, dont il propose 52 bières à la pression. L'endroit est très fréquenté notamment la nuit. *4534 SE Belmont Street, Portland*

BRASSERIES

ODELL
800 East Lincoln Avenue, Fort Collins, Colorado 80524, É.-U.
www.odellbrewing.com

Odell Brewing, alimentée par gravité, fut créée en 1989 dans un silo à grain datant de 1915. Depuis, elle a déplacé son site et a étendu sa capacité de production, mais sa spécialisation dans le brassage traditionnel n'a pas faibli. Comme sa voisine plus imposante, New Belgium, l'entreprise s'engage à travailler dans le respect de l'environnement.

OLD DOMINION
44633 Guilford Drive, Ashburn, Virginie 20147, É.-U.
www.olddominion.com

Depuis 1989, cette brasserie produit des bières estimées. Coastal Brewing, partenariat entre Fordham, dans le Maryland, et Anheuser-Busch, racheta Old Dominion en 2007, favorisant la production et la distribution des bières, mais réduisant le nombre de gammes.

SECRET DE BRASSERIE Toutes les bières Old Dominion sont certifiées casher.

ORLANDO
1301 Atlanta Avenue, Orlando, Floride 32806, É.-U.
www.orlandobrewing.com

Seule brasserie de Floride à présenter une certification d'origine biologique, Orlando tente de se placer dans une niche longtemps occultée des microbrasseries de l'État. Contrainte de quitter le lieu en raison de la construction d'une autoroute, l'entreprise s'installa sur son nouveau site le 7 avril 2006, date anniversaire de la levée de la prohibition.

OTTER CREEK
793 Exchange Street, Middlebury, Vermont 05753, É.-U.
www.ottercreekbrewing.com

La famille Wolaver acheta la brasserie Otter Creek, déjà bien établie, en 2002, pour élaborer des bières bio, produites auparavant sous contrat dans d'autres brasseries. Les bières Otter Creek sont toujours brassées, et une gamme « World Tour » comprend la Otter Mon (une stout de type jamaïquain) et la Otteroo (une lager de type australien).

BIÈRES

90 SHILLING
SCOTTISH ALE 5,3 % VOL.
Version plus légère d'une scottish ale. Caractère malté homogène, avec un peu de noix, finale sèche.

5 BARREL PALE ALE
PALE ALE 5,2 % VOL.
Fraîche, florale et fruitée. Nez houblonné, avec plus de houblons en milieu de bouche, équilibrée avec les malts britanniques riches.

DOMINION LAGER
DORTMUNDER 5,6 % VOL.
Équilibre entre malt de pilsner doux et houblons épicés. Notes de pain sur le palais ; bière nette et sèche.

DOMINION PALE ALE
PALE ALE 5,6 % VOL.
Très sombre, avec notes de caramel sucrées relevées par les agrumes et le pin venant des houblons. Presque crémeuse, et bien équilibrée.

BLACKWATER DRY PORTER
PORTER 5,1 % VOL.
Accents de malts, avec café torréfié sur le nez, et saveurs de chocolat et de caramel évoquant presque le lait.

BLONDE ALE
GOLDEN ALE 4,5 % VOL.
Robe blond paille clair, corps léger, arômes de malt se transformant en pommes et en pêches sur le palais. Sèche, mais sans amertume.

OTTER CREEK COPPER ALE
ALTBIER 5,4 % VOL.
Arômes et saveurs riches, complexes et maltés, avec une amertume sournoise prolongeant la finale.

WOLAVER'S OATMEAL STOUT
OATMEAL STOUT 5,9 % VOL.
Chocolat et café torréfié en attaque, se mêlant à des notes crémeuses en bouche. De corps plein, mais finale plutôt sèche.

TYPES DE BIÈRE

ALES AMÉRICAINES

Au milieu du XIXe siècle, l'arrivée massive d'immigrés germanophones aux États-Unis a eu d'autres influences que le brassage ethnique. Les nouveaux venus apportèrent une tradition brassicole qui allait révolutionner les pratiques américaines. Les bières de type lager, de même que la singulière weissbier, remplacèrent peu à peu les bières de type porter et ale. Puis 1920 marqua le début de 13 ans de prohibition qui firent table rase du patrimoine brassicole. Les brasseries qui survécurent à cette époque décidèrent que l'avenir reposerait sur une bière de type lager, légère et à la saveur neutre.

Mais à la fin du XXe siècle, une nouvelle vague de brasseurs artisanaux émergea, dont l'avant-garde visait les bières produites sur le continent européen et dans les îles Britanniques. Ces brasseurs développèrent ainsi leurs versions personnalisées d'ales ambrées, de pale ale, d'india pale ale et de brown ale. Aujourd'hui, on compte plus de 1 500 brasseries aux États-Unis, dont la plupart produit diverses sortes d'ales. Le long règne de la lager pâle, supplantée par l'ale, est désormais en déclin.

BIÈRES EXTRÊMES Les ales américaines sont excessives, audacieuses, au parfum intense de houblon et aux qualités biscuitées du malt caramélisé. Certains produits exceptionnels, témoignant d'inventivité, ont contribué à la naissance du terme « bières extrêmes », qualifiant celles qui défient les règles.

BRASSEURS ARTISANAUX En 1965, Fritz Maytag acquit une brasserie à San Francisco et créa la Liberty Ale, brassée selon la tradition, initiant le mouvement des microbrasseries. Ken Grossman, réparateur de vélos et brasseur amateur, illustre ce que l'on appelle un brasseur artisanal – sa brasserie Sierra Nevada fut fondée en 1979. Cette expression se réfère au talent et au respect des méthodes anciennes dont fait preuve cette nouvelle vague de brasseurs.

REGAIN DES STYLES ANCIENS Les brasseurs américains se passionnent pour la reproduction de bières européennes qui n'existent plus. La brown ale, souvent considérée comme acquise en Angleterre où elle trouve ses origines, a ainsi profité de la main experte de Garrett Oliver, de la Brooklyn Brewery, tandis que la cream ale, style hybride abandonné, revient en force sous une honey cream ale brassée par Rogue Ales, dans l'Oregon.

BRASSERIES

PELICAN

33180 Cape Kiwanda Drive,
Pacific City, Oregon 97135, É.-U.
www.pelicanbrewery.com

Pelican est située exactement au sud
de Cape Kiwanda, l'un des sites
américains les plus photographiés.
En dehors du pub, les bières sont
vendues en petites quantités.

SECRET DE BRASSERIE Les India Pelican Ale
et Doryman's Dark ont été désignées
Grand Champion Beer aux Australian
International Beer Awards.

PIKE

1415 1st Avenue, Seattle,
Washington 98101, É.-U.
www.pikebrewing.com

Une visite de la partie restaurant de
Pike Brewing est une vraie excursion
dans un musée de la bière. Charles et
Rose Ann Finkel, les propriétaires, ont
joué un rôle majeur dans le regain
d'intérêt pour les bières traditionnelles
aux États-Unis. En 1978, ils fondèrent
la société Merchant du Vin, important
des produits typiquement européens
et inspirant les brasseurs artisanaux.

PYRAMID

1201 First Avenue South, Seattle,
Washington 98134, É.-U.
www.pyramidbrew.com

Pyramid, qui a ouvert en 1984, a
développé diverses marques et a
racheté des brasseries. Aujourd'hui,
elle renforce sa gamme de bières
de froment. Elle a plusieurs
pubs-brasseries sur la côte ouest,
et des sites de production dans
l'Oregon, à Washington et en
Californie.

REAL ALE

231 San Saba Court, Blanco,
Texas 78606, É.-U.
www.realalebrewing.com

En 2007, Real Ale Brewing, qui était
jusque-là basé dans un minuscule
sous-sol, fut implanté sur un tout
nouveau site, et les brasseurs
doublèrent aussitôt leur production.
Les camions de l'entreprise roulent
au biodiésel, et la brasserie vend
ce carburant (dans un but non
lucratif) aux routiers passant par
le comté de Hill.

BIÈRES

DORYMAN'S DARK ALE

BROWN ALE 5,8 % VOL.
Caractéristiques du malt (caramel,
noix torréfiées, cacao, café) équilibrées
par les houblons Northwest.

TSUNAMI STOUT

STOUT 7 % VOL.
Très noire, mousse crémeuse. Café
et chocolat sur le nez et le palais.
Riche, presque crémeuse. Acidité
agréable et mordante sur la finale.

PIKE PALE

PALE ALE 5 % VOL.
Crémeuse, houblons juteux rivalisant
avec le corps moyen, fruité et biscuité,
et menant à une finale de noix.

PIKE KILT LIFTER

SCOTTISH ALE 6,5 % VOL.
Accents de caramel, notes de fumée
de tourbe équilibrant l'ensemble,
présentes sur les arômes de départ
jusqu'à la finale relativement sèche.

APRICOT ALE

BIÈRE FRUITÉE 5,1 % VOL.
Robe couleur abricot. Nez d'abricot.
Mélange de saveurs d'abricot et de
froment en bouche. Nette et légère.

HEFEWEIZEN

HEFEWEIZEN AMÉRICAINE 5,2 % VOL.
Brassée avec 60 % de froment.
Trouble au service, légèrement
granuleuse, avec l'aigreur du
froment sur le palais.

FULL MOON PALE RYE

PALE RYE 5,6 % VOL.
Seigle distinct équilibré par la saveur
fruitée en milieu de bouche et par
une finale de houblon acidulée.

SISYPHUS

BARLEY WINE 11 % VOL.
Bière riche, de couleur acajou, dont
la force varie. Complexe et visqueuse,
avec des notes de caramel, elle se
bonifie avec l'âge.

ROGUE

2320 OSU Drive, Newport,
Oregon 97365, É.-U.
www.rogueales.com

John Maier, maître brasseur à Rogue Ales, entra dans l'entreprise un an après l'ouverture en 1988. Il acquit une réputation internationale grâce à des bières repoussant les limites gustatives, basées sur une structure maltée solide, sur laquelle se succèdent d'imposantes couches de houblons. Cette démarche lui valut des centaines de prix et généra le développement d'une « Rogue

Nation » – composée d'admirateurs impatients de découvrir les nouvelles bières de l'édition limitée Johns Locker Stock. En plus des sites d'origine de Newport et Portland, Rogue Ales gère des pubs-brasseries et des restaurants sur la côte ouest qu'il qualifie de « salle de mini-réunion ».

SECRET DE BRASSERIE Les bières Rogue sont issues de fermentation haute, réalisée à partir de la levure Pacman (levure de la brasserie), très adaptée au conditionnement en bouteilles.

RUSSIAN RIVER

1812 Ferdinand Court, Santa Rosa,
Californie 95404, É.-U.
www.russianriverbrewing.com

Le maître brasseur Vinnie Cilurzo utilise les houblons, les levures et la maturation en fûts de vin de façon si créative que ses bières semblent ne pas venir de la même brasserie. Il brassa le premier une imperial india pale ale destinée à la commercialisation, il travaillait alors à la brasserie Blind Pig. Cette bière, qui porte aujourd'hui le nom de Pliny the Elder, est une référence. Cilurzo et son

épouse Natalie ont bâti un site de production indépendant du pub-brasserie en centre-ville et ont ainsi assez d'espace pour élargir leur gamme de bières vieillies en fûts. Chaque sorte est gardée en fûts pendant au moins un an.

SECRET DE BRASSERIE Cilurzo utilise diverses levures sauvages pour élaborer ses bières. Ses levures exigent un traitement très minutieux, mais donnent de très bons résultats.

DEAD GUY ALE

HELLER BOCK 6,6 % VOL.
Complexe, riche et fruitée. Arômes de malt, saveur de pain grillé. Houblons vifs et amers. Bière sèche et épicée.

BRUTAL BITTER

EXTRA SPECIAL BITTER 6,2 % VOL.
Houblons aromatiques et floraux, juteux sur le palais, s'appuyant sur les fruits issus de la fermentation et le malt évoquant le pain. Amère.

SHAKESPEARE STOUT

STOUT 6 % VOL.
Sombre. Saveurs grillées, chocolat, café, fruits noirs et malt costaud. Houblons imposants et équilibrés, et finale homogène grasse/crémeuse.

HAZELNUT BROWN NECTAR

BROWN ALE 6,2 % VOL.
Inspirée de la recette d'un brasseur amateur. Bonne dose de noisettes saturant une brown ale robuste.

BEATIFICATION

SOUR ALE 6 % VOL.
Bière mélangée à fermentation spontanée. Complexe, mélange aigre de fruit et de bois. Sur la finale, acidité convenable.

PLINY THE ELDER

IMPERIAL INDIA PALE ALE 8 % VOL.
Arôme, saveur et amertume houblonnés – le tout soutenu par une solide base de malt.

TEMPTATION

STRONG ALE BELGE 7,2 % VOL.
Vieillie en fûts de chardonnay en chêne avec de la levure sauvage. Complexe et vineuse. Nez acide.

BLIND PIG IPA

INDIA PALE ALE 6 % VOL.
Arômes explosifs de fleurs, d'agrumes et de pin. Le malt robuste accentue le caractère fruité. Finale nette et acidulée.

BRASSERIES

SAMUEL ADAMS

30 Germania Street, Boston,
Massachusetts 02130, É.-U.
www.samueladams.com

Depuis que la Boston Beer Company, un des rares distributeurs de bières spéciales aux États-Unis, commercialise cette bière, le nom de Samuel Adams est synonyme de bières artisanales. La marque fut lancée en 1984, lorsque la société limita la production à celle des brasseurs principaux dont la capacité était excédentaire. Depuis, Boston Beers a racheté certaines de ces brasseries et produit essentiellement ses propres bières. Chaque année, elle organise un concours de brassage entre ses employés, et la bière élaborée par le vainqueur est distribuée sur le marché, ainsi que les bières ayant remporté un concours national de brassage amateur.

SECRET DE BRASSERIE Aujourd'hui, pratiquement une bière artisanale sur cinq vendues aux États-Unis est une Samuel Adams.

SCHLAFLY

2100 Locust Street, St. Louis, Missouri 63101, É.-U.
www.schlafly.com

La brasserie Saint Louis élabore des bières sous la marque Schlafly, sur un site situé en périphérie de la ville, mais le pub-brasserie d'origine, au centre-ville, The Taproom, est prisé des touristes. Tom Schlafly, cofondateur, est l'auteur d'un livre intitulé *A New Religion in Mecca*, qui traite du partage du marché de Saint Louis avec le géant international Anheuser-Busch.

SHINER

603 Brewery Street, Shiner, Texas 77984, É.-U.
www.shiner.com

Fondée en 1909, la brasserie Spoetzl a conduit la Shiner Bock jusqu'au succès national. En 2004, l'entreprise commença le compte à rebours de son 100e anniversaire en lançant une nouvelle bière spéciale chaque année, chaque bière reflétant les origines germaniques qui remontent à la première Shiner Brewing Association.

BIÈRES

BOSTON LAGER

LAGER VIENNOISE 4,9 % VOL.
Nez complexe de fleurs et de pin. Corps plein, caramel en milieu de bouche, et finale sèche satisfaisante.

SCOTCH ALE

SCOTTISH ALE 5,4 % VOL.
Riche en arômes et en saveurs de caramel et de mélasse. Notes sous-jacentes de terre et de fumée provenant du malt fumé à la tourbe.

BLACK LAGER

SCHWARZBIER 4,9 % VOL.
Torréfiée mais homogène, avec du caramel et des noix sur le palais. Notes de café omniprésentes, offrant une agréable amertume sur la finale.

UTOPIAS

STRONG ALE 27 % VOL.
La bière la plus forte du monde, vieillie en fûts de cognac et de porto. À servir comme un cognac de luxe.

SCHLAFLY PALE ALE

PALE ALE ANGLAISE 4,4 % VOL.
Biscuit et fruit, avec une finale sèche, modérément amère. Le pub-brasserie sert une version forte, houblonnée et sèche.

SCHLAFLY OATMEAL STOUT

OATMEAL STOUT 5,7 % VOL.
Café et crème, légère note onctueuse issue de l'avoine. Homogène, avec des soupçons de chocolat fumé.

SHINER HEFEWEIZEN

HEFEWEIZEN 5,3 % VOL.
Trouble, brassée dans le style bavarois, avec un peu de miel. Le caractère est plus donné par le froment que par le blé, avec des soupçons d'agrumes.

SHINER BOCK

DARK LAGER AMÉRICAINE 4,4 % VOL.
Une dark lager, plutôt qu'une véritable bock allemande. Soupçons de caramel sucré. Houblons faibles.

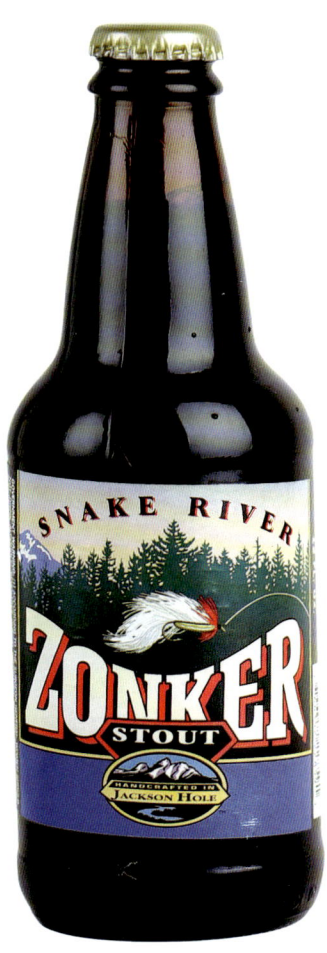

SIERRA NEVADA

1075 East 20th Street, Chico,
Californie 95928, É.-U.
www.sierranevada.com

Grâce à Sierra Nevada Brewing,
les amateurs de bière ont pu
découvrir les houblons Northwest,
aux accents d'agrumes et de pin,
dès 1981 avec le lancement de
la Pale Ale par les anciens brasseurs
Ken Grossman et Paul Camusi.
Depuis, de nombreuses autres bières
plus amères ont été élaborées, mais
la brasserie continue à proposer
de nouveaux houblons aux
consommateurs. Sierra Nevada
est également un leader en matière
de pratique environnementale ;
elle possède l'une des plus grandes
installations solaires privées
du pays, qui devrait lui permettre
de produire la quasi-totalité
de ses besoins énergétiques.

SKA

545 Turner Drive, Durango,
Colorado 81301, É.-U.
www.skabrewing.com

Bill Graham et Dave Thibodeau ont
nommé leur brasserie d'après la musique
jamaïquaine. « Il faut du caractère pour
brasser des bières de caractère », telle
est leur devise. Lorsqu'ils fondèrent la
brasserie Ska en 1995, ils travaillaient
le jour et brassaient la nuit. Aujourd'hui,
ils doivent répondre à une demande
croissante.

SNAKE RIVER

265 S. Millward Street, Jackson,
Wyoming 83001, É.-U.
www.snakeriverbrewing.com

Situé dans le centre de Jackson,
à quelques kilomètres de la station
de ski Jackson Hole et avec
une vue sur la montagne Snow King,
le pub-brasserie Snake River est
implanté dans un ancien entrepôt
de parpaing. L'entreprise a remporté
à deux reprises le titre de Small
Brewery of the Year lors de l'American
Beer Festival.

PALE ALE

PALE ALE 5,6 % VOL.
Houblons Cascade, marqués par le
pin et le pamplemousse, contrastant
avec le fruité du malt.

HARVEST FRESH HOP ALE

INDIA PALE ALE 6,7 % VOL.
Élaborée à partir de houblons
« humides », c'est-à-dire récoltés
et brassés le jour même. Grasse
et aromatique.

BIGFOOT

BARLEY WINE 9,6 % VOL.
Souple et terreuse, avec houblons
citriques proéminents et malts riches
évoquant le whisky. Très amère
lorsqu'elle est jeune.

CELEBRATION ALE

INDIA PALE ALE 6,8 % VOL.
Riche en saveurs de houblons acidulés.
Structure équilibrée de malt fruité
et caramélisé, amertume persistante.

TEN PIN PORTER

PORTER 5,4 % VOL.
Chocolat et caramel omniprésents,
avec du café torréfié plus fort sur
la saveur. Amertume progressive.

TRUE BLONDE

GOLDEN ALE 4,2 % VOL.
Brassée avec du miel provenant du
nord de la ville. Malt biscuité léger,
soupçons de miel et une touche
de houblons citriques.

ZONKER STOUT

STOUT 5,8 % VOL.
Orge grillée supportée par
du chocolat presque sucré. Finale
agréablement sèche.

LAGER

LAGER viennoise 6 % VOL.
Blonde, avec une mousse épaisse
et blanche. Accents de malt, saveurs
de torréfaction et de caramel,
finale houblonnée s'asséchant.

GROS PLAN SUR...
LE MALT

La bière est un produit de l'agriculture, elle puise ses origines dans un champ de céréales ondoyant de nuances blondes. Après la récolte, les céréales sont transportées dans une pièce de maltage, où commence un voyage en plusieurs étapes, et qui se terminera dans un verre. Traditionnellement, le malt, ou l'orge maltée, était surnommé « l'âme » de la bière – matière première dotée du pouvoir de donner à la bière sa couleur, son arôme, ainsi qu'une gamme de saveurs riche et caractéristique. Sans malt, la bière ne peut exister, car il procure les sucres qui nourriront la levure pendant le processus de fermentation, dont les dérivés sont le dioxyde de carbone et l'alcool.

COULEUR La couleur, ou robe d'une bière, donne un indice sur les malts utilisés pour sa fabrication. Le malt noir entre dans la composition des bières les plus brunes, comme les stout. Les bières ambrées contiennent souvent du malt brun ou cristal, tandis que les bières de type pilsner sont souvent élaborées avec du malt caramel, apportant légèreté et saveur sucrée.

CULTURE DE L'ORGE Les variétés cultivées pour le brassage de la bière sont à deux ou six rangs. L'orge à deux rangs est plus répandue en Europe, tandis que les brasseurs américains utilisent souvent l'orge à six rangs. Ceci s'explique notamment par son coût et son association possible avec du riz ou du maïs.

SÉLECTIONNER L'ORGE Il existe diverses variétés d'orge. Au Royaume-Uni et chez certains brasseurs américains sélectifs, les orges Maris Otter, Golden Promise ou Optic sont souvent choisis. L'orge a des caractéristiques variables. En Grande-Bretagne et en Belgique, on préfère l'orge semée au cours de l'hiver en raison de sa saveur robuste, tandis que les brasseurs allemands et tchèques aiment le goût plus léger et sucré de l'orge semée au printemps.

GERMINATION La première étape du maltage consiste à faire germer rapidement les céréales. Cela permet de produire des enzymes qui transforment l'amidon en sucres de malt solubles indispensables (processus nommé « saccharification »). Pour cela, on trempe les céréales dans l'eau, puis on les laisse sécher en les retournant plusieurs fois par jour pour éviter que les radicelles ne s'emmêlent. Tout le talent du malteur est de stopper la germination au moment propice, grâce au processus de touraillage.

TOURAILLAGE Si la durée du touraillage est minime, le malt ne sera que légèrement fumé et donnera un éclat blond aux ales et aux lager. Le malt clair constitue généralement la majorité du mash tun – ceci s'explique par le taux élevé à la fois d'amidon et d'enzymes qui transforment l'amidon en sucres fermentescibles. Plus le malt subit un touraillage long, plus il sera foncé et donnera une couleur, une saveur et un corps profonds.

ENTREPÔT DE MALT La visite de l'entrepôt de malt d'une brasserie vous dévoilera les secrets de cet ingrédient magique. Vous y découvrirez le malt clair, le malt chocolat (nommé ainsi en raison de sa saveur chocolatée), le malt noir, le malt de seigle, le malt lager, le malt brun ou encore le malt caramel. L'orge torréfiée, non maltée, est un composant essentiel des Irish stouts comme la Guinness ou la Murphy's. Le traitement du malt similaire à l'élaboration du caramel toffee produit le malt cristal, qui confère à la bière du corps ainsi qu'une saveur épicée riche.

BRASSERIES

SOUTHAMPTON

40 Bowden Square, Southampton, New York 11968, É.-U.
www.publick.com

Phil Markowski, brasseur affairé de Southampton Public House, se rend régulièrement dans trois brasseries de l'État de New York ainsi qu'en Pennsylvanie pour produire la bière de marque Southampton. Outre la gamme éclectique qu'il a créée pour le restaurant-brasserie de Long Island, il brasse des bières spéciales conditionnées en bouteilles de 75 cl, et supervise la production de la Double White et de la Secret Ale. Depuis 2008, la gamme de bières Southampton est commercialisée par Pabst.

SECRET DE BRASSERIE Markowski est l'auteur de *Farmhouse Ales*, un guide complet des bières de saison et des bières de garde brassées en Wallonie, en Belgique.

SOUTHERN TIER

2051A Stoneman Circle, Lakewood, New York 14750, É.-U.
www.southerntierbrewing.com

À son ouverture en 2004, Tier Brewing devait produire une gamme de bières traditionnelles. Pourtant, elle doit son succès à une IPA audacieuse, ainsi qu'à d'autres bières caractérisées par leur capacité à dégager de grandes saveurs.

SECRET DE BRASSERIE La brasserie ne cesse d'innover, en témoigne un trio d'Imperial stouts titrant à 11 %.

STARR HILL

5391 Three Notched Road, Crozet, Virginie 22932, É.-U.
www.starrhill.com

En 2007, Starr Hill Brewery fut la deuxième petite brasserie de Virginie dont Anheuser-Busch racheta une part, dans le cadre d'un accord destiné à élargir la distribution nationale. Depuis la reprise d'un pub-brasserie en faillite en 1999, Starr Hill a produit des bières traditionnelles appréciées des consommateurs, et s'est dotée d'un nouveau site de production.

BIÈRES

DOUBLE WHITE ALE

WITBIER 6,8 % VOL.
Notes florales, citriques et sucrées en attaque. Textures riches, aigreur de froment et d'orange.

IMPERIAL PORTER

PORTER BALTE 7,2 % VOL.
Arômes riches et alcoolisés de fruits noirs et de chocolat, associés au café sur le palais. Finale agréablement amère.

SAISON

BIÈRE DE SAISON 6,5 % VOL.
Illustre l'ouvrage *Farmhouse Ales* – fruitée, poivrée, légèrement aigre, terreuse et désaltérante.

SECRET ALE

ALTBIER 5,1 % VOL.
Arômes légèrement sucrés de caramel. Amertume franche associée au malt riche sur le palais, se prolongeant au-delà de la finale.

OAT OATMEAL STOUT

IMPERIAL STOUT 11 % VOL. (TITRE VARIABLE)
Épaisse et velouté en raison de l'avoine, riche en chocolat ; amertume complexe.

HEAVY WEIZEN

STRONG HEFEWEIZEN 8 % VOL.
Inspiré du style bavarois, mais avec plus de douceur fruitée (banane), de clous de girofle et d'épices, et davantage de houblons.

DARK STARR STOUT

STOUT 4,75 % VOL.
Même le nez donne une impression sèche. Malt grillé et chocolat riche sur un corps agréablement léger.

JOMO

LAGER VIENNOISE 5 % VOL.
Évoque le pain grillé en attaque. Plus de pain grillé et des malts imposants en bouche, un soupçon de houblons nobles et une amertume équilibrée.

STEAMWORKS

801 East 2nd Avenue Durango, Colorado 81301, É.-U.
www.steamworksbrewing.com

Bien qu'elle commercialise une large gamme de bières dans ses deux restaurants-brasseries (l'autre est situé à Bayfield), Steamworks Brewing doit son succès à ses bières inspirées du style allemand et distribuées sur un marché croissant du sud-ouest. Le nom de l'entreprise provient du train touristique à vapeur ralliant Durango à Silverton.

STEAM ENGINE LAGER

LAGER AMBRÉE 5,4 % VOL.
Robe cuivrée lumineuse et malt sucré sur le nez. Plus de caramel en bouche, ainsi que du miel.

COLORADO KÖLSCH

KÖLSCH 4,2 % VOL.
Pas aussi vive et fraîche que les bières de Cologne, mais aussi accessible qu'une lager légère, avec une saveur sucrée persistante.

STRAUB

303 Sorg Street, St. Marys, Pennsylvanie 15857, É.-U.
www.straubbeer.com

Straub est une entreprise familiale fondée en 1872. La brasserie a enregistré des ventes records en 2007, bien que son produit phare soit une lager pâle brassée avec des grains de maïs. Ses bières sont commercialisées à 60 % dans la ville d'origine. Sur le site de production, les visiteurs peuvent profiter d'une « Eternal Tap » (bière à soutirer soi-même).

STRAUB

LAGER AMÉRICAINE 4,3 % VOL.
Fraîche et céréalière, légère et nette sur la langue. Caractère de houblon restreint, seule l'amertume équilibre l'ensemble.

PETER STRAUB'S SPECIAL DARK

LAGER AMBRÉE 5 % VOL.
Basée sur une bock, mais plus légère. Malt sucré sur le palais, avec du caramel et une touche d'épices.

SUDWERK

2001 2nd Street, Davis, Californie 95616, É.-U.
www.sudwerk.com

Ouverte en 1990 sous le nom de Privabrauerei Hübsch, la brasserie se concentrait sur les bières et la gastronomie de style allemand. Depuis, le restaurant a été vendu, et le menu propose désormais des plats californiens, mais la bière produite sur le site indépendant de Sudwerk Brewery reste inspirée des bières européennes.

SUDWERK LAGER / HELLES

HELLES 4,9 % VOL.
Arômes et saveurs de malt sucré. Texture complexe sur le palais ; ferme mais houblons discrets.

SUDWERK PILSNER

PILSNER 5,2 % VOL.
Malt sucré, illuminant le nez, associé à des houblons épicés. Corps plein. Notes de levure équilibrées par une amertume persistante.

SUMMIT

910 Montreal Circle, Saint Paul, Minnesota 55102, É.-U.
www.summitbrewing.com

En se concentrant sur le marché des Twin Cities et sur une gamme de bières restreinte, Summit Brewing est devenue l'une des plus grandes brasseries artisanales du pays. Elle peut notamment se targuer d'avoir bâti la première brasserie nouvelle du Minnesota depuis les années 1930. L'entreprise a étendu sa distribution à 13 États et lance des bières en édition spéciale.

EXTRA PALE ALE

PALE ALE 5,3 % VOL.
Nez d'agrumes non écrasant, milieu de bouche franc et fruité, et finale sèche avec un parfum de citron.

GREAT NORTHERN PORTER

PORTER 5,6 % VOL.
Les notes torréfiées et l'amertume chocolatée fusionnent avec des houblons herbeux et équilibrent les saveurs sucrées de caramel.

BRASSERIES

TERMINAL GRAVITY

803 SE School Street, Enterprise, Oregon 97828, É.-U.
www.terminalgravitybrewing.com

Bâti en 1997 par Steve Carper et Dean Duquette dans le nord-est de l'Oregon, le pub-brasserie s'est transformé en microbrasserie. À l'ouverture, les propriétaires louèrent un espace à un boulanger et installèrent une cuisine où sont élaborées de délicieuses saucisses. « Nous sommes le brasseur, le boulanger et le fabricant de saucisses », annonça alors Duquette.

VICTORY

420 Acorn Lane, Downingtown, Pennsylvanie 19335, É.-U.
www.victorybeer.com

Ron Barchet et Bill Covaleski, fondateurs de Victory Brewing, se sont rencontrés dans un bus scolaire en 1973. Avant de lancer leur affaire en 1996, ils ont voyagé dans certaines des plus grandes régions brassicoles du monde ; ils se sont notamment formés en Allemagne et ont travaillé dans des microbrasseries américaines. La gamme de leurs bières reflète l'étendue de leurs ambitions et leur nouvelle brasserie est conçue pour produire tout style de bière dans le respect de la tradition. Ils ont acquis très tôt une réputation grâce à leurs bières américaines houblonnées, et leurs ales inspirées des recettes belges sont parmi les plus populaires.

SECRET DE BRASSERIE La brasserie Victory a conclu des contrats à long terme avec les producteurs de houblon allemands pour garantir la disponibilité des ingrédients authentiques utilisés pour élaborer les lager.

WIDMER

929 North Russell, Portland, Oregon 97227, É.-U.
www.widmer.com

L'Hefeweizen américaine (trouble mais moins marquée par les houblons que par la levure), lancée il y a plus de 20 ans par les frères Widmer, continue d'observer une croissance à double chiffre. Widmer et Redhook ont fusionné pour former une seule société nommée Craft Breweries Alliance, mais Widmer a conservé la gestion de sa propre brasserie.

BIÈRES

IPA
INDIA PALE ALE 6,7 % VOL.
Malts riches et houblons acidulés. Épaisse sur la langue, entrecoupée de pamplemousse. Agrumes persistants.

EXTRA SPECIAL GOLDEN / ESG
PALE ALE 5,4 % VOL.
Mérite d'être citée en raison de sa saveur de fermentation marquée par la pêche, se mêlant à la douceur du malt et des houblons acidulés.

PRIMA PILS
PILSNER 5,3 % VOL.
Arômes frais et floraux, palais évoquant le biscuit, finale brute d'amertume. Robuste et délicate.

GOLDEN MONKEY
TRIPLE 9,5 % VOL.
Épicée avec des soupçons de banane suivis de poivre léger. Sucrée comme un bonbon sur le palais, et finale sèche.

HOPDEVIL IPA
INDIA PALE ALE 6,5 % VOL.
Arômes de houblon épicé, saveurs houblonnées et amertume évoquant le bois, supportée par une base maltée.

WHIRLWIND WITBIER
WITBIER 5 % VOL.
Orange, épices poivrées et clous de girofle sur le nez. Soyeuse en bouche, vite marquée par une note épicée agressive et une aigreur de froment.

HEFEWEIZEN
HEFEWEIZEN AMÉRICAINE 4,9 % VOL.
Les agrumes, dont le zeste de citron, sont associés à du froment net, évoquant le pain, mais néanmoins aigre. Finale de pamplemousse.

SNOW PLOW
MILK STOUT 5,5 % VOL.
Le café sur le nez devient plus crémeux sur le palais, où des notes torréfiées se marient au chocolat.

AUTRES BIÈRES
AMÉRICAINES

Les États-Unis sont le foyer de la brasserie artisanale et comptent le plus grand nombre de petits brasseurs au monde. Ces entreprises sont généralement régionales, et les champs de distribution de leurs bières dépassent rarement les villes voisines du site de production.

GRAY'S

2424 West Court Street, Janesville, Wisconsin 53545, É.-U.
www.graybrewing.com

La famille Gray gère l'entreprise de Janesville depuis 1856, mais n'a pas toujours produit de la bière. En 1912, elle cessa la brassiculture, et élabora du soda jusqu'en 1994. Cette année-là, le site de production fut victime d'un acte pyromane, et les travaux de reconstruction furent l'occasion de renouer avec la tradition brassicole familiale.

OATMEAL STOUT
Oatmeal stout 5,6 % vol.
Grains de café torréfiés et chocolat, caramel et saveur crémeuse sucrée. Légèrement amère, sèche sur la finale.

IRISH RED
Ale ambrée 6,2 % vol.
Robe rouge ambrée suggérant des saveurs de malts riches légèrement sucrés, suivies de houblons terreux modérés.

NIMBUS

3850 East 44th Street, Tucson, Arizona 85713, É.-U.
www.nimbusbeer.com

Nimbus, qui élabore des bières depuis 1997, a commencé avec un équipement récupéré dans le Vermont, puis s'est modernisée et étendue. Le nom de la brasserie provient de Nimbus Couzin, fondateur et brasseur.

SECRET DE BRASSERIE La qualité de l'eau du site de production est dure et riche en soufre.

PALO VERDA PALE ALE
Pale ale 5,5 % vol.
Arôme abondant de houblon Northwest, et saveurs d'agrumes et de pin.

OLD MONKEYSHINE
Old ale 8 % vol.
Malts riches et houblons britanniques donnant un caractère européen. De corps plein, avec des saveurs de caramel et de chocolat.

MCNEILL'S

90 Elliot Street, Brattleboro, Vermont 05301, É.-U.
www.myspace.com/mcneillsbrewery

Depuis l'ouverture de son pub-brasserie en 1991, Ray McNeill, violoncelliste classique, met un point d'honneur à travailler sur les styles traditionnels. Les noms de ses bières sont parfois peu traditionnels, voire peu appétissants.

SECRET DE BRASSERIE Une brasserie indépendante a été récemment construite.

DEAD HORSE INDIA PALE ALE
India pale ale 5,7 % vol.
Florale et terreuse, houblons East Kent Goldings, base solide de malts anglais riches. Finale boisée et sèche.

DUCK BREATH BITTER
Premium bitter 5,5 % vol.
Riche en malts britanniques, caractère agréablement minéral et une amertume sournoise. Meilleure en cask, servie au pub.

STOUDTS

2800 North Reading Road, Route 272, Adamstown, Pennsylvanie 19501, É.-U.
www.stoudtsbeer.com

Carol (brasseur) et Ed Stoudt fondèrent leur brasserie à laquelle ils ajoutèrent un grill proposant surtout des bières inspirées du style allemand. Depuis plus de 20 ans, ils marient allègrement tradition européenne et innovation américaine. La galerie d'antiquités de Stoudts compte parmi les nombreuses galeries de la « capitale américaine des antiquaires ».

STOUDTS PILS
Pilsner 4,8 % vol.
Vive expression des houblons Saaz, florale, puis épicée en bouche, longue et sèche sur la finale.

FAT DOG STOUT
Imperial stout 9 % vol.
Oatmeal stout, mais brassée avec la force d'une imperial. Épaisse et riche avec de la mélasse, des pruneaux et des saveurs aigres-douces de café.

SWEETWATER

195 Ottley Drive, Atlanta, Géorgie 30324, É.-U.
www.sweetwaterbrew.com

Brasserie artisanale majeure. Son produit phare, l'Extra Pale Ale, observe une croissance continue. Depuis l'assouplissement de la loi en Géorgie, SweetWater a produit avec succès des bières plus puissantes, comme l'IPA titrant à 6 % ou encore la Festive Ale.

SECRET DE BRASSERIE La Festive Ale n'est brassée qu'un seul jour par an.

420 EXTRA PALE ALE
Pale ale 5,2 % vol.
Sur la langue, mélange léger de houblons acidulés et de malt mielleux.

FESTIVE ALE
Bière épicée 8,6 % vol.
Bière d'hiver, aussi riche en malt que l'indique sa robe acajou. Brassée avec de la cannelle et du macis, mais sans excès.

TOMMYKNOCKER

1401 Miner Street, Idaho Springs, Colorado 80452, É.-U.
www.tommyknocker.com

Le nom de la brasserie vient du passé minier de la ville – après la découverte de l'or en 1859, la mine Argo fournit la moitié des besoins en or de l'hôtel de la Monnaie de Denver. Les mineurs cornouaillais qui y travaillaient croyaient en l'existence de lutins nommés « Tommyknockers », qui vivaient dans les mines et étaient censés apporter bonheur et protection.

BUTT HEAD BOCK
Doppelbock 8,2 % vol.
Caramel et malts grillés sur le nez. Plus riche sur le palais, réchauffante, saveur de fruits rouges surprenante.

PICK AXE PALE ALE
Pale ale 6,2 % vol.
Nez épicé de houblon, marqué par le caractère fruité du malt, biscuit sur le palais ainsi que des houblons terreux.

TRÖEGS

800 Paxton Street, Harrisburg, Pennsylvanie 17104, É.-U.
www.troegs.com

En 2007, Tröegs tripla la surface de sa brasserie. Un an après, les frères John et Chris Trogner, les propriétaires, enrichirent l'équipement pour doubler la production. Les bières de base maintiennent leur croissance, et les bières spéciales telles que la Mad Elf, brassée avec des cerises, et la gamme de bières « Scratch » répondent désormais à une demande nationale.

TROGENATOR
Doppelbock 8,2 % vol.
Dominée par le malt, arômes de caramel associés à une saveur de croûte de pain grillé, corps moyen.

HOPBACK AMBER
Ale ambrée 5,6 % vol.
Caractère fruité de caramel sucré, avec des houblons vifs, épicés et floraux. La Nugget Nectar est la version plus forte.

YUENGLING

5th and Mahantongo Streets, Pottsville, Pennsylvanie 17901, É.-U.
www.yuengling.com

Yuengling, la plus vieille brasserie des États-Unis, en activité depuis 1829, brasse des bières avec des succédanés, mais se distingue des grands groupes brassicoles. La brasserie doit son succès à ses bières artisanales composées de malt. Une seconde brasserie a été bâtie (le site d'origine se situe à Pottsville) et l'entreprise a racheté une grande brasserie à l'arrêt en Floride.

TRADITIONAL LAGER
Lager américaine 4,9 % vol.
Robe ambrée, corps léger. Arômes floraux sucrés, et à nouveau sucrée sur le palais. Vive et fraîche sur la finale, avec une amertume subtile.

ORIGINAL BLACK & TAN
Bière mélangée 5,2 % vol.
Mélange de Yuengling Premium et Porter. Robe assez brune, avec des saveurs de chocolat et de caramel.

BRASSERIES
BIÈRES
BRASSERIES
BIÈRES

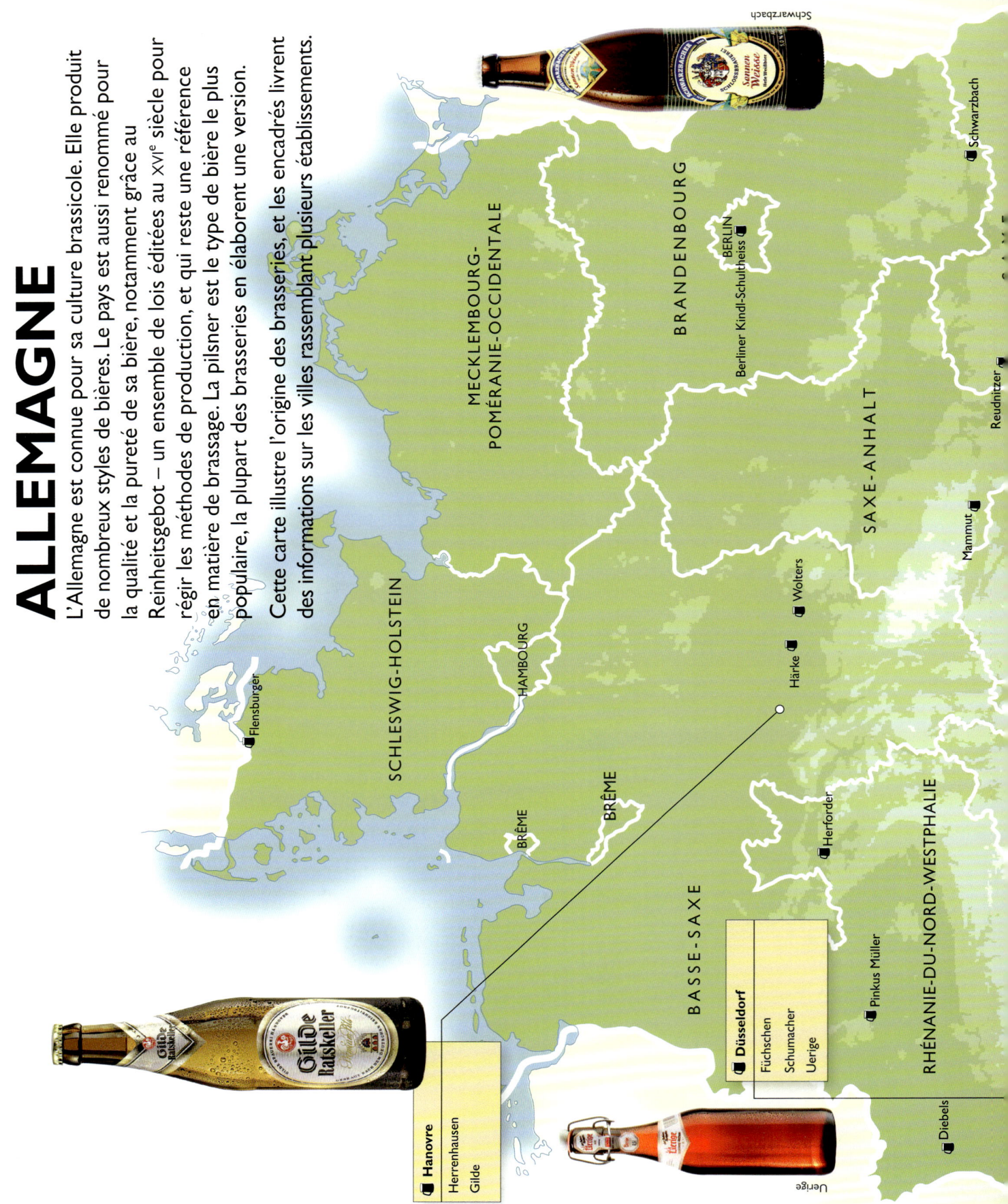

ALLEMAGNE

L'Allemagne est connue pour sa culture brassicole. Elle produit de nombreux styles de bières. Le pays est aussi renommé pour la qualité et la pureté de sa bière, notamment grâce au Reinheitsgebot – un ensemble de lois éditées au XVIᵉ siècle pour régir les méthodes de production, et qui reste une référence en matière de brassage. La pilsner est le type de bière le plus populaire, la plupart des brasseries en élaborent une version.

Cette carte illustre l'origine des brasseries, et les encadrés livrent des informations sur les villes rassemblant plusieurs établissements.

Schwarzbach

SCHLESWIG-HOLSTEIN

MECKLEMBOURG-POMÉRANIE-OCCIDENTALE

BRANDENBOURG

Flensburger

HAMBOURG

BERLIN
Berliner Kindl-Schultheiss

SAXE-ANHALT

Schwarzbach

Reudnitzer

BRÊME

BRÊME

Wolters

Mammut

Härke

BASSE-SAXE

Herforder

RHÉNANIE-DU-NORD-WESTPHALIE

Pinkus Müller

Hanovre

Herrenhausen
Gilde

Düsseldorf

Füchschen
Schumacher
Uerige

Diebels

Uerige

Chemnitz
Braustolz
Reichenbrand

Bamberg
Fässla
Schlenkerla

Ratisbonne
Bischofshof
Weltenburg

Munich
Augustiner
Hacker-Pschorr
Hofbräu München
Löwenbräu

Freiberger Brauhaus

Jandelsbrunner

Altenburg

Sternquell

Röhrl

Aldersbach

Traunstein

Lang-Bräu

Altöttinger

Maisel

Unertl

Saalfeld

Nailaer Wohn

Erdinger

Reutberg

Meininger

Schweiger

Greif

B A V I È R E

Döbler

Kesselring

Aktien

Zötler

Fürst Wallerstein

Gold Ochsen

Ankerbräu Nordlingen

Crailsheimer Engelbräu

Dinkelacker-Schwabenbräu

T H U R I N G E

Faust

Lindenbräu

Weldebräu

H E S S E

B A D E - W U R T E M B E R G

Krombacher

Maximilians

Fürstenberg

RHÉNANIE-
PALATINAT

Bitburger

S A R R E

Alpirsbach

BRASSERIES

AKTIEN

Hohe Buchleute 3,
87600 Kaufbeuren, Allemagne
www.aktienbrauerei.de

Les origines brassicoles d'Aktien,
à Kaufbeuren, remontent au début
du XIVᵉ siècle. Plus récemment,
la brasserie a racheté les entreprises
Löwen et Rosen.

SECRET DE BRASSERIE Aktien élabore encore
ses bières selon la Reinheitsgebot, loi
bavaroise sur la pureté de la bière
promulguée en 1516.

ALDERSBACH

Freiherr-von-Aretin-Platz 1,
94501 Aldersbach, Allemagne
www.aldersbach.de

Le site moderne actuel s'est
développé à partir d'une
petite brasserie qui dépendait
d'un monastère et qui datait
du XIIIᵉ siècle. La gamme de bières
s'est progressivement étoffée
au fil des siècles. La bière blanche
est apparue au catalogue en 1928.
Aujourd'hui, la brasserie produit
13 styles de bière différents.

ALTENBURG

Brauereistr. 20,
04600 Altenbourg, Allemagne
www.brauerei-altenburg.de

Fondée en 1871, la brasserie
produisit sa première bière en 1873
et acquit un succès immédiat.
Après la Seconde Guerre mondiale,
l'entreprise fut reprise par le parti
communiste. Depuis la réunification
de l'Allemagne en 1990, Altenburg
a repris la voie de la prospérité
et est de nouveau la plus grande
brasserie de la région.

ALTÖTTINGER

Altöttinger Hell-Brau, Herrenmühlstr. 15,
84503 Altötting, Allemagne
www.altoettinger-hellbraeu.de

Altötting, en Bavière, est un lieu de
pèlerinage dédié à la Vierge. En 1890,
Georg Hell augmenta la production
d'une brasserie locale pour abreuver
les pèlerins. Aujourd'hui, la brasserie
propose huit bières différentes.

SECRET DE BRASSERIE Les bières sont
élaborées à partir des houblons les plus
fins et des meilleurs malts allemands.

BIÈRES

NATURTRÜBES KELLERBIER

KELLERBIER 5,1 % VOL.
Non filtrée et naturellement trouble.
Le goût légèrement sucré
caractérise l'un des plus vieux styles
de bière bavarois.

FENDT DIESELROSSÖL

MÄRZEN 5,9 % VOL.
Structure maltée, aromatique et de
corps plein, au goût un peu amer.
Accompagne bien les plats de gibier.

FREIHERREN PILS

PILSNER 4,5 % VOL.
Amertume issue du houblonnage.
Les céréales légèrement maltées
donnent une saveur sèche et raffinée.

KLOSTER DUNKEL

DUNKEL 5 % VOL.
De corps plein et maltée, avec une
robe typiquement acajou foncé. La
saveur de torréfaction est donnée
par les malts noirs.

ALTENBURGER SCHWARZE

SCHWARZBIER 4,9 % VOL.
Cette bière à la robe acajou a
une saveur maltée aromatique
et une note houblonnée intense.

FESTBIER

BOCK 6 % VOL.
Robe ambrée, de corps plein,
avec une saveur de houblons doux.
Brassée spécialement pour
les festivals locaux.

BAYERISCHE DUNKEL

DUNKEL 5,2 % VOL.
Saveur de torréfaction et de malt,
mais fraîche et avec une longue finale.
Spécialité brune au caractère unique.

FEIN-HERB

LAGER 5 % VOL.
Les meilleurs malts, associés
à des houblons soigneusement
sélectionnés, produisent une saveur
raffinée, exceptionnellement sèche.

LES BIÈRES ALLEMANDES LES PLUS CONNUES

On compte 1 300 brasseries en Allemagne, concentrées surtout au sud. La Bavière en rassemble 700.

La bière allemande la plus célèbre dans le monde est la Beck, propriété du géant Anheuser-Busch InBev. Holsten, aussi réputée dans le monde, est une filiale du groupe danois Carlsberg. Löwenbräu fut le premier exportateur de bière allemand à acquérir une notoriété après la Seconde Guerre mondiale. Aujourd'hui, la marque appartient à Anheuser-Busch InBev. Toutefois, ces marques internationales ne sont pas aussi connues que la Budweiser (Anheuser-Busch InBev) aux États-Unis, et ne figurent même pas parmi les meilleures ventes en Allemagne. En fait, elles forment une part économique restreinte comparé aux grands noms du marché intérieur, tels Krombacher, Warsteiner, Veltin's et Bitburger. La pilsner est le style de bière prédominant dans les brasseries allemandes. En bières spéciales, l'Erdinger Weissbier (bière de froment) est en tête des ventes, tandis que la Clausthaler est une des bières sans alcool les plus bues. Pourtant, la plupart des brasseries allemandes prospères conservent leur petite structure et limitent leur distribution ; la majorité a été créée par des brasseurs amateurs.

BECKS (PILSNER 4,8 % VOL.) *à gauche*
BITBURGER (PILSNER 4,8 % VOL.)
CLAUSTHALER (SANS ALCOOL 0,45 % VOL.)
ERDINGER (FROMENT 5,3 % VOL.) *au centre*
HOLSTEN (PILSNER 4,8 % VOL.) *à droite*
KROMBACHER (PILSNER 4,8 % VOL.)
VELTINS (PILSNER 4,8 % VOL.)
WARSTEINER (PILSNER 4,8 % VOL.)

ANKERBRÄU NORDLINGEN

Ankergasse 4,
86720 Norlingue, Allemagne
www.ankerbrauerei.de

Les origines de la brasserie remontent à 1608. Cette année-là, plusieurs bières furent brassées pour un festival. À la fin du XIXe siècle, la brasserie fut achetée par la famille Grandel.

SECRET DE BRASSERIE Les bières sont élaborées avec des malts locaux, de l'eau du Ries et des houblons de Spalt.

LAGER HELL
LAGER 5 % VOL.
Bière jaune, nette, à la saveur riche ; corps plein agréable, avec un arôme raffiné en attaque.

NÖRDLINGER PREMIUM PILS
PILSNER 4,7 % VOL.
L'arôme houblonné très floral devient légèrement amer et presque effervescent sur la langue.

AUGUSTINER

Landsberger Str. 31-35,
80339 Munich, Allemagne
www.augustiner-braeu.de

Fondée en 1328, cette brasserie est la plus ancienne de Munich et l'une des deux seules brasseries de la ville (l'autre étant Hofbräu München) n'appartenant pas à un géant de l'industrie brassicole. Le site actuel date de 1885. La bière Augustiner a acquis une réputation mondiale, bien que la brasserie ne fasse aucune publicité.

EDELSTOFF
EXPORT 5,6 % VOL.
Robe exceptionnellement blond foncé. Saveur sucrée et immanquablement houblonnée menant à une finale très maltée.

WEISSBIER
BIÈRE DE FROMENT 5,4 % VOL.
Blonde et trouble, bière de froment de corps plein, au goût acidulé, et légèrement amère sur la finale.

BERGQUELL

Weststr. 7, Löbau, Allemagne
www.bergquell-loebau.de

La Bergquell Brauerei Löbau joue un rôle majeur dans la région de Lausitz depuis 1846. C'est aussi l'une des brasseries allemandes les plus performantes sur le plan technologique. Elle est réputée pour sa vaste gamme de bières spéciales.

SECRET DE BRASSERIE Les bières spéciales ont un succès international.

KIRSCH PORTER
PORTER 4,2 % VOL.
Bière brune à la saveur de cerise et aux caractéristiques typiques d'un porter. Maltée et de corps plein.

LAUSITZER PORTER
PORTER 4,4 % VOL.
Porter habituel, à la saveur sèche de malt torréfié. De corps plein et relativement léger, à la robe brune, et légèrement sucré.

BRASSERIES

BERLINER KINDL-SCHULTHEISS
Indira-Ghandi-Str. 66-69,
13053 Berlin, Allemagne
www.berliner-kindl.de

En 2006, l'union des brasseries Berliner Kindl et Berliner Schultheiss fut un symbole pour le pays, dont la culture brassicole avait décliné après la guerre. Cette fusion a engendré de nombreuses grandes marques, produites dans l'un des sites les plus modernes de l'Allemagne.

BISCHOFSHOF
Heitzerstr. 2,
93049 Ratisbonne, Allemagne
www.bischofshof.de

La brasserie Bischofshof était à l'origine associée à la cathédrale de Ratisbonne. Des documents historiques attestent qu'en 1230, elle produisait de la bière pour l'évêque. Au début du XXᵉ siècle, elle fut relocalisée pour accroître sa capacité de production. Aujourd'hui, la bière Bischofshof est produite dans l'un des sites brassicoles les plus modernes du secteur.

BITBURGER
Römermauer. 3,
54634 Bitburg/Eifel, Allemagne
www.bitburger.de

Fondée en 1817, Bitburger est spécialisée dans la pilsner. Réputée dans le monde entier grâce au sponsoring d'événements sportifs, elle est souvent considérée comme le meilleur producteur de pilsner à la pression.

SECRET DE BRASSERIE La brasserie utilise généralement de l'orge d'été à deux rangs.

BRAUSTOLZ
Am Feldschlösschen 18,
09116 Chemnitz, Allemagne
www.braustolz.de

Cette brasserie fut fondée par un agriculteur en 1868. Après la Première Guerre mondiale, elle fut modernisée, puis nationalisée en 1945, et rénovée en 1991. Elle emploie désormais plusieurs dizaines de personnes.

SECRET DE BRASSERIE En 1991, 20 millions d'euros furent investis pour moderniser l'équipement.

BIÈRES

MÄRKISCHER LANDMANN
SCHWARZBIER 4,9 % VOL.
Brune et très maltée, mais sans amertume. Recette originale de la région de Märkisch.

BOCKBIER
BOCK 7 % VOL.
Blonde, forte, et peu sucrée ; agréable, avec une finale homogène – une bock tout à fait caractéristique.

WEISSBIER HELL
BIÈRE DE FROMENT 5,1 % VOL.
Ancienne spécialité bavaroise : fraîche, claire, effervescente et légèrement sucrée – l'ensemble est agréable.

BISCHOFSHOF PILS
PILSNER 5,1 % VOL.
Mousse crémeuse et attaque légère et effervescente. Bonne saveur amère ; légers arômes de houblons fins.

PREMIUM PILS
PILSNER 4,8 % VOL.
Pilsner claire typique, à la saveur légère et amère. Homogène mais très sèche. À la pression, fraîche et raffinée.

BITBURGER LIGHT
PILSNER 2,8 % VOL.
L'équivalent plus léger de la premium. Titrant à 2,8 % vol. seulement, elle est de corps plein et dégage une saveur de cask fraîche.

BRAUSTOLZ LANDBIER
EXPORT 5,2 % VOL.
Blonde, homogène, maltée, avec un délicat arôme de houblons – une bière terreuse.

BRAUSTOLZ PILS
PILSNER 4,9 % VOL.
Une pilsner classique, à la saveur très sèche et fraîche, accompagnée d'arômes francs de houblons amers.

CRAILSHEIMER ENGELBRÄU

Haller Str. 29,
74564 Crailsheim, Allemagne
www.engelbier.de

À la création de cette brasserie en 1738 par Georg Fach, Crailsheim comptait 4000 habitants et 13 brasseries. Fach ignorait alors que son entreprise serait l'une des plus prospères du pays.

SECRET DE BRASSERIE Une enquête sur les goûts des femmes en matière de bière donna naissance à la marque First Lady.

DINKELACKER-SCHWABENBRÄU

Tübinger Str. 46,
70178 Stuttgart, Allemagne
www.ds-kg.de

Carl Dinkelacker fut le premier à brasser de la pilsner à Stuttgart à la fin du XIXᵉ siècle ; son confrère Robert Leicht fut le premier à livrer la bière en véhicule motorisé. Aujourd'hui, leurs brasseries sont associées et forment la plus grande entreprise brassicole de Bade-Wurtemberg.

DÖBLER

Kornmarkt 6,
91438 Bad Windsheim, Allemagne
www.brauhaus-doebler.de

En 2007, la brasserie Döbler a fêté son 140ᵉ anniversaire. Jusqu'en 1950, la production est restée artisanale, puis l'entreprise s'est tournée vers la création de bières nécessitant un équipement à la technologie de pointe.

SECRET DE BRASSERIE Depuis 1986, l'orge utilisée est issue du développement durable.

ERDINGER

Lange Zeile 1+3,
85435 Erding, Allemagne
www.erdinger.de

Il s'agit de la plus grande brasserie de bière de froment et la plus spécialisée au monde. La plus lointaine référence à une brasserie à Erding remonte à 1886, mais le nom Erdinger Weissbräu n'est utilisé que depuis 1949.

SECRET DE BRASSERIE Les brasseurs utilisent de l'eau de source ainsi que des houblons de la région de Hallertau.

FIRST LADY

DUNKLER BOCK 5,9 % VOL.
Modérée, légèrement amère et avec un arôme malté harmonieux.

KELLERBIER DUNKEL

DUNKEL 5,3 % VOL.
Belle robe acajou, arômes de malt et de levure ; de corps plein, avec une saveur à la fois sucrée et très agréablement amère.

DINKELACKER PRIVAT

LAGER 5,1 % VOL.
Une lager délicate, homogène et blond clair, à l'arôme modéré de houblons avec une note de malt.

DINKELACKER CD-PILS

PILSNER 4,9 % VOL.
Pilsner noble et sèche avec de forts arômes de houblons et de malts légers ; très harmonieuse et agréable.

LAND MÄRZEN

MÄRZEN 5,4 % VOL.
Légère, à la robe jaune foncé, avec une saveur agréable, modérément sucrée, mais de corps plein et avec une agréable finale de levure.

REICHSSTADTBIER

KELLERBIER 5 % VOL.
De corps plein, non filtrée et trouble, avec une saveur de levure. Disponible à la pression.

ERDINGER PIKANTUS

DARK WEIZENBOCK 7,3 % VOL.
Habituellement, la bock de froment est sucrée, mais ce n'est pas le cas chez Erdinger.

ERDINGER SCHNEEWEISSE

BIÈRE DE SAISON 5,6 % VOL.
Plus brune et plus ronde qu'une weizen traditionnelle. Disponible entre octobre et février.

GROS PLAN SUR...
LE HOUBLON

Si le malt est considéré comme l'âme de la bière, dont il influence la robe, la douceur, et, surtout, les sucres dont la levure va se nourrir pour produire l'alcool et le CO_2, le houblon, quant à lui, confère au breuvage son panache – les notes riches, épicées et florales qui constituent son caractère unique. Imaginez un verre de bitter britannique, avec sa saveur acidulée et fruitée contrastant avec la douceur du malt – c'est l'action du houblon. Même sur une ale blonde, délicatement houblonnée, le houblon apporte un soupçon réjouissant de fleurs d'été, tandis que son caractère franc dominera plutôt une IPA mordante et très houblonnée. Acteur de l'arôme et de l'amertume, le houblon a aussi des propriétés de conservation, préservant à long terme la fraîcheur de la bière.

Dans les îles Britanniques, on estimait autrefois que les bières houblonnées convenaient mieux aux étrangers, comme aux commerçants flamands ; pourtant, lorsque ces derniers apportèrent leur bière de prédilection de l'autre côté de la Manche au début du XVe siècle, les autochtones l'apprécièrent et, à la fin du XVIe siècle, elle dominait les autres styles de bière.

BIÈRES SANS HOUBLON Avant que le houblon ne devienne un des ingrédients indispensables du brassage, on buvait de l'ale – un breuvage fort basé sur de l'orge maltée fermentée parfumée aux épices et aux aromates. L'Alba Scots Pine Ale, brassée par Williams Brothers, est une des rares ales actuelles élaborées sans houblon, mais avec des aiguilles de pin.

UTILISATION Le houblon frais est vert pâle. En brassiculture, il se présente sous différentes formes : cônes séchés ou petits granulés. Parfois, son huile essentielle est utilisée en infusion dans le breuvage.

CULTURE Le houblon est une plante grimpante, qui croît en s'enroulant autour de perches puis retombe, soutenue par des lignes qui quadrillent les houblonnières semblables à des vignes hautes. Les cônes vert clair se développent comme des fruits, suspendus aux tiges.

SÉCHAGE

En Angleterre, les houblonnières sont notamment répandues dans l'Herefordshire, le Kent et le Worcestershire. Pendant la récolte de septembre, les champs sont emplis du parfum du houblon fraîchement cueilli, prêt à être séché. Traditionnellement, ce processus était réalisé dans un bâtiment au toit conique pour permettre l'évacuation de l'humidité. Le houblon y était séché dans un four nommé « touraille à houblon ». Ces locaux sont aujourd'hui les témoins d'une activité passée.

ESPÈCES Si les amateurs de vin se pourlèchent à l'évocation de termes tels que pinot noir ou syrah, les amateurs de bière se délectent des noms comme Goldings, Fuggles, Cascade, First Gold ou encore Saaz, qui sont des espèces de houblon. Le houblon est un végétal noble.

HOUBLON TCHÈQUE La région de Žatec, en Bohème, ainsi que la Yakima Valley, dans l'État de Washington aux États-Unis, sont des zones de culture du houblon réputées. Dans la Yakima Valley, le houblon Cluster était autrefois l'espèce la plus cultivée, mais d'autres espèces ont été ajoutées, comme le houblon Saaz ou Žatec. La ville tchèque de Žatec a donné son nom à la région qui produit des houblons aromatiques très recherchés, et dont on retrouve le bouquet floral dans de nombreuses pilsner de qualité.

PRÉCISION Le houblon amer est ajouté au moût au début de l'ébullition, tandis que les éléments plus aromatiques sont jetés dans les cuves en cours et en fin d'ébullition. Le talent du brasseur consiste à ajouter le bon houblon au bon moment.

BRASSERIES

FAUST
Hauptstr. 219,
63897 Miltenberg, Allemagne
www.faust.de

Entreprise typiquement familiale,
la brasserie existe depuis 350 ans ;
au cours des 200 premières années
de son histoire, elle a changé
à plusieurs reprises de propriétaire.
La famille Faust, propriétaire actuel,
la racheta en 1895. Elle produit
différents styles de bière, dont
certains ont été récompensés.

FLENSBURGER
Munketoft 12,
24937 Flensbourg, Allemagne
www.flensburger.de

Cette brasserie fut fondée en 1888
par cinq habitants de Flensbourg. Dans
les années 1970, sa réputation prit
de l'ampleur lorsqu'un comédien fit
référence à une *Flasch Flens* dans
sa pièce. Le terme fut ensuite utilisé
pour désigner les bières en bouteilles
Flensburger, qui à l'époque étaient les
seules en Allemagne à être fermées
par un bouchon mécanique avec clip.

FREIBERGER
Am Fürstenwald,
09599 Freiberg, Allemagne
www.freiberger-bier.de

Cette brasserie fut la première
à produire une pilsner en Saxe.
D'autres bières inédites suivirent :
la Freiberger Silberquell en 1903,
et une bière de froment en 1909.
La brasserie Eichbaum de Mannheim
a racheté Freiberger dans le but
d'en faire l'une des brasseries
les plus modernes d'Allemagne.

FÜRST WALLERSTEIN
Berg 78, 86757 Wallerstein, Allemagne
www.fuerst-wallerstein.de

Depuis 400 ans, cette brasserie
prospère est aux mains de la même
famille, qui emploie de talentueux
brasseurs. En 2008, Alexander Jesina
intégra la brasserie ; il avait commencé
sa carrière dans la célèbre abbaye
d'Andechs.

SECRET DE BRASSERIE Selon la tradition
familiale, la qualité à long terme est plus
importante que le succès éphémère.

BIÈRES

SCHWARZVIERTLER
DUNKEL 5,2 % VOL.
Brune, torréfiée et légèrement
fumée. On distingue aussi du
caramel et une légère amertume
de chocolat sur la langue.

FAUST KRÄUSEN
KELLERBIER 5,5 % VOL.
Bière modérée, de corps moyen,
avec une légère note de miel ;
très fraîche.

FLENSBURGER PILS
PILSNER 4,8 % VOL.
Pilsner blonde typique – maltée,
désaltérante, et avec des arômes
houblonnés amers sur la finale.

KELLERBIER
KELLERBIER 4,8 % VOL.
Ambrée et trouble. Corps plein
et saveur naturellement fraîche,
légèrement sucrée, avec une
finale sèche.

JUBILÄUMS-FESTBIER
MÄRZEN 5,8 % VOL.
Avec des arômes de malt et une
saveur très raffinée de houblons,
cette bière ambrée est agréable
et de corps plein.

SCHWARZES BERGBIER
SCHWARZBIER 4,7 % VOL.
Très brune, arômes frais et maltés.
Corps plein, avec un équilibre
soigné entre malts et houblons.

ZWICKEL
LAGER 4,7 % VOL.
Bière de spécialité blonde et trouble,
avec une qualité naturelle indéniable.

WEISSBIERPILS
MÉLANGE DE PILSNER
ET DE BIÈRE DE FROMENT 5,1 % VOL.
Effervescente et blonde, avec
un léger trouble. Saveur de levure,
avec quelques notes acidulées
et une finale sèche.

FÜRSTENBERG

Postplatz 1-4,
78166 Donaueschingen, Allemagne
www.fuerstenberg.de

Le comte Heinrich I von Fürstenberg obtint en 1283 l'autorisation de brasser de la bière, mais le site de production ne fut construit que 300 ans plus tard. Au début du XXᵉ siècle, l'entreprise était une brasserie importante.

SECRET DE BRASSERIE Les bières sont faites avec de l'eau venant de la Forêt-Noire et de la levure de Donaueschingen.

GILDE

Hildesheimer Str. 132,
Hanovre, Allemagne
www.gildebrau.de

Il y a environ 500 ans, Cord Broyhan présentait sa bière à Hanovre. Pendant des siècles, la Broyhan fut largement consommée dans la ville. Gilde, la plus ancienne brasserie en activité de Hanovre, fut fondée en 1870. Elle est aujourd'hui la propriété d'InBev.

SECRET DE BRASSERIE Une version moderne de la Broyhan est vendue aux États-Unis.

GOLD OCHSEN

Veitsbrunnenweg 3-8,
89073 Ulm, Allemagne
www.gold-ochsen.de

En 1597, le restaurant brasserie Zum Goldenen Ochsen fut ouvert à Ulm. La brasserie appartient à la même famille depuis 1868.

SECRET DE BRASSERIE La cinquième génération de la famille, propriétaire actuel, évolue avec son temps et adopte des processus de fabrication respectueux de l'environnement.

GREIF

Serlbacher Str. 10,
91301 Forchheim, Allemagne
www.brauerei-greif.de

Le Kapuzinerwirt, restaurant célèbre de Forchheim, fut fondé en 1848, l'année de la révolution en Allemagne. L'entreprise demeura inchangée pendant plus de 100 ans. Au cours des années 1990, un investissement fut réalisé pour renouveler le matériel et, aujourd'hui, la brasserie est l'une des plus évoluées techniquement de la région.

FÜRSTENBERG GOLD
LAGER 4,9 % VOL.
Homogène, avec quelques arômes houblonnés. Blond clair, plus sucrée que la lager habituelle.

FÜRSTENBERG HEFE DUNKEL
DUNKEL 5.4 % VOL.
Robe châtaigne, effervescente, harmonieuse, avec un arôme malté et une douceur légère de caramel, toutefois forte en bouche.

RATSKELLER PREMIUM PILS
PILSNER 4,9 % VOL.
Pilsner sèche, blond-jaune, de corps plein. Amertume houblonnée typique et finale agréable.

LINDENER SPECIAL
EXPORT 5,1 % VOL.
L'export la plus réputée de Basse-Saxe a une robe blonde. Saveur agréable, notes homogènes de levure florale en bouche.

GOLD OCHSEN ORIGINAL
LAGER 5,1 % VOL.
Amertume légère et arômes de houblons fins. Saveur très ronde et homogène, avec une certaine note sucrée sur la finale.

GOLD OCHSEN RADLER
PANACHÉE 2,5 % VOL.
Le mélange (50 % de bière, 50 % de limonade) est effervescent, de corps plein, fruité et frais.

DUNKLE WEISSE
BIÈRE DE FROMENT 5,4 % VOL.
Bière de froment très ambrée. Saveur ronde, quelques notes sucrées, un peu de malt sur la finale.

ANNAFESTBIER
EXPORT 5,5 % VOL.
Robe ambrée couronnée d'une mousse fine et homogène. Sucrée, de corps plein, avec de délicats arômes de fruits secs et de banane.

TYPES DE BIÈRE

BIÈRES ALLEMANDES

Bien que le marché allemand soit dominé par des pilsner, le pays dispose d'un large éventail de brasseries produisant des bières traditionnelles. L'altbier (*voir* page 63) et la kölsch (*voir* page 60) sont probablement les plus représentatives, et bénéficient de l'engouement des brasseurs et des amateurs du monde entier. Enfin, la rauchbier fumée, la schwarzbier brune et sucrée, et la gose subtile sont la preuve que l'univers des bières allemandes réserve de grandes découvertes.

Au nord de l'Allemagne, dans l'ancienne ville industrielle de Dortmund, l'export Dortmunder est un style de lager plus sèche et légèrement plus forte que les pils ou les helles habituelles. Cette bière blonde fut très populaire dans le milieu ouvrier, malheureusement elle est de plus en plus rare.

D'autres variantes de la lager, également peu distribuées, sont la kellerbier, la steinbier, la spezial, la roggen (bière à la rue) et la zoigl, bière brassée collectivement dans le nord-est de la Bavière. La gose, bière de froment aromatisée au sel et à la coriandre, est l'une des bières allemandes les plus rares.

BIÈRES FUMÉES En Franconie, à côté de la Bavière, la vieille et pittoresque ville de Bamberg est le centre de la rauchbier, ou bière fumée. Ici, le malt est touraillé sur des feux de bois de hêtre pour donner à la bière un caractère fumé. Malgré cet aspect particulier, la rauchbier est très attrayante, sèche et gourmande. Elle accompagne idéalement les plats copieux et les aliments fumés.

BIÈRES BRUNES Les bières brunes allemandes sont divisées en deux catégories – la schwarzbier (littéralement « bière noire ») et la dunkel (qui signifie « sombre »). La première était vouée à la disparition jusqu'à ce que la production soit relancée en Thuringe, ancienne province de l'est de l'Allemagne. En général, ce sont des bières savoureuses, très brunes, avec des notes de café moka, de vanille et de caramel brûlé.

DUNKEL BAVAROISES Les dunkel bavaroises ont une robe très rousse. La Barock Dunkel, produite par la brasserie Weltenburger Kloster (abbaye de Weltenbourg), en est l'un des meilleurs exemples – bière ferme, au corps solide, avec du chocolat et du cacao sur le palais et le nez.

HACKER-PSCHORR

Hochstr. 75, 81541 Munich, Allemagne
www.hacker-pschorr.de

Hacker-Pschorr est l'une des brasseries les plus traditionnelles à Munich. Son restaurant est une attraction touristique, notamment pendant l'Oktoberfest. La plus vieille référence faite au brassage dans cet établissement date de 1417.

SECRET DE BRASSERIE La brasserie respecte la loi sur la pureté de la bière et les principes de longue maturation, et n'utilise ni conservateurs ni additifs.

HÄRKE

Am Werderpark 5,
31224 Peine, Allemagne
www.haerke-brauerei.de

Härke est une entreprise familiale depuis 1890, mais la première bière fut brassée bien avant, en 1666. Un nouveau bâtiment fut conçu en 1927, il fut agrandi et restauré lors des décennies suivantes.

SECRET DE BRASSERIE Des ingrédients bio sont utilisés dans l'élaboration de certaines bières.

HERFORDER

Gebr.-Uekermann-Str. 1,
32120 Hiddenhausen, Allemagne
www.herforder.de

La brasserie fut fondée en 1878 sous le nom de Gebrüder Uekermann, Brauerei zum Felsenkeller. Depuis, elle a bénéficié de plusieurs innovations concernant la production, l'embouteillage et les styles de bière. Le dernier événement majeur fut l'intégration au groupe Warsteiner en 2007 ; néanmoins, Herforder demeure une entreprise familiale.

HOFBRÄU MÜNCHEN

Hofbräuallee 1,
81829 Munich, Allemagne
www.hofbraeuhaus.com

À Munich, le Hofbräuhaus, fondé en 1607 par Maximilian I, duc de Bavière, est un restaurant très réputé, fréquenté par les touristes du monde entier. La brasserie associée au restaurant est située à Riem, à l'écart de la ville.

SECRET DE BRASSERIE L'eau utilisée par le brassage de la Hofbräu est puisée à 150 m de profondeur.

BRASSERIES

ANNO 1417
KELLERBIER 5,5 % VOL.
Naturellement trouble, non filtrée, robe blond terne. La faible teneur en acide carbonique la rend souple.

SUPERIOR
MÜNCHNER SPECIAL 6 % VOL.
Bière ambrée claire, élaborée à partir d'une vieille recette. Saveur maltée, aromatique ; présence de houblons modérée. Accessible au palais.

1890
PILSNER 4,9 % VOL.
Véritable lager, mais avec une touche de pilsner. Modérée, sèche, et marquée par les houblons fins aromatiques et les malts sucrés.

HÄRKE PILS
PILSNER 4,9 % VOL.
Saveur amère de houblons et de malt bio. Véritable pilsner, avec une saveur sèche et une finale agréable.

FELSENKELLER
DARK LAGER 5,2 % VOL.
Bière brune traditionnelle, à l'arôme malté bien équilibré, et à l'amertume houblonnée raffinée.

HERFORDER SCHWARZBIER
SCHWARZBIER 4,9 % VOL.
Bière brune à la robe café, au malt très aromatique, à l'arôme homogène de houblons fins, et avec une certaine saveur sucrée.

HOFBRÄU ORIGINAL
MÜNCHNER HELLES 5,1 % VOL.
Bière blond clair, sèche et désaltérante, avec un bon équilibre entre le malt et les houblons.

HOFBRÄU DUNKEL
DUNKEL 5,5 % VOL.
Il s'agit du plus ancien type de bière bavarois. Robe ambrée, saveur riche et raffinée, arômes de malt appétissants.

BIÈRES

BRASSERIES

JANDELSBRUNNER
Hauptstr. 17,
94118 Jandelsbrunn, Allemagne
www.jandelsbrunner.de

La famille Lang est propriétaire de la brasserie depuis 1810. Au XXe siècle, le matériel, tel que les machines de remplissage, fut renouvelé, et de nouveaux sites de production furent bâtis, ainsi que des caves de maturation.

SECRET DE BRASSERIE En 2004, un équipement photovoltaïque fut installé pour exploiter l'énergie solaire.

JETTENBACH
Am Schlossberg 1,
84555 Jettenbach, Allemagne
www.brauerei-jettenbach.de

Depuis plus de 700 ans, la brassiculture bavaroise est étroitement associée à l'histoire des ducs de Toerring. Ces derniers se sont battus pour obtenir l'autorisation de fonder des brasseries afin d'élaborer de la bière pour eux-mêmes et pour les pubs et restaurants locaux. Les maîtres brasseurs de cette famille ont acquis, à juste titre, une grande réputation.

KESSELRING
Leithenbukweg 13,
97342 Marktsteft, Allemagne
www.kesselring-bier.de

Fondée au XIXe siècle, la brasserie connut son succès après 1914, lorsqu'Adolf Kesselring prit la direction de l'entreprise. Au début des années 1960, Kesselring produisait chaque année 3 millions de litres de bière et un demi-million de litres de boissons non alcoolisées. Depuis, ces volumes ont doublé.

KÖNIG LUDWIG
Augsburger Stre. 41,
82256 Fürstenfeldbruck, Allemagne
www.kaltenberg.de

L'histoire de la famille royale de Bavière, la maison de Wittelsbach, est étroitement liée au savoir-faire brassicole. Aujourd'hui, S. A. R. Luitpold prince de Bavière perpétue l'entreprise familiale avec succès, notamment avec les marques König Ludwig et Kaltenberg. Cette dernière fait référence à la brasserie située au château de Kaltenberg.

BIÈRES

DOPPELBOCK
DOPPELBOCK 8 % VOL.
Robe acajou, saveur maltée, florale et légèrement sucrée, avec une agréable note d'amertume sur la finale.

UR-WEIZEN
BIÈRE DE FROMENT 5,3 % VOL.
Robe ambrée et trouble en raison de la levure, et saveur florale avec une finale modérée et sucrée.

GRAF IGNAZ PREMIUM
PILSNER 4,9 % VOL.
Une véritable pilsner – claire, blonde et légèrement effervescente ; saveur forte avec une amertume houblonnée équilibrée.

GRAF IGNAZ LAGER
LAGER 4,9 % VOL.
Bière blonde sèche, aux délicats arômes de malt fin. Une certaine saveur sucrée sur la langue.

URFRÄNKISCHES LANDBIER
LAGER 5,3 % VOL.
Bière fraîche avec une robe blond clair. La saveur est une association ronde de houblons et de malt.

KESSELRING SCHLEMMER SCHWARZE
BIÈRE DE FROMENT 5,3 % VOL.
Très effervescente et fraîche, arôme léger de houblons sur la finale.

KÖNIG LUDWIG DUNKEL
DUNKEL 5,1 % VOL.
Ambrée, avec une saveur souple de malt noir et houblons fins, c'est la dunkel la plus populaire en Allemagne.

KÖNIG LUDWIG WEISSBIER
BIÈRE DE FROMENT 5,5 % VOL.
Très populaire en Bavière. Robe jaune et trouble, avec des houblons fins sur la finale. Spécialité très traditionnelle, non filtrée.

TYPES DE BIÈRE

LAGER

La lager a conquis le monde. Des pays baltes aux Bahamas, de l'Australie à l'Islande, si vous demandez une bière, il est probable que l'on vous serve l'équivalent d'une lager allemande ou tchèque, nommée « pils », « pilsner », « pilsener » ou, tout simplement, « lager ». Mais si vous commandez une lager dans une *bierkeller* (cave à bière) allemande, votre interlocuteur risque d'être perplexe. En allemand, *lager* signifie « conserver », et la longue maturation des bières allemandes est qualifiée de *lagering* (« garde »), un processus découvert par les brasseurs bavarois du Moyen Âge qui conservaient leurs bières dans des caves en hiver. La première lager blonde – ce type de bière nous est familier aujourd'hui – ne fut brassée qu'en 1842 dans la ville tchèque de Plzeň (*voir* pages 110 et 111).

STYLES DE LAGER En Allemagne et en Europe centrale, les lager sont déclinées en divers styles : märzen, bock, dunkel (lager brune), festbier ou oktoberbier, pilsner, helles, budweis, schwarzbier et dortmund. Une vraie pilsner est une bière de grande qualité : vive et fraîche, au palais rond de malt doux et biscuité, avec une finale délicatement houblonnée et amère. Néanmoins, la Jever Pils allemande offre une finale exceptionnellement amère et mordante.

FERMENTATION Le processus de fermentation de la lager diffère de celui de l'ale en ceci que la levure agit sous une température beaucoup plus froide – on parle dans ce cas de fermentation basse. Cependant, la levure travaillant dans la totalité du liquide en fermentation, il serait plus correct de qualifier ce processus de fermentation « froide ».

MATURATION Une fois la fermentation achevée, les lager sont versées dans des cuves de garde où elles reposent plusieurs semaines – presque trois mois dans le cas de la Bohemian, brassée par Budvar. Ce « long sommeil » donne à la lager un caractère souple et homogène.

ROUTE DE LA BIÈRE

BAMBERG

Existe-t-il un meilleur endroit au monde pour déguster de la bière ? Cette ville est située sur une île entre la rivière Regnitz et le canal Rhin-Main-Danube, dans le district de Haute-Franconie, en Bavière. Ses premières fondations datent du Moyen Âge. Elle compte 70 000 habitants et 11 brasseries. La présence à Bamberg de nombreux membres de l'US Navy et de leurs familles a certainement contribué à étendre la renommée de ce paradis de la bière dans le monde entier.

La plupart des bières de Bamberg ont un subtil caractère fumé. Avant le maltage, les céréales doivent avoir commencé à germer afin que les sucres lents se transforment en sucres rapides, subissant eux-mêmes une ultime transformation dans le mash tun. Le processus doit être interrompu avant que les céréales ne perdent leurs qualités. En général, la chaleur est utilisée pour stopper la germination, mais en Franconie, les malteurs ont développé une technique de fumage. Les céréales germées sont ainsi séchées sur des feux de bois de hêtre conférant à la bière des arômes et des saveurs fumés et tourbés.

🍺 KLOSTERBRAU
La bière y est brassée depuis 1533. Située en bas d'une rue pavée, cette brasserie semble sortie d'un conte de fée. Leur gamme de bières se compose de la schwarzbier, la braunbier, la weizen, la pils et la bock. *Oberre Muhlbruck 3, Bamberg (www.klosterbraueu.de)*

ITINÉRAIRE
30 minutes, plus les pauses
3 km

🍺2 L'ANCIEN L'HÔTEL DE VILLE
À Bamberg, la rivière n'est jamais très loin. En chemin vers la Brauerei Spezial's, franchissez le pont sur lequel l'ancien hôtel de ville semble juché en équilibre instable, et prenez un moment pour admirer cet édifice médiéval à colombages.

🍺3 LA BRAUEREI SPEZIAL'S
Cette brasserie est un bar populaire typique. Leur Specizil Rauchbier présente une subtile saveur de caramel mou relevée par un soupçon de paille brûlée. Les brasseurs utilisent du malt fumé pour élaborer quatre de leurs autres bières. Les habitués viennent remplir leurs consignes de bière au bar pour la déguster à la maison. *Obere Königstrasse 10, Bamberg (www.brauerei-spezial.de)*

4 BRAUEREI FÄSSLA

La brasserie Fässla se situe en face de la Brauerei Spezial's. La production a débuté en 1649. L'établissement est chaleureux, avec son revêtement en lambris et sa décoration rustique. L'étage abrite quelques chambres d'hôtel. Le logo de la brasserie – un nain faisant rouler un fût de bière – est reproduit sur les verres et le mobilier. Leur Lagerbier, mélange de saveur maltée et d'amertume douce et fraîche, est accessible à tous les palais. *Obere Königsstrasse 19-21, Bamberg (www.faessla.de)*

5 SCHLENKERLA

Schlenkerla est le bar-restaurant le plus réputé de Bamberg. Sa célèbre rauchbier aux notes sous-jacentes de whisky fumé et de fromage est à l'image de l'ambiance chaleureuse qui règne dans l'établissement. Les clients partagent souvent leur table, et dégustent aussi la bière en accompagnement des copieux plats bavarois tel que les oignons farcis aux boulettes de viande à la bière. *Dominikanerstrasse 6, Bamberg (www.smokebeer.com)*

6 AMBRÄUSIANUM

L'Ambräusianum est situé en face du Schlenkerla. Ouvert en 2004, ce pub-brasserie aux cuves de brassage apparentes s'inscrit dans la lignée moderne des établissements brassicoles de Bamberg. Le week-end, le petit-déjeuner comprend trois saucisses de veau cuisinées selon une recette locale et un bretzel, le tout accompagné d'une bière de blé. *Dominikanerstrasse 10, Bamberg (www.ambraeusianum.de)*

7 WEINSTUBE PIZZINI

De l'extérieur, le Weinstube Pizzini peut sembler peu avenant et son enseigne troubler les amateurs de bière – pourtant, ce n'est ni un bar à vin ni une pizzeria. Dans ce petit bar sombre et authentique règne une ambiance chaleureuse. Possibilité de goûter aux bières des brasseries Fässla et Spezial ainsi qu'à la Dunkel de l'abbaye d'Andechs. *Ober Sandstrasse 17, Bamberg*

BRASSERIES

KROMBACHER

Hagener Str. 261,
57223 Kreuztal-Krombach, Allemagne
www.krombacher.de

La plus ancienne référence à cette brasserie date de 1803, mais la marque Krombacher fut réellement établie en 1908. Les affaires vacillèrent à l'entre-deux-guerres, puis reprirent sérieusement dans les années 1990. Depuis 2005, Krombacher est une brasserie de qualité dominante en Allemagne, brassant 500 millions de litres de bière par an.

LANG-BRÄU

Bayreuther Str. 18-19,
95632 Wunsiedel, Allemagne
www.lang-braeu.de

Schönbrunn, près de Wunsiedel, abrite cette petite brasserie qui produit 13 styles de bière. Le niveau de production est assez bas, pourtant la brasserie jouit d'une réputation mondiale en raison de la large distribution de sa Benedikt XVI (la « Bière du pape », 7,5 % vol.). Produit insolite du catalogue : l'Erotic Beer, titrant à 5,5 % vol.

LINDENBRÄU

Stuttgarter Str. 43,
76337 Waldbronn, Allemagne
www.lindenbraeu-waldbronn.de

Les origines de Lindenbräu remontent à plus de trois siècles. En 2000, elle a subi de grands travaux de rénovation qui consistaient à ôter des bandes de revêtement des anciens bâtiments, pour donner un résultat moderne et épuré. L'ancienne étable fut transformée également en une terrasse de café couverte.

LÖWENBRÄU

Nymphenburger Str. 7,
80335 Munich, Allemagne
www.loewenbraeu.de

Löwenbräu est l'une des marques les plus célèbres du monde. L'entreprise existe depuis plus de 500 ans. En 1948, trois ans seulement après la fin de la Seconde Guerre mondiale, Löwenbräu reprit ses exportations : tout d'abord vers la Suisse, puis dans d'autres pays. En 1997, la société fusionna avec Spatenbräu, toutes deux font désormais partie du géant InBev.

BIÈRES

KROMBACHER PILS
PILSNER 4,8 % VOL.
Saveur raffinée, fraîche et sèche, avec une légère amertume de houblons sur la finale. Robe blonde.

KROMBACHER WEIZEN
BIÈRE DE FROMENT 5,3 % VOL.
Nouveau produit : bière jaune, non filtrée et trouble. Effervescente, saveur souple, légèrement sucrée, fruitée et de corps plein.

SCHÖNBRUNNER PILS
PILSNER 5 % VOL.
Pilsner blond clair, aux saveurs harmonieuses. Finale spectaculaire, marquée par les houblons fins.

SCHÖNBRUNNER SPECIAL
EXPORT 5,5 % VOL.
Blonde et claire, de corps plein, avec une finale maltée et des notes de houblons fins.

LINDENBRÄU PILS
PILSNER 5 % VOL.
Une vraie pilsner : blonde et claire, saveur forte mais souple, et arôme amer donné par les houblons fins.

LINDENBRÄU ORIGINAL
LAGER 5 % VOL.
Robe ambrée, saveur maltée très aromatique, et amertume un peu plus forte qu'à l'habitude. La saveur sucrée rappelle celle d'une märzen.

LÖWENBRÄU TRIUMPHATOR
DOPPELBOCK 7,6 % VOL.
Robe brun foncé, forte saveur de malt, avec un subtil arôme de houblons. Sucrée.

LÖWENBRÄU URTYP
EXPORT 5,4 % VOL.
Saveur équilibrée et arômes délicats de malt ; de corps plein, agréable, et fraîche, avec des houblons modérés sur la finale.

MAISEL

Hindenburgstr. 9,
95445 Bayreuth, Allemagne
www.maisel.com

Hans et Eberhardt Maisel ont fondé
cette brasserie en 1887. En 1955,
la famille choisit de limiter la production
à la bière de froment, et Maisel
devint une référence pour ce type
de bière.

SECRET DE BRASSERIE Le succès de
l'entreprise s'explique par un
savoir-faire brassicole de qualité.

MEININGER

Am Bielstein 3,
98617 Meiningen, Allemagne
www.meininger-privatbrauerei.de

Fondée en 1841, cette brasserie a connu
une histoire tourmentée. Comme la
plupart des entreprises d'Allemagne
de l'Est, elle fut nationalisée lors de la
création de la RDA, et dut affronter
des difficultés commerciales suite à la
réunification du pays. Aujourd'hui,
Meininger produit 8 millions de litres
de bière par an, destinés à un marché
local et extérieur.

PINKUS MÜLLER

Kreuzstr. 4-10, 48143 Münster, Allemagne
www.pinkus-mueller.de

L'histoire de la famille Müller débuta
en 1816 à Münster. La société s'est peu
à peu développée. Elle est désormais
la dernière des 150 brasseries autrefois
implantées à Münster, et est considérée
comme une attraction dans cette ville.
Le menu de son restaurant affiche des
spécialités régionales.

SECRET DE BRASSERIE Les ingrédients
de ces bières non filtrées sont bio.

REUTBERG

Klosterbrauerei Reutberg,
Am Reutberg 2,
83679 Sachsenkam, Allemagne
www.klosterbrauerei-reutberg.de

La brassiculture débuta au monastère de
Reutberg au XIXe siècle. En 1901, les
moines franciscains stoppèrent cette
activité. La production reprit en 1906,
avec des machines modernes et de
nouvelles caves. En 1987, la proposition
de fusion émanant de Holzkirchen
échoua, et Reutberg continue de brasser
sa bière en toute indépendance.

MAISEL'S WEISSE
BIÈRE DE FROMENT 5,2 % VOL.
Robe typique des Maisel : rouge
flamboyant. La fermentation en
bouteille confère des notes fruitées
et une saveur de noix sur la finale.

MAISEL'S DAMPFBIER
BIÈRE SPÉCIALE 4,9 % VOL.
Une bière dans un style ancien :
le mélange de malts lui procure
un caractère spécial, très raffiné.

MEININGER GOLD-URHELL
LAGER 4,7 % VOL.
Fraîche et légèrement effervescente,
robe blond clair. Léger arôme de
houblons fins.

MEININGER HELLER BOCK
BOCK 6,3 % VOL.
Cette bock jaune ambré est
disponible durant toute l'année.
Saveur agréable et délicieux
arômes de houblon.

ORIGINAL ALT
ALTBIER 5,1 % VOL.
Le caractère vineux provient d'une
période de maturation extra-longue.
Robe blond foncé, avec de légers
arômes amers sur la finale.

PINKUS PILS
PILSNER 5,2 % VOL.
Robe paille, saveur sèche
et arôme modéré de houblons
sur la finale.

EXPORT DUNKEL
DUNKEL 5,2 % VOL.
Le malt noir confère à cette bière
sa robe ambré foncé typique. Le
nez est malté, la texture de corps
plein, et la finale harmonieuse.

JOSEFI BOCK
BOCK 6,9 % VOL.
Bière forte et ambrée dégageant une
saveur modérée et un arôme malté
agréable : l'ensemble est équilibré.

TYPES DE BIÈRE
KÖLSCH

Dans le verre, l'apparence d'une kölsch blonde laisse penser que la bière a été élaborée comme une lager de fermentation basse, ou à froid. Or, cette recette unique de Cologne appartient à la famille des ales, bières de fermentation haute. Elle a peut-être la robe d'une pilsner, et passe un mois en maturation froide, mais elle est élaborée avec de la levure de fermentation haute, ou à chaud. La kölsch témoigne d'une époque où l'Allemagne était le foyer de toutes sortes de bières inhabituelles, dont la plupart seraient aujourd'hui qualifiées d'ales. Elle est aussi l'une des rares bières avoir sa propre appellation : depuis 1985, aucune brasserie en dehors de Cologne n'a le droit de nommer sa bière « kölsch », ce qui a incité les brasseurs artisanaux américains à adopter l'expression « kölsch-style » pour désigner leurs produits.

Il va de soi que les habitants de Cologne sont très fiers de leur bière. Pour déguster une kölsch, attablez-vous au bar pittoresque de la brasserie Früh (à côté de la cathédrale), ou au Dom, sur l'Alterburger Strasse.

LÉGÈRE ET SUBTILE Cette bière n'est pas extravagante : attendez-vous à de délicates saveurs maltées et fruitées sur le palais, avec des soupçons de fruits rouges, suivies d'une douceur subtile puis d'une finale nette et brève. Son style est rafraîchissant, accessible, et titre généralement autour de 5 % vol. La kölsch constitue une boisson apéritive idéale, ou encore un accompagnement pour une salade ou un plat de poisson.

LES *KÖBES* DE COLOGNE Comme sa concurrente, l'altbier, originaire de la ville voisine de Düsseldorf, la kölsch est servie par des serveurs au tablier bleu, les *köbes*. La bière est versée dans des verres étroits et cylindriques appelés *stange*, disposés sur des plateaux ronds, chaque verre étant logé dans son emplacement creux.

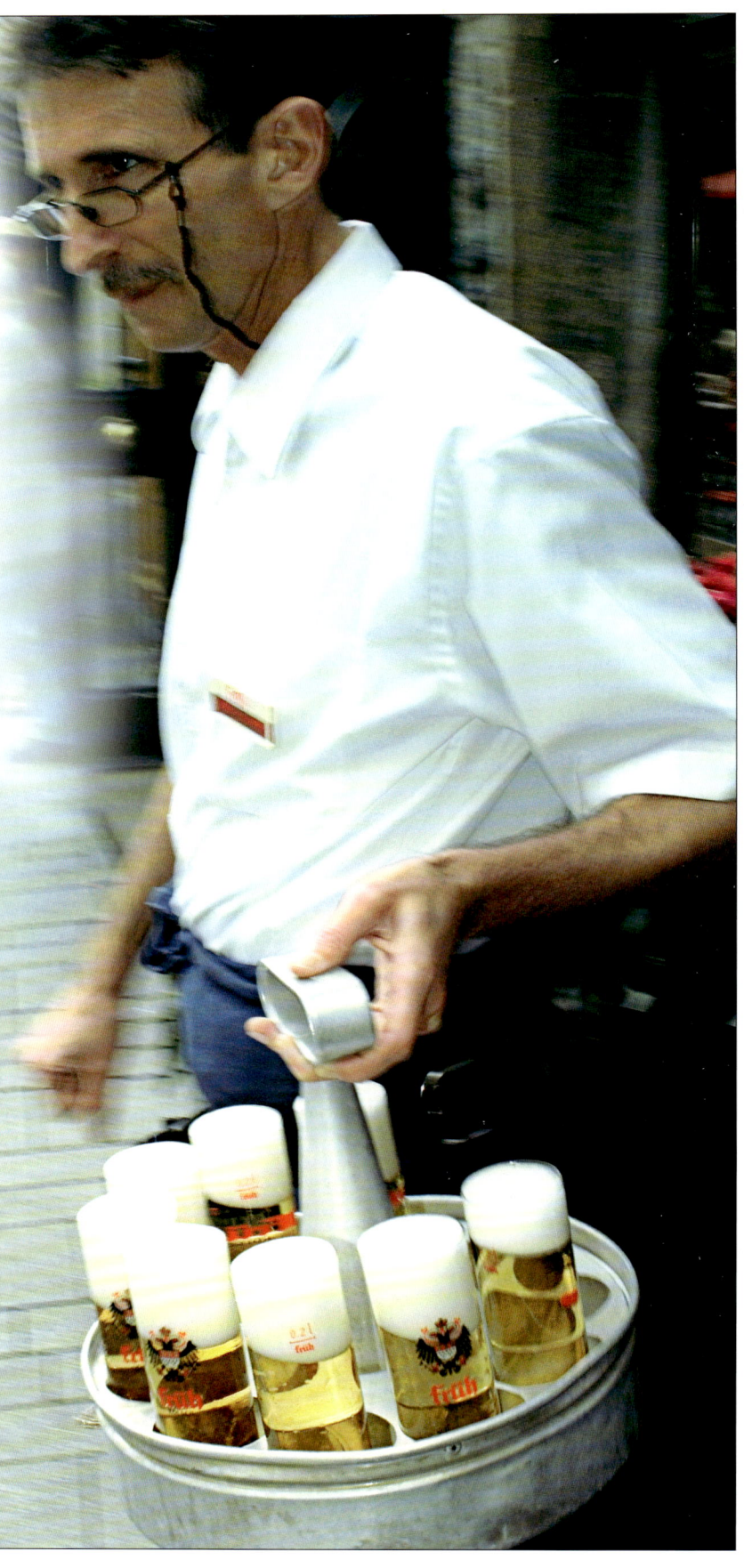

RÖHRL

Heerstr. 13, 94315 Straubing, Allemagne
www.roehrlbraeu.de

Straubing, en Basse-Bavière, abrite la brasserie fondée par Josef Röhrl en 1881. Entreprise familiale depuis ses débuts, elle a rencontré des difficultés à la fin de la Seconde Guerre mondiale, puis a retrouvé le succès grâce aux efforts de ses propriétaires.

SECRET DE BRASSERIE En 1976, l'introduction d'une bière de froment valut à la brasserie une renommée étendue.

ROTHAUS

Badische Staatsbrauerei Rothaus AG, Rothaus 1, 79865 Grafenhausen-Rothaus, Allemagne
www.rothaus.de

La brasserie Rothaus fut fondée en 1791 par l'abbaye bénédictine Saint-Blasien. Aujourd'hui, elle appartient à la région du Bade-Wurtemberg et est l'une des brasseries régionales les plus prospères d'Allemagne. Bien que la brasserie ne fasse aucune publicité, sa Tannenzäpfle est devenue une marque populaire dans tout le pays.

SAALFELD

Bürgerliches Brauhaus Saalfeld, Pössnecker Str. 55, 07318 Saalfeld, Allemagne
www.brauhaus-saalfeld.de

À Saalfeld, la tradition brassicole remonte à plus d'un siècle. Dans les années 1950, la brasserie fut partiellement rénovée, mais les machines ne furent pas remplacées. Les nouveaux propriétaires ont investi quelque 7 millions d'euros afin de moderniser l'équipement.

SCHWARZBACH

Schleisinger Str. 27, 98673 Schwarzbach, Allemagne
www.schlossbrauerei-schwarzbach.de

Le propriétaire du restaurant Schwarzbach fut le premier à brasser de la bière sur place sous l'occupation par les troupes de l'évêché de Wurzbourg en 1400. La brasserie fut plusieurs fois détruite puis reconstruite, au fil des guerres et des révolutions. En 1949, elle fut nationalisée par la RDA. Son histoire connaît un renouveau depuis la réunification de l'Allemagne en 1990.

STRAUBINGER WEISSE
BIÈRE DE FROMENT 5,3 % VOL.
De corps plein, fraîche, effervescente et très fruitée sur le palais, avec un arôme houblonné modéré.

RÖHRL'S GÄUBODEN LANDBIER
LAGER 4,8 % VOL.
Le nom vient de la célèbre fête de la bière de Straubing. Saveur légère d'orge et de houblons, et une finale agréable, subtilement amère.

ROTHAUS TANNEN ZÄPFLE
PILSNER 5,1 % VOL.
Tannenzäpfle (« petites pommes de pin ») est une pilsner vive, raffinée et ronde, avec une légère amertume finale.

ROTHAUS HEFEWEIZEN
BIÈRE DE FROMENT 5,4 % VOL.
Bière de fermentation haute, désaltérante, avec une finale modérément fruitée.

UR-SAALFELDER GROTTENPILS
PILSNER 4,8 % VOL.
Pilsner blond clair traditionnelle, de corps plein, avec une amertume houblonnée noble.

UR-SAALFELDER PILS
PILSNER 4,8 % VOL.
Pilsner classique, à la saveur délicate et sèche, une légère effervescence en attaque, et un arôme amer harmonieux sur la finale.

SONNEN WEISSE
BIÈRE DE FROMENT 5 % VOL.
Fraîche et effervescente, avec une saveur sucrée de houblons fins et de levure. La robe est blond-jaune et légèrement trouble.

RAUBRITTER DUNKEL
DUNKEL 5 % VOL.
Brune et maltée, de corps plein, homogène. Les chevaliers ne sont pas les seuls amateurs…

BRASSERIES

SCHWEIGER
Ebersberger Str. 25,
85570 Markt Schwaben, Allemagne
www.schweiger-bier.de

Ludwig Schweiger, meunier
de profession, créa cette brasserie
dans les années 1930. Aujourd'hui,
l'entreprise est gérée par ses
descendants. La Schmankerl-Weisse
est la plus connue actuellement.

SECRET DE BRASSERIE Depuis 1963, la
brasserie utilise son propre malt,
qu'elle vend aussi à d'autres brasseurs.

STERNQUELL
Dobenauer Str. 83,
08523 Plauen, Allemagne
www.sternquell.de

Après la Seconde Guerre mondiale,
Aktienbrauverein fut nationalisée et
renommée Sternquell. À la réunification,
la brasserie retrouva son succès et se
classe désormais parmi les premières
brasseries de l'est de l'Allemagne.

SECRET DE BRASSERIE Le programme
d'investissement lancé à la réunification
fut le point de départ d'une renaissance.

TRAUNSTEIN
Hofbräuhaus Traunstein,
Hofgasse 6-11,
83278 Traunstein, Allemagne
www.hb-ts.de

Depuis 1612, date de sa création,
la brasserie a connu des siècles de
difficultés, notamment des incendies
violents et destructeurs. La chance
tourna en 1975, lorsque la Hofbräuhaus
Traunstein fut décorée de huit médailles
d'or en récompense de ses bières
régionales. Aujourd'hui, l'entreprise
emploie 60 personnes.

UERIGE
Bergerstr. 1,
40123 Düsseldorf, Allemagne
www.uerige.de

La brasserie, associée à un
célèbre restaurant de Düsseldorf,
est implantée au cœur de cette
ville historique, sur la rive du Rhin.
Depuis 1862, elle produit la bière
typique régionale, l'altbier. Michael
Jackson, spécialiste renommé
du whisky et de la bière, a décerné
quatre étoiles à Uerige – une
distinction rare.

BIÈRES

HELLES EXPORT
EXPORT 5,1 % VOL.
Bière classique, avec une légère saveur
sèche. Agréable, avec une délicate
amertume houblonnée sur la finale.

ORIGINAL SCHMANKERL-WEISSE
DUNKEL
BIÈRE DE FROMENT 5,1 % VOL.
Naturellement brune et trouble,
bière légère et effervescente
sur le palais.

STERNQUELL DUNKEL
DUNKEL 5,3 % VOL.
Robe ambrée, avec un arôme léger
de houblons et un goût malté
agréable. Souple et de corps plein.

STERNQUELL PILS
PILSNER 4,9 % VOL.
Saveur prédominante de houblons
fins, mousse crémeuse et robe
blond clair. Très aromatique
et modérément effervescente.

FÜRSTEN TRUNK
EXPORT 5,5 % VOL.
De l'attaque à la finale, l'arôme
houblonné domine la structure
de cette bière spéciale.

1612ER ZWICKELBIER
EXPORT TRADITIONNELLE 5,3 % VOL.
Non filtrée et embouteillée
directement à la cave. Trouble,
blonde, à la saveur fraîche,
et modérément effervescente.

UERIGE ALT
ALTBIER 4,7 % VOL.
Bière presque noire, nombreux
arômes amers. Corps plein, agréable
arôme de torréfaction, finale sucrée.

UERIGE STICKE
BOCK 6 % VOL.
Saveur lourde mais caractère raffiné.
La robe brune témoigne de la grande
quantité de malts et de houblons,
ce que confirme la saveur.

TYPES DE BIÈRE

ALTBIER

En allemand, *alt* signifie « vieux » et désigne à juste titre les bières du bassin rhénan – non parce qu'elles sont vieillies (elles se boivent fraîches) mais parce qu'elles subissent une fermentation haute, dont la méthode date d'une époque antérieure à l'arrivée massive des lager. Düsseldorf est la ville d'origine de l'altbier, bien que des variantes soient aussi produites à Hanovre, à Munster, aux Pays-Bas et aux États-Unis. Une alt de Düsseldorf a une robe claire et une mousse éclatante. La bière est biscuitée, sableuse, plus proche d'une bière britannique que d'une lager, mais sa tendance brute est assouplie par une période de maturation à froid.

Diebels et Frankenheim sont les distributeurs les plus importants, mais il suffit de flâner dans Düsseldorf pour découvrir un ensemble de quatre pubs-brasseries considérés par les connaisseurs comme le cœur vivant de l'altbier : Schumacher, Schlüssel, Füchschen et Uerige. Dans ces salles voûtées, les barmen – les *köbes* – à la chemise bleue et au tablier blanc se glissent parmi la foule en quête de verres vides à remplir. Le plateau à la main, ils resservent les clients assoiffés (jusqu'à ce que le consommateur demande d'arrêter !) et posent sur les photos des touristes, fiers de leur métier, qu'ils honorent avec dignité.

SCHUMACHER ET SCHLÜSSEL
Tout comme les bitters britanniques, chaque alt se distingue des autres par de subtiles nuances. La Schumacher Altbier (4,6 % vol.) présente une robe ambrée légère, et un palais marqué par les fruits et les noix. La Schlüssel Altbier (5 % vol.) est délicatement parfumée sur le nez, biscuitée, et avec une finale sèche persistante.

FÜCHSCHEN ET UERIGE
La Füchschen Altbier (4,5 % vol.) se caractérise par un nez biscuité et des soupçons de houblons résineux en arrière-plan. L'Uerige Altbier (4,5 % vol.) est maltée sur le nez et étayée par l'arôme résineux des houblons ; de saveur parfumée et fruitée, elle se conclut par une finale sèche et amère.

BRASSERIES

UNERTL

Lerchenberger Str. 6,
83527 Haag, Allemagne
www.unertl.de

Cette brasserie spécialisée dans
la bière de froment fut fondée
au début du xxᵉ siècle. Les niveaux
de production sont constants,
mais la popularité croissante
de ce style de bière, ainsi que
le conditionnement en bouteilles
spéciales, confèrent à Unertl
une précieuse valeur.

WELTENBURG

Klosterbaruerei Weltenburg, Heitzerstr. 2,
93049 Ratisbonne, Allemagne
www.weltenburger.de

L'abbaye bénédictine de Weltenbourg
abrite la plus ancienne brasserie
d'abbaye au monde, fondée en 1050.
Le site, non loin des gorges du
Danube, est spectaculaire. Le
restaurant de l'abbaye est très réputé.

SECRET DE BRASSERIE La bière est élaborée
avec un équipement moderne, mais subit
une longue période de maturation.

WOLTERS

Hofbrauhaus Wolters,
Wolfenbütteler Strasse 39,
38102 Brunswick, Allemagne
www.hofbrauhaus-wolters.de

La brasserie fut fondée en 1627
à Brunswick. Les bières Wolters
sont réputées dans la région
ainsi qu'à l'extérieur. En 2005,
InBev, propriétaire actuel,
tenta de mettre l'entreprise
en liquidation, mais un groupe
d'ex-présidents en fit
l'acquisition.

ZÖTLER

Grüntenstr. 2,
87549 Rettenberg, Allemagne
www.zoetler.de

Il s'agit de la plus ancienne brasserie
familiale allemande (fondée en 1447).
Après une longue période aux mains
de la famille Müller, le nom de Zötler
apparut en 1919. Les descendants
des deux familles sont toujours
propriétaires de l'entreprise.

SECRET DE BRASSERIE La Vollmond Bier
est brassée les nuits de pleine lune.

BIÈRES

UNERTL WEISSBIER BOCK

BOCK DE FROMENT 6,7 % VOL.
Robe sombre pour une bock
blanche, mais saveur forte
et agréable. L'alcool est chargé
de malts et de houblons fins.

UNERTL WEISSBIER

BIÈRE DE FROMENT 4,8 % VOL.
Produit phare de la brasserie,
aromatique, avec des notes
de levure et de banane.

ASAM BOCK

BOCK 6,9 % VOL.
Doppelbock à la robe acajou foncé.
Agréable, saveur légèrement sucrée
et arômes maltés sur la finale.

ANNO 1050

EXPORT 5,5 % VOL.
Cette bière en hommage à la date
de fondation de l'abbaye dégage un
mélange caractéristique d'arômes
maltés équilibrés par les houblons.

PRINZEN SUD

LAGER 4,9 % VOL.
Fraîche et légèrement effervescente,
cette bière dégage de légers arômes
amers houblonnés ainsi qu'une
délicate saveur de levure sur la finale.

MÄRZEN

EXPORT 5,4 % VOL.
Corps plein, arôme fin et modéré
de houblons. Robe blond ambré
clair appétissante.

ST. STEPHANS BOCK

DOPPELBOCK 7,1 % VOL.
Bière forte et noble, le malt
d'orge torréfié dégage de
merveilleux arômes.

VOLLMOND BIER

LAGER 5,1 % VOL.
Arôme malté souple
et saveur forte, avec
une longue amertume
sur la finale.

AUTRES BIÈRES
ALLEMANDES

En Allemagne, la tradition brassicole régionale est encore très influente de nos jours, et les populations locales sont fières de leurs produits. La plupart de ces bières ne sont disponibles qu'à la pression et sont rarement distribuées hors de leur ville d'origine.

BRUCKMÜLLER

Vilsstr. 4, 92224 Amberg, Allemagne
www.bruckmueller.de

Cette entreprise produit de la bière depuis plus de 500 ans. L'histoire de la brasserie commença en 1490 avec les moines franciscains, elle fut alors nommée Prewhaus der Parfusser. La famille Bruckmüller perpétue la tradition depuis 1803, et la septième génération est l'actuel propriétaire. L'entreprise élabore également des boissons non alcoolisées.

KNAPPENTRUNK
DUNKEL 5,3 % VOL.
Maltée, mais peu sucrée, avec un arôme net de houblons inhabituel pour une dunkel. Corps plein.

KELLERBIER
LAGER 5,3 % VOL.
Non filtrée et naturellement trouble. Saveur forte, corps plein, arômes de malt fins et légère amertume houblonnée sur la finale.

HERRENHÄUSER

Herrenhäuser Strasse 83-99, Hanovre, Allemagne
www.herrenhaeuser.de

La Herrenhäuser Premium Pilsner de la maison est vendue dans les pubs et les restaurants de la région – les clients commandent une « Herry ». L'entreprise allie tradition et modernité, et est dirigée par la même famille depuis 140 ans.

SECRET DE BRASSERIE La « Herry » est brassée à partir de nombreux malts et houblons, ainsi que de l'eau minérale.

PREMIUM PILSENER
PILSNER 4,9 % VOL.
Blonde, sèche et maltée, avec l'arôme assez fort et amer d'une pilsner, donné par les houblons fins.

WEIZENBIER
BIÈRE DE FROMENT 5,2 % VOL.
Non filtrée, jaune et naturellement trouble. Légère effervescence et saveur harmonieuse, agréablement sucrée et fraîche.

MAMMUT

Juri-Gagarin-Str. 33, 06526 Sangerhausen, Allemagne
www.mammut-brauerei.de

Fondée en 1877, la brasserie fut nationalisée par la RDA. En 1958, son équipement fut modernisé. Depuis la réunification, la gamme de ses produits s'est élargie et, aujourd'hui, Mammut connaît un grand succès régional.

SECRET DE BRASSERIE Depuis 1952, un partenariat avec un producteur de malt local garantit la qualité de la bière.

MAMMUT GIANT GOLD
LAGER 4,8 % VOL.
Produit assez récent. Bière moins sèche qu'une pilsner habituelle, mais avec un arôme plein.

MAMMUT BLACK
SCHWARZBIER 4,9 % VOL.
Style traditionnel, robe brune presque noire. Riche en saveurs, fraîche et avec une finale maltée légère.

MAXIMILIANS

Didierstr. 25, 56112 Lahnstein, Allemagne
www.maximilians-brauwiesen.de

Très jeune sur la scène brassicole, Maximilians est un restaurant-brasserie ouvert en 1995 à Lahnstein. L'établissement est implanté dans un château rouge, tout droit sorti d'un conte de fées et surplombant le Rhin.

SECRET DE BRASSERIE La bière est brassée à partir d'ingrédients naturels et dans le respect des recettes anciennes.

WIESENWEIZEN
BIÈRE DE FROMENT 5,1 % VOL.
Une forte dose de malt de froment donne une saveur souple et modérée. Effervescente et désaltérante, légers arômes houblonnés sur la finale.

BRAUWIESEN SPEZIEL
LAGER 5,4 % VOL.
Évoque le caramel, avec des arômes de malt et une amertume houblonnée. Robe blond-jaune.

NAILAER WOHN

Hofer Str. 21, 95119 Naila, Allemagne
www.wohn-bier.de

La brasserie acquit sa licence en 1464, et fut nommée Privat-Brauerei Bürgerbräu Naila Andreas Wohn en 1928. Le brassage est réalisé à la fois avec un équipement moderne et selon des techniques artisanales perpétuées par une vingtaine d'employés.

SECRET DE BRASSERIE La dunkel fut inspirée par l'ancien maître brasseur Hans Wohn.

WOHN ALT NAILAER DUNKEL
DUNKEL 4,8 % VOL.
Robe brun foncé, de corps léger dominé par des délicats arômes de houblons et de malt omniprésents.

WOHN BRAUMEISTER ORIGINAL
LAGER 5 % VOL.
Jaune clair, agréable, avec une saveur fraîche dominée par des notes basiques, finale marquée par les houblons.

REUDNITZER

Mühlstr. 13, 04317 Leipzig, Allemagne
www.reudnitzer.de

Fondée en 1862, Reudnitzer subit de graves dégâts pendant la Seconde Guerre mondiale. En 1945, l'entreprise fut nationalisée par la RDA et s'associa avec d'autres brasseries de Saxe. À la réunification de l'Allemagne, Reudnitzer fut intégrée dans un conglomérat. L'année 2003 fut la plus prospère de son histoire.

PREMIUM PILSENER
PILSNER 5 % VOL.
Pilsner de corps léger, avec une forte note de houblons, un arôme appétissant et une saveur fraîche.

REUDNITZER HELLER URBOCK
BOCK 6,9 % VOL.
Bock blond foncé à la saveur terreuse. Finale marquée par une certaine note sucrée et les houblons fins.

SCHUMACHER

Brauerei Ferdinand Schumacher, Oststr. 123, 40210 Düsseldorf, Allemagne
www.brauerei-schumacher.de

L'altbier est la bière typique de Düsseldorf, et la brasserie Schumacher, fondée en 1838, en est l'un des plus grands producteurs. La bière peut être dégustée dans le restaurant attenant.

SECRET DE BRASSERIE Dans les années 1980, la brasserie fut rénovée et dotée d'un équipement à la pointe de la modernité.

SCHUMACHER ALT
ALTBIER 4,6 % VOL.
Bière brune avec une saveur sucrée de malt torréfié homogène, et une finale accompagnée par de fins arômes de houblons.

SCHUMACHER LATZEN
ALTBIER 5,5 % VOL.
Un peu plus forte que l'altbier habituelle ; aromatique en raison du malt, mais également sucrée.

WELDEBRÄU

Brauereistr. 1, 68723 Plankstadt, Allemagne
www.welde.de

La brasserie date de 1746, mais l'histoire de son succès ne débute qu'en 1846, lors de la reprise par le maître brasseur Heinrich Seitz. La brasserie fut reconstruite en 1934, puis agrandie dans les années 1980. Aujourd'hui, Welde est une société moderne et présente un catalogue de bières très intéressant.

HEFEWEIZEN
BIÈRE DE FROMENT 4,9 % VOL.
À la fois sèche et sucrée. La levure de qualité garantit l'équilibre de la saveur.

SHWARZE WONNE
SCHWARZBIER 4,8 % VOL.
Spécialité à la robe café, de corps plein, ronde, avec une agréable effervescence sur le palais.

BRASSERIES

BIÈRES

ÎLES BRITANNIQUES

À l'échelle de la brassiculture mondiale, la réputation des îles Britanniques repose sur des ales riches en saveur, quoique modérément fortes. La culture de la bière est centrée sur le pub, bien que les consommateurs soient de plus en plus nombreux à déguster la bière en bouteilles chez eux. En termes de qualité et de saveur, la bière à la pression est souvent considérée comme meilleure que la bière embouteillée, pourtant la plupart des chaînes de pubs préfèrent les lager continentales. Les amateurs de bière seront heureux d'apprendre que la brassiculture artisanale est en plein essor ; les microbrasseries très productives sont nombreuses et la quantité de bière consommée augmente.

Sunderland
Darwin
Double Maxim

Newcastle
Big Lamp
Newcastle Federation
Mordue

Édimbourg
Caledonian

ÉCOSSE

Orkney

Black Isle

Isle Of Skye

Atlas

Traditional Scottish Ales

Williams

Isle Of Arran

Broughton

York

York

Cropton

Hambleton

Rooster's John Smith/
Daleside   Samuel Smith

Copper Dragon Timothy Taylor
              Tetley
Little Valley Acorn

Bateman

Oakham

ANGLETERRE

Thornbridge

Titanic

Beartown

Slater's

Banks's

Hook Norton

Brakspear/
Wychwood

Old Luxters

Shepherd
Neame

Hampshire

Londres

Fuller's

Meantime

Fuller's

Cains

PAYS
DE GALLES

Palmer's

Exmoor

Manchester

Hydes

Sharp's   St Austell

Burton-upon-Trent

Burton Bridge

Marston's

Worthington's

White Shield

Guinness

DU NORD

Guinness

IRLANDE

Galway Hooker

BRASSERIES

ACORN

Wombwell, Barnsley,
Yorkshire du Sud, Angleterre S73 8HA
www.acornbrewery.net

Une des microbrasseries les plus
récentes d'Angleterre, Acorn fut fondée
en 2003 et a doublé sa capacité
de production les quatre premières
années. Elle produit aujourd'hui
6 500 litres de bière par semaine.

SECRET DE BRASSERIE La brasserie a introduit
une souche de levure venant de chez
Barnsley, datant des années 1850.

ATLAS

Kinlochleven, Argyll, Écosse PH50 4SG
www.atlasbrewery.com

Implantée dans une ancienne fonderie
d'aluminium dans les Highlands écossais,
la brasserie Atlas acheva sa conversion
en 2002 avec le lancement de sa
première bière. Atlas fait désormais
partie de Sinclair Breweries Ltd.

SECRET DE BRASSERIE Les cuves de
cuivre sont chauffées au feu direct,
ce qui produit une robe plus vive
et une attaque de saveur plus nette.

BANKS'S

Wolverhampton, Midlands de l'Ouest,
Angleterre WV1 4NY
www.bankssbeer.co.uk

La brasserie, construite en 1875, occupe
un site pittoresque à Wolverhampton,
et fait partie de la Marston's Berr
Company (ancienne Wolverhampton
& Dudley) depuis 2007. Plus de
24 millions de litres de bière sont
brassés chaque année. L'entreprise
adopte des campagnes marketing
originales, dont la protection des
dialectes locaux menacés d'extinction.

BATEMAN

Wainfleet, Lincolnshire,
Angleterre PE24 4JE
www.bateman.co.uk

Cette brasserie familiale surmontée
d'un moulin à vent est l'une des plus
anciennes et pittoresques du pays. Elle
mérite sa réputation de produire des
« bonnes et honnêtes ales ». Dans les
années 1980, une mésentente faillit
ruiner l'entreprise, mais cette dernière
survécut, s'épanouit et se dota
d'un nouveau bâtiment de production
et d'un centre touristique attractif.

BIÈRES

BARNSLEY BITTER

BITTER 3,8 % VOL.
Robe de châtaigne mûre, la saveur
ronde et riche se prolonge sur la
finale amère.

BARNSLEY GOLD

STRONG BITTER 4,3 % VOL.
Joliment blonde. Les arômes
d'agrumes houblonnés
mènent la danse jusqu'à
la finale sèche.

THREE SISTERS SCOTTISH ALE

SPECIAL BITTER 4,2 % VOL.
Complexe, brune mais rafraîchissante,
avec des fruits frais et secs équilibrant
l'orge torréfiée et la réglisse.

LATITUDE CASK PILSNER

PILSNER 3,6 % VOL.
Robe paille, saveur dominée par
le caractère houblonné vif marqué
par les agrumes. Inscrit parmi les
50 meilleures bières du monde.

BANKS'S ORIGINAL

BITTER 3,5 % VOL.
Bitter très équilibrée, de corps
plein, maltée, avec des soupçons
de fruits sur la saveur.

BANKS'S BITTER

BITTER 3,8 % VOL.
Saveur ronde, avec des notes
vineuses et de fruits, et l'influence
du malt et du houblon sur
le palais.

BATEMANS XXXB

STRONG BITTER 4,8 % VOL.
Ale classique à la robe brun-roux,
avec un mélange structuré de malt,
de houblons et de saveur fruitée.

XB BITTER

BITTER 3,7 % VOL.
Agréablement équilibrée, avec
un arôme houblonné marqué
par la pomme qui se prolonge
sur la saveur maltée.

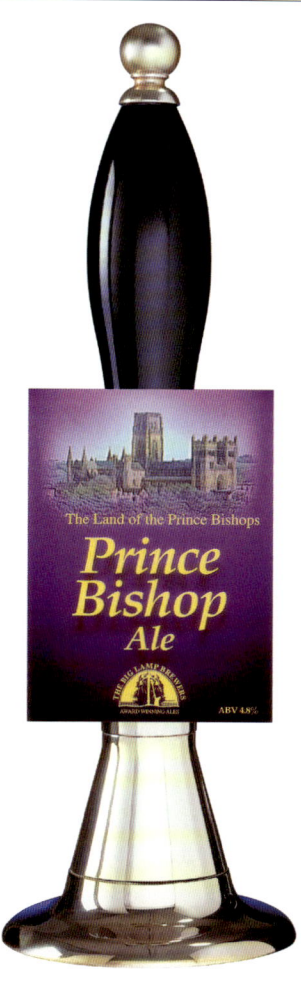

LES BIÈRES BRITANNIQUES LES PLUS CONNUES

Sur le marché brassicole, la société Molson Coors Brewing possède plusieurs marques britanniques.

Parmi les marques les plus connues figurent : Worthington, Caffrey's et Carling, qui produit la lager la plus vendue des îles Britanniques. Sur ce marché aux grands volumes, les budgets se concentrent surtout sur le sponsoring d'événements sportifs et la promotion de bières servies fraîches grâce aux nouvelles techniques « extra-froides » et « extra-rapides » des établissements de la restauration. Le géant mondial Carlsberg est aussi un acteur majeur du secteur, il possède des sites de production à Northampton – pour l'élaboration de ses propres lager, comme la Carlsberg Export – et à Leeds, où est brassée la gamme Tetley, appartenant entièrement à Carlsberg depuis 1998. Le plus grand brasseur britannique, Scottish & Newcastle – qui produit des marques telles que Newcastle Brown Ale, John Smith's (la bitter la plus vendue dans les îles Britanniques) et des marques internationales telles que Fosters et Kronenbourg – perdit son indépendance en 2008, lorsqu'il fut racheté par un partenariat Carlsberg/Heineken. La fermeture de son entreprise de Reading en 2010 entraîna l'abandon de trois sites : Newcastle Federation, John Smith's à Tadcaster, et Royal à Manchester. Le brasseur a conservé une petite part dans la brasserie Caledonian, à Édimbourg.

CARLING (LAGER 4,1 % VOL.) à gauche
NEWCASTLE BROWN (BROWN ALE 4,7 % VOL.) au centre
JOHN SMITH'S (BITTER 3,8 % VOL.) à droite

BEARTOWN

Congleton, Cheshire,
Angleterre CW12 3RH
www.beartownbrewery.co.uk

Les combats d'ours et de chiens étaient populaires à Congleton, où les hauts postes étaient occupés par le maire, le testeur de bière et le gardien d'ours. Un chant traditionnel raconte que la ville a même vendu une bible rare pour s'offrir un combattant plus agressif. La brasserie actuelle fut fondée en 1994 et subventionne des œuvres caritatives.

BIG LAMP

Newburn, Newcastle upon Tyne,
Angleterre NE15 8NL
www.biglampbrewers.co.uk

Cette microbrasserie, la plus ancienne du nord-est de l'Angleterre, fut fondée en 1982. Elle fut relocalisée en 1997 dans une station de pompage des eaux réputée datant de l'époque victorienne, près du parc naturel Tyne Riverside. Sur le site, un pub-restaurant, The Keelman, ainsi que l'hôtel Keelman Lodge, ont remporté de nombreux prix touristiques prestigieux.

BLACK ISLE

Munlochy, Ross-shire, Écosse IV8 8NZ
www.blackislebrewery.com

L'objectif de cette petite entreprise, située au cœur des Highlands écossais, est de produire une gamme bio, vendue dans des emballages recyclés. L'orge et les houblons entrant dans la composition de ces bières sont cultivés sans engrais chimiques ni herbicides.

SECRET DE BRASSERIE Les bières sont conditionnées en bouteilles pour subir une seconde fermentation.

KODIAK GOLD

BITTER 4 % VOL.
Rafraîchissement à la robe paille, avec un nez d'agrumes, quelques notes de malt biscuité sur le palais, et une amertume tranchante.

BLACK BEAR

MILD 5 % VOL.
Une mild ale forte, de robe rubis foncé, avec une saveur subtile de malt torréfié menant à une finale sucrée.

PRINCE BISHOP ALE

STRONG BITTER 4,8 % VOL.
Bitter blonde accessible, avec un arôme houblonné et fruité rond, et une amertume épicée.

SUMMERHILL STOUT

STOUT 4,4 % VOL.
Stout brune très savoureuse possédant un caractère de malt torréfié et une note piquante persistante.

YELLOWHAMMER IPA

INDIA PALE ALE 4 % VOL.
Bitter houblonnée à la robe blond pâle, avec un arôme distinct de pamplemousse et une finale de levure désaltérante.

ORGANIC BLONDE

PREMIUM LAGER 4,5 % VOL.
Une premium lager continentale, au palais léger et biscuité et à l'arôme herbeux frais.

BRASSERIES

BROUGHTON
Broughton, Biggar, Peeblesshire,
Écosse ML12 6HQ
www.broughtonales.co.uk

Petite brasserie indépendante, Broughton s'inspire essentiellement de l'histoire et des légendes locales pour élaborer sa gamme de bières diversifiée. Le catalogue comprend 18 cask ale, 11 bières différentes embouteillées pour le marché intérieur et l'exportation, deux bières destinées à des grandes surfaces sélectionnées et une bière vendue en fûts.

BURTON BRIDGE
Burton upon Trent, Staffordshire,
Angleterre DE14 1SY
www.burtonbridgebrewery.co.uk

En 1984, un ingénieur brassicole et un directeur technique s'associèrent pour créer deux établissements en un : un pub et une brasserie. Ils chinèrent le matériel dans d'autres brasseries et fermes environnantes, ainsi que des pièces oubliées dans un vieux garage, de même que les sièges du pub, récupérés dans une ancienne église méthodiste.

CAINS
Stanhope Street, Liverpool,
Angleterre L8 5XJ
www.cains.co.uk

Le bâtiment date certes de 1850, mais avec la démarche innovante des frères Dusanj – la première famille asiatique à diriger une brasserie britannique – l'entreprise ne joue pas au témoin du passé. Cains est l'une des brasseries à la croissance la plus rapide, avec un chiffre d'affaires de 35 millions d'euros. Elle emploie 150 personnes et brasse 60 millions de litres de bière par an.

CALEDONIAN
42 Slateford Road, Édimbourg,
Écosse EH11 1PH
www.caledonian-brewery.co.uk

La démarche brassicole de Caledonian est similaire à la dégustation de ses bières : les exigences s'affinent avec le temps. C'est l'unique brasserie encore en activité sur les 40 établissements jadis opérationnels à Édimbourg.

SECRET DE BRASSERIE Caledonian est l'une des dernières brasseries à utiliser des cuves en cuivre chauffées à feu direct.

BIÈRES

GREENMANTLE ALE
BITTER 3,9 % VOL.
Robe cuivré foncé, avec des fruits riches et une rencontre du doux et de l'amer, et finale houblonnée amère.

BLACK DOUGLAS
PREMIUM BITTER 5,2 % VOL.
Robe rouge rubis foncé, caractère malté rond et notes sous-jacentes de fruits en conserve.

GOLDEN DELICIOUS
BITTER 3,8 % VOL.
À l'origine bière estivale, cette bitter délicatement houblonnée est homogène, sèche et persistante.

XL BITTER
BEST BITTER 4 % VOL.
Nez de malt, enveloppé de houblons fruités, avec un soupçon de caramel au chocolat et une finale astringente.

CAINS WHEAT BEER
BIÈRE DE FROMENT 4 % VOL.
Issue de l'agriculture biologique, avec des arômes de banane et de vanille, des saveurs de fruits verts et une touche de houblon épicé.

CAINS FINEST BITTER
BITTER 4 % VOL.
Bitter de corps plein, désaltérante, avec des saveurs de malt riche et des arômes terreux.

CALEDONIAN 80 SHILLING
SCOTTISH HEAVY 4,2 % VOL.
Robe roux-brun, bière typiquement maltée, avec une épaisseur sous-jacente de framboise, et des notes évoquant le chocolat.

DEUCHARS IPA
INDIA PALE ALE 3,8 % VOL.
Arôme houblonné très vif, avec des notes acidulées et une saveur maltée stable.

COPPER DRAGON

Skipton, Yorkshire du Nord,
Angleterre BD23 2QR
www.copperdragon.uk.com

Avant de fonder sa brasserie dans
l'ancienne brasserie Skipton, en 2002,
le propriétaire de Copper Dragon
étudia deux ans la brassiculture au
Royaume-Uni. Bientôt fut créée une
salle de brassage de style allemande
fonctionnant à la vapeur, et la croissance
entraîna en 2008 une nouvelle extension,
avec la mise en service d'un site dont
la capacité s'élève à 9 800 litres.

CROPTON

Cropton, Yorkshire du Nord,
Angleterre YO18 8HH
www.croptonbrewery.com

Cette brasserie fut fondée en 1984,
et une nouvelle entreprise fut
construite 10 ans plus tard. Celle-ci
fut considérablement étendue en
2006 pour atteindre une capacité
de production de 16 000 litres par
semaine. Presque toutes les bières
sont disponibles en bouteilles, toutes
sont garanties sans additifs et
certifiées par la Vegetarian Society.

DALESIDE

Harrogate, Yorkshire du Nord,
Angleterre HG1 4PT
www.dalesidebrewery.co.uk

La station thermale victorienne
de Harrogate est réputée pour
ces eaux curatives. Il n'est donc pas
étonnant que des bières y soient
brassées en quantité. Les recettes
traditionnelles ont été remises
au goût du jour, avec une éthique
exigeant des ingrédients de qualité
supérieure associés aux méthodes
modernes de production.

DARWIN

Sunderland, Tyne-et-Wear,
Angleterre SR1 2QE
www.darwinbrewery.com

L'organisation de cette brasserie
est unique : son activité commerciale
est assortie d'une brasserie de
test implantée à l'université
de Sunderland. Là, les étudiants
en brassiculture peuvent tester
jusqu'à 40 nouvelles bières par
jour ; les meilleures sont produites
sur le site de la brasserie, déjà
récompensée par des prix.

GOLDEN PIPPIN
BITTER 3,9 % VOL.
Légère, désaltérante et blonde, avec
des saveurs de fruits acidulés qui
plairont à la fois aux amateurs d'ale
et de lager.

BEST BITTER
BEST BITTER 3,8 % VOL.
Une ale à la robe ambrée, bien
équilibrée, maltée et houblonnée,
brassée pour les palais du nord.

TWO PINTS BITTER
BITTER 4 % VOL.
Équilibre entre les saveurs
houblonnées, la douceur du caramel
et l'arrière-goût malté.

MONKMAN'S SLAUGHTER
PREMIUM BITTER 6 % VOL.
De corps plein, avec des saveurs
maltées et de chocolat, de caramel
et de fruits d'automne, ainsi qu'une
amertume houblonnée subtile.

DALESIDE BLONDE
BITTER 3,9 % VOL.
Nettement houblonnée, avec des
saveurs de sorbet et d'agrumes
culminant sur une finale amère
mais courte.

OLD LEG OVER
BITTER 4,1 % VOL.
Sur le palais, un équilibre remarquable
entre noix et fruits, et un arôme
évoquant les herbes aromatiques.

DARWIN'S EVOLUTION
BITTER 4 % VOL.
Légère, nette et satisfaisante, avec
un caractère sec et houblonné et
des couches de malt omniprésentes.

GHOST ALE
BITTER 4,1 % VOL.
Blonde et richement houblonnée,
avec des arômes d'agrumes
dominants suivis par une saveur
piquante fruitée bien équilibrée.

Guinness

Saint James's Gate,
Dublin 8, Irlande

Dans n'importe quel pays, si vous demandez une pinte de brune, il est fort probable que l'on vous serve un verre de Guinness. Cette bière, à la robe aussi noire que les nuits sans lune et coiffée d'une mousse blanche comme neige, est identifiable entre mille. Stout sèche, elle dégage une saveur immanquablement torréfiée, avec un soupçon de fumée. Sa robe noire et sa texture crémeuse sont issues de la grande quantité d'orge, torréfiée dans un tambour géant à la brasserie de Saint James's Gate, emplissant l'air environnant d'arômes savoureux de café brûlé.

L'histoire de Guinness a débuté il y a plus de 240 ans, lorsqu'Arthur Guinness acheta une brasserie à Dublin dont la clef de voûte était ornée d'un relief représentant Cérès, la déesse romaine de l'agriculture. En 1900, la réputation de l'entreprise et de ses bières avait dépassé les frontières, et Guinness devint le plus grand brasseur du monde, produisant plus d'un million de fûts par an.

Aujourd'hui, la Guinness est déclinée en de nombreuses variantes brassées dans plus de 40 pays. Les consommateurs britanniques et irlandais l'apprécient généralement à la pression. Ailleurs, jusqu'au Nigeria et en Indonésie, la bière est vendue en bouteilles, son titre alcoolique varie de 4,1 à 8 % vol.

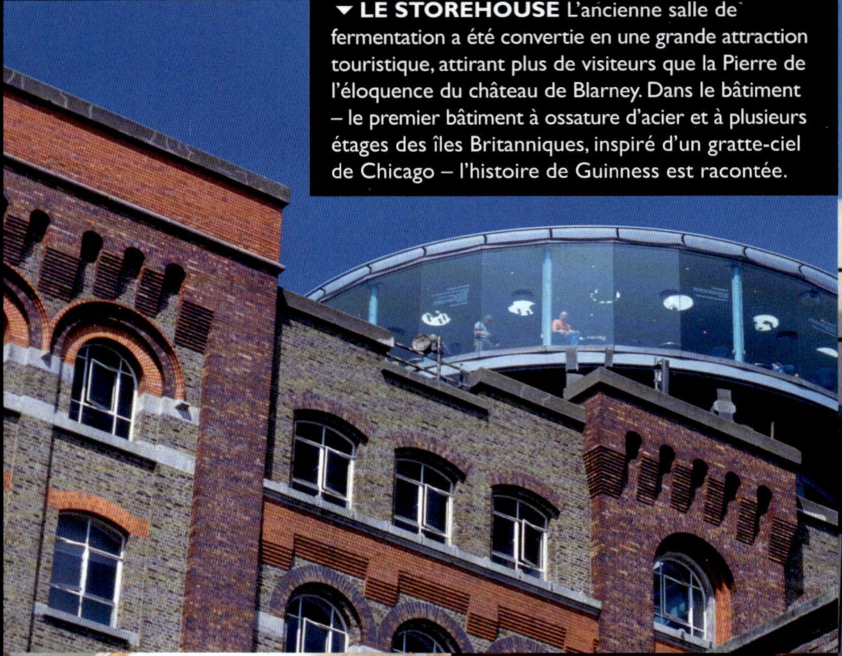

▼ **LE STOREHOUSE** L'ancienne salle de fermentation a été convertie en une grande attraction touristique, attirant plus de visiteurs que la Pierre de l'éloquence du château de Blarney. Dans le bâtiment – le premier bâtiment à ossature d'acier et à plusieurs étages des îles Britanniques, inspiré d'un gratte-ciel de Chicago – l'histoire de Guinness est racontée.

▲ **ORGE TORRÉFIÉE** Comme la plupart des bières, la Guinness est à base d'orge, de houblons et de levure. L'ajout de flocons d'orge et d'orge brunie par la torréfaction lui donne sa couleur unique et son amertume souple. L'orge torréfiée fait partie du mash bill, une quantité supplémentaire est ajoutée au moût durant l'ébullition *(à gauche)*.

▲ **SERVIR LA GUINNESS** Pour verser correctement la Guinness, il faut du temps et de la patience. On la verse lentement, en deux fois, l'opération dure en tout deux minutes. Traditionnellement, dans les pubs irlandais, les verres sont alignés au bar, partiellement remplis ; le serveur attend la clientèle pour terminer le service.

▼ **CUVES DE MATURATION** La bière est vieillie dans des cuves spéciales. Cette étape permet aux saveurs profondes et fruitées de se développer avant que la bière ne soit conditionnée

▶ **GUINNESS IS GOOD FOR YOU**

Guinness est réputée pour la qualité de ses campagnes publicitaires qui, au fil des ans, ont usé des slogans les plus mémorables tels que *« good things come to those who wait »* ou encore *« my goodness my Guinness »*. Le centre touristique Storehouse présente une exposition des célèbres affiches publicitaires intitulées *« Guinness is good for you »*, créées par John Gilroy de 1930 à 1960.

◀ **MOUSSE CRÉMEUSE**

La célèbre mousse blanche résulte de l'apparition de bulles formées par l'azote et le dioxyde de carbone au moment du service. L'azote contribue à la formation de cette coiffe dense et crémeuse

GUINNESS IS GOOD FOR YOU

BRASSERIES

DOUBLE MAXIM

Hughton-le-Spring,
Sunderland, Angleterre
www.dmbc.org.uk

Après plusieurs années de sous-
traitance pour la fabrication de la bière
au nom éponyme de l'entreprise,
une brasserie fut ouverte en 2007
pour satisfaire la demande.

SECRET DE BRASSERIE La Double Maxim
est élaborée selon une recette de la
brasserie Vaux, utilisée par le brasseur
Jim Murray lorsqu'il y travailla en 1968.

DURHAM

Unit 5a, Bowburn North Industrial
Estate, Bowburn, comté de Durham,
Angleterre DH6 5PF
www.durham-brewery.co.uk

Deux anciens professeurs de musique
et brasseurs amateurs fondèrent cette
entreprise en 1994. Les récompenses se
succédèrent, saluant l'attention portée
aux détails et la production d'une
gamme de bières épuisant tous les
arômes et saveurs de chaque ingrédient.
Les noms des bières font référence à
la culture ecclésiastique de Durham.

EXMOOR

Wiveliscombe, Somerset,
Angleterre TA4 2NY
www.exmoorales.co.uk

Exmoor fit partie de la première vague
de microbrasseries au début des années
1980. L'entreprise ne s'est jamais
détournée de ses principes : recherche
du savoir-faire, innovation et adhésion
aux méthodes de brassage par petites
cuvées. Exmoor est la plus grande
brasserie du Somerset et ses marques
de base recèlent encore un fort
potentiel à exploiter.

FULLER'S

Chiswick Lane South, Londres,
Angleterre W4 2QB
www.fullers.co.uk

Implantée dans l'ancienne brasserie
Griffin de Chiswick, non loin
de la Tamise, depuis 1845, Fuller's
est la dernière brasserie familiale
traditionnelle de Londres. La bière
est brassée depuis 350 ans sur
ce site. Malgré sa réputation mondiale,
Fuller's garde l'esprit d'une petite
entreprise brassicole et une nature
formidablement dynamique.

BIÈRES

DOUBLE MAXIM

BROWN ALE 4,7 % VOL.
L'arôme de caramel se poursuit sur
les saveurs douces-amères, puis se
développe en notes de toffee.

SAMSON

BEST BITTER 4,6 % VOL.
Une bitter fiable du nord-est
de l'Angleterre, avec une bouffée
de houblon et un corps influencé
par le malt.

EVENSONG

STRONG BITTER 5 % VOL.
La recette date de 1937. La robe
rubis révèle de savoureuses notes
de caramel et une généreuse
amertume houblonnée.

MAGUS

BITTER 3,8 % VOL.
Pâle, avec les qualités aromatiques
complexes d'une lager continentale,
notes d'agrumes sous-jacentes.

EXMOOR GOLD

BITTER 4,5 % VOL.
Houblon puissamment terreux,
citron et arômes de malt juteux.
Saveur fruitée, douceur de caramel
et finale mémorable.

EXMOOR ALE

BITTER 3,8 % VOL.
De corps moyen, avec un arôme
de malt et de houblon, et un
arrière-goût houblonné amer.

LONDON PRIDE

BITTER 4,1 % VOL.
Nez malté de fruit sucré,
houblons floraux épicés, et notes
sous-jacentes de marmelade.

ESB

EXTRA STRONG BITTER 5,5 % VOL.
Arômes complexes, avec une saveur
orangée typiquement Fuller's,
complétant des houblons acidulés
et du malt torréfié.

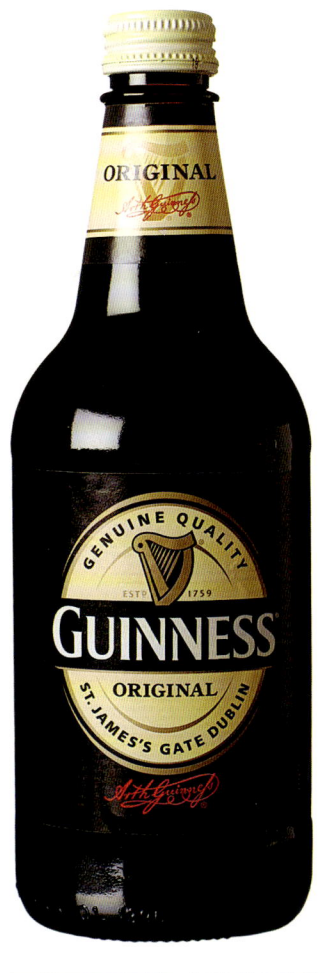

Ses bières, les plus harmonieuses du pays, ont reçu de nombreuses distinctions, notamment la Campaign For Real Ale Champion Beer of Britain, à cinq reprises. Parmi les plus grands producteurs d'ale en Grande-Bretagne, Fuller's demeure résolument fidèle aux techniques de brassage traditionnelles. En 2005, la société racheta la brasserie George Gale, dans le Hampshire, et ses bières sont aujourd'hui brassées à Chiswick.

GALWAY HOOKER

Roscommon Town,
Galway, Irlande
www.galwayhooker.ie

Galway Hooker fut fondée en 2006 par deux grands amateurs de houblon attirés par l'expérimentation. Son nom, qui fit l'objet d'un concours sur Internet, se réfère à un voilier ancien de l'ouest de l'Irlande. Le principe de la maison est que la bière est aussi un aliment de qualité – plus elle est fraîche, moins elle est raffinée, et meilleure elle est.

GUINNESS

Saint James's Gate,
Dublin 8, Irlande
www.guinness.com

Pour verser une Guinness dans les règles de l'art, il faut précisément 119,5 secondes ; c'est dire si la bière est peu banale. Guinness, c'est la stout, l'Irlande et sa culture, mais la brasserie est aussi résolument tournée vers l'innovation en physique et en chimie, dans le conditionnement et la publicité. Le site de Saint James's Gate, à Dublin, occupant 25 hectares, est souvent

comparé à une citadelle. Pourtant, il s'agit d'un lieu de production dynamique. Deux cent cinquante ans après le premier moût d'Arthur Guinness, la bière est brassée dans 50 pays du monde entier, et dégustée dans 150 pays.

SECRET DE BRASSERIE La quantité de houblon utilisé contribue à la qualité sèche de la Guinness Stout, de même que la levure Brettonamyces.

VINTAGE ALE

BARLEY WINE 8,5 % VOL. (VARIABLE)
Produite chaque année à base de différentes variétés de malt et de houblon. Chaque millésime est unique, tous sont séduisants.

CHISWICK BITTER

BITTER 3,5 % VOL.
Nature fraîche et acidulée, avec une touche de douceur de malt sur le palais. Finale agréablement sèche.

GALWAY HOOKER IRISH PALE ALE

PALE ALE 4,4 % VOL.
Amertume aigrelette équilibrée et saveurs sous-jacentes biscuitées, associées à un arôme floral et menant à une finale sèche et acidulée.

GUINNESS ORIGINAL

STOUT 4,2 % VOL.
L'arôme de café et de crème de la version embouteillée rehausse les fruits, le chocolat, ainsi qu'une saveur houblonnée finale.

DRAUGHT GUINNESS

STOUT 4,1 % VOL.
Arôme houblonné, puis saveurs de fruits, de crème et de caramel brun se développant, note de réglisse.

FOREIGN EXTRA STOUT

SPECIAL STOUT 7,5 % VOL.
Arôme houblonné aromatique, avec des saveurs de pain grillé brûlé, de malt riche, de café amer et de réglisse s'épanouissant sans contrainte.

GUINNESS RED

IRISH RED ALE 4,1 % VOL.
Plutôt que la palette noir et blanc traditionnelle, robe rousse donnée par l'orge légèrement torréfiée.

BRASSERIES

HAMBLETON

Holme-on-Swale, Yorkshire du Nord, Angleterre YO7 4JE
www.hambletonales.co.uk

Plus d'un million d'euros a été investi dans la construction d'une nouvelle brasserie Hambleton, dotée notamment d'une entreprise d'embouteillage à la pointe de la modernité. Depuis 1991, l'innovation est le moteur de l'entreprise, comme en témoignent le design des étiquettes et le matériel de brassage sur mesure. Plusieurs distinctions lui ont été décernées.

HAMPSHIRE

Romsey, Hampshire, Angleterre SO51 0NR
www.hampshirebrewery.com

En 1999, après cinq ans de croissance, l'équipe de Hampshire fut déplacée dans des locaux plus spacieux, équipés de cuves récupérées dans d'autres brasseries et adaptées aux besoins de l'entreprise. La demande ne cesse d'augmenter.

SECRET DE BRASSERIE Les bières sont élaborées à base d'un mélange de malts et de houblons différents.

HOBSONS

Cleobury Mortimer, Worcestershire, Angleterre DY14 8RD
www.hobsons-brewery.co.uk

Cette brasserie aux débuts tâtonnants connaît aujourd'hui le succès et jouit d'une réputation croissante. Elle s'est agrandie, relocalisée et a développé une certaine détermination. La clef de ce développement fut la volonté de produire une mild à l'époque où ce style de bière était considéré comme en chute libre. En 2007, elle fut consacrée Supreme Champion Beer of Britain.

HOGS BACK

Tongham, Surrey, Angleterre GU10 1DE
www.hogsback.co.uk

Fondée en 1992, la brasserie Hogs Back est implantée dans une ferme du XVIIIᵉ siècle. L'expansion croissante, l'agrandissement des entrepôts et le renouvellement du matériel se sont succédé, rapportant de nombreux prix.

SECRET DE BRASSERIE Du houblon est ajouté en fin d'ébullition, apportant un parfum supplémentaire à la bière.

BIÈRES

STALLION
BITTER 4,2 % VOL.
Certains la qualifient de véritable bitter du Yorkshire, avec son caractère malté, sa saveur de noix et sa teneur en houblon élevée.

NIGHTMARE
PORTER 5 % VOL.
Un porter extra stout associant quatre sortes de malt pour une saveur lourdement complexe.

PRIDE OF ROMSEY
STRONG BITTER 5 % VOL.
Le houblon parfumé donne des notes d'agrumes, de l'amertume, complétant une saveur maltée raffinée.

LIONHEART
LIONHEART 4,5 % VOL.
Blonde, avec un parfum de fruit frais et de malt, menant à une finesse houblonnée subtile et désaltérante.

TOWN CRIER
BEST BITTER 4,5 % VOL.
Robe couleur paille clair, avec une douceur de malt, une impression houblonnée terreuse et une finale sèche.

HOBSONS MILD
MILD 3,2 % VOL.
Traditionnelle, avec des notes franches issues du malt torréfié et des saveurs de noix.

TRADITIONAL ENGLISH ALE/TEA
BEST BITTER 4,2 % VOL.
Parfaitement brassée, avec de délicats arômes fruités, une saveur maltée douce-amère et une longue finale sèche.

HOGS BACK BITTER
BITTER 3,7 % VOL.
Bitter marquée par le biscuit, avec des fruits acidulés aromatiques, et une rémanence maltée légère.

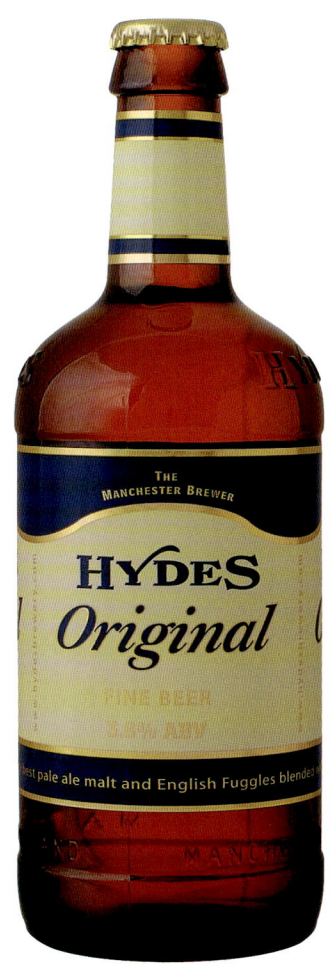

HOOK NORTON

Banbury, Oxfordshire,
Angleterre OX15 5NY
www.hooky.co.uk

Exemple remarquable de brasserie victorienne, Hook Norton fonctionne en partie grâce à l'énergie produite par la vapeur issue d'un ensemble de rouages, d'axes et de courroies. Des fardiers tirés par des chevaux shire livrent la bière dans les pubs, illustrant un attachement à la tradition. Hook Norton produit néanmoins certaines des plus grandes bières du pays.

HYDES

46 Moss Lane West, Manchester,
Angleterre M15 5PH
www.hydesbrewery.com

Hydes est l'une de ces brasseries familiales exceptionnelles qui se sont taillé une niche dans leur région d'origine. La Hydes Original est toujours élaborée selon la recette et les critères de base appliqués depuis l'ouverture de la brasserie, en 1863. L'entreprise continue d'appréhender l'avenir avec enthousiasme et assurance.

ISLE OF ARRAN

Brodick, île d'Arran, Écosse KA27 8DE
www.arranbrewery.com

La brasserie high-tech de l'île d'Arran, installée dans un environnement pittoresque composé de châteaux, de montagnes et d'un littoral magnifique, reflète la tradition, l'âme et l'inventivité locales. L'enthousiasme qu'elle génère lui a valu des récompenses.

SECRET DE BRASSERIE Les précipitations véhiculées par le Gulf Stream contribuent au caractère de la bière.

ISLE OF SKYE

Uig, île de Skye, Écosse IV51 9XP
www.skyebrewery.co.uk

Le terminal de ferries desservant les Hébrides extérieures s'enorgueillit de la présence d'une brasserie estimée, la Isle of Skye Brewery. Un ex-enseignant s'est associé à deux anciens chefs cuisiniers, dont l'un est la seule femme brasseur d'Écosse.

SECRET DE BRASSERIE Ces bières sont à base d'ingrédients écossais traditionnels tels que l'orge, l'avoine et le miel.

OLD HOOKY

STRONG BITTER 4,6 % VOL.
Franche, avec une nature piquante et fruitée, et un caractère malté arrondissant la finale amère.

HOOKY BITTER

BITTER 3,6 % VOL.
Nez subtilement houblonné, puis le malt et les fruits font leur apparition, avant une finale de nouveau marquée par le houblon.

HYDES ORIGINAL

BITTER 3,8 % VOL.
Bière typique du nord-ouest de l'Angleterre : robe cuivrée, de corps plein, avec une saveur douce-amère distincte.

DARK MILD

MILD 3,5 % VOL.
Nez de fruit et de malt, et saveurs complexes errant entre les fruits rouges, le malt et le chocolat.

ARRAN BLONDE

STRONG BITTER 5 % VOL.
Les arômes floraux et d'herbe coupée glissent vers des saveurs d'agrumes et de malts acidulés.

ARRAN DARK

SCOTTISH HEAVY 4,3 % VOL.
Arômes de fruits mûrs, avec des saveurs douces-amères de malt rond typiques d'une scottish heavy traditionnelle.

HEBRIDEAN GOLD

BEST BITTER 4,3 % VOL.
Fruitée, flocons d'avoine conférant un corps très onctueux et une mousse riche et crémeuse.

RED CUILLIN

BITTER 4,2 % VOL.
Arrosée de malt, avec une garniture de noix et de caramel développant plus de malt jusqu'à la finale douce-amère.

ROUTE DE LA BIÈRE

LES COSTWOLDS

Le village de Hook Norton, dans le nord du Oxfordshire, est le lieu de villégiature idéal pour visiter les Costwolds ou la ville d'Oxford. Trois pubs du village offrent des possibilités d'hébergement – le Sun, le Pear Tree et le Gate Hangs High.

Pear Tree, Hook Norton

ITINÉRAIRE
3 jours
160 km

JOUR 1 : BRASSERIE HOOK NORTON

Cet établissement est le parfait exemple des brasseries de style victorien bâties autour d'une tour. Elle fonctionne encore à la vapeur. Assister à la préparation des bières de la brasserie est une expérience sensorielle intense. Seule l'orge maltée de la meilleure qualité est utilisée dans le mash tun, puis elle est extraite manuellement lorsque le moût se forme. La transformation magique du moût sucré en alcool s'opère dans les cuves de fermentation ouvertes. La bière est livrée aux pubs locaux par un authentique attelage de chevaux. L'office de tourisme est ouvert du mardi au samedi, les réservations pour la visite de la brasserie s'effectuent sur le site Internet. La visite se termine par une dégustation. *Brewery Lane, Hook Norton (www.hooky.co.uk)*

JOUR 2 : BRASSERIE WYCHWOOD

La route ralliant Hook Norton, à Witney, à la brasserie Wychwood traverse une charmante campagne bucolique. La visite de la brasserie peut se réserver sur le site Internet. D'une durée de 2 heures, elle passe en revue les procédés de fabrication des bières Wychwood et Brakspear, des ingrédients bruts aux produits finis. Le circuit se poursuit par la visite des célèbres cuves de fermentation au système « Double Drop » de la brasserie Brakspear. *Eagle Maltings, The Crofts, Witney (www.wychwood.co.uk)*

3 JOUR 2 : THE KING'S HEAD INN

Arrêtez-vous ensuite à la brasserie Cotswold, qui se trouve à Foscot *(www.cotswoldbrewingcompany.com)*. Le brasseur Richard Keene y élabore des lager de style continental. The King's Head Inn, implanté au bord d'une rivière près de Bledington, est l'endroit parfait pour déguster une bière Cotswold. *The King's Head Inn, The Green, Bledington (www.thekingsheadinn.net)*

4 JOUR 3 : OXFORD

Partez à la découverte de quelques pubs pittoresques de la cité historique d'Oxford. Bonnes bières, culture populaire et atmosphère conviviale se marient confortablement.

TURF TAVERN

Difficile à localiser, la Turf Tavern se situe au niveau du dernier mur d'enceinte restant. L'auberge offre un large panel de bières britanniques. Des indications pour se rendre au pub figurent sur le site : *www.theturftavern.co.uk. Bath Place, Holywell, Oxford*

KING'S ARMS

Le pub est à l'extrémité de Broad Street, quartier célèbre pour ses universités et ses librairies. Ce pub est un dédale de pièces, et est apprécié des habitants du quartier et des étudiants. *40 Holywell Street, Oxford*

THE BEAR

Ce pub est dissimulé dans une ruelle entre Christ Church et l'université Oriel. Autoproclamé plus ancien pub d'Oxford, il est bâti sur le site d'une ancienne fosse de combat d'ours et de chiens. Les murs sont décorés d'une collection de 5 000 cravates. *6 Alfred Street, Oxford*

EAGLE & CHILD

Basé dans le quartier du Ashmolean Museum et de l'université, le Eagle & Child était le repaire des écrivains J. R. R. Tolkien et C. S. Lewis, tous deux membres du cercle littéraire les Inklings dans les années 1930 et 1940. *49 St Giles, Oxford*

ARRIVÉE · **4** · **Oxford**

BRASSERIES

JOHN SMITH

Tadcaster, Yorkshire du Nord,
Angleterre LS24 9SA
www.johnsmiths.co.uk

John Smith (appartenant à la famille de
Samuel Smith) débuta la brassiculture
en 1847 pour approvisionner un
moulin local. En 1970, l'entreprise fut
reprise par le groupe Courage, puis
absorbée par Scottish & Newcastle.
Les bitters John Smith sont parmi
les plus appréciées dans les îles
Britanniques, les ventes dépassant
un million de pintes par jour.

LITTLE VALLEY

Hebden Bridge, Yorkshire de l'Ouest,
Angleterre HX7 5TT
www.littlevalleybrewery.co.uk

Toutes les bières du maître brasseur
Win van der Speck sont certifiées
100 % bio. La carrière de Win fut
récompensée par de nombreuses
distinctions, notamment aux Pays-Bas,
son pays natal.

SECRET DE BRASSERIE Le talent de Win
se caractérise par des saveurs épicées,
fruitées, chocolatées et céréalières.

MEANTIME

Greenwich, Londres, Angleterre SE7 8RX
www.meantimebrewing.com

Cette brasserie veut être considérée
comme un établissement inclassable.
Cela peut sembler présomptueux, mais
le maître brasseur Alastair Hook est
déterminé : prouver le potentiel de
saveurs originales de ses bières.

SECRET DE BRASSERIE La recherche ludique
effectuée sur les bières ancestrales est
une passion forte du maître brasseur,
comme en témoigne son IPA.

MORDUE

North Shields, Tyne-et-Wear,
Angleterre NE29 7XJ
www.morduebrewery.com

Lorsque ces deux frères brasseurs
amateurs découvrirent que la maison
qu'ils partageaient avait appartenu au
XIXe siècle au brasseur Joseph Mordue,
le nom de leur entreprise ne fit aucun
doute. Avec ses nombreuses extensions,
une demande croissante, l'investissement
des propriétaires, les récompenses et
une relocalisation, la brasserie s'inscrit
dans le sillon de Joseph Mordue.

BIÈRES

JOHN SMITH'S MAGNET

BITTER 4 % VOL.
Les saveurs douces-amères
équilibrées, dont du caramel et de
la réglisse, dominent cette bière
ronde, accessible au palais.

JOHN SMITH'S ORIGINAL

BITTER 3,8 % VOL.
De corps moyen et saveur
fruitée, avec une finale courte
et houblonnée.

STOODLEY STOUT

STOUT 4,8 % VOL.
Saveurs riches et torréfiées, malt
chocolat, avoine et froment, arômes
d'orange et de fruits des bois.

CRAGG VALE BITTER

BITTER 4,2 % VOL.
Trois variétés de houblons s'associent
parfaitement pour manipuler des
arômes de citron autour d'un corps
riche, rond, vif et fruité.

MEANTIME CHOCOLATE

STRONG BITTER SPÉCIALE 6,5 % VOL.
Structure maltée complexe, avec du
chocolat noir dégageant des notes
de vanille. Bière riche, inoubliable.

INDIA PALE ALE

INDIA PALE ALE 7,5 % VOL.
Densément houblonnée, avec
des niveaux d'aromates, d'épices
et d'herbe s'emparant de la force
de cette IPA originale.

GEORDIE PRIDE

BITTER 4,2 % VOL.
Franche, avec des arômes de houblon
et de fruit se succédant sur le palais,
et une finale longue et amère.

WORKIE TICKET

BEST BITTER 4,5 % VOL.
Une bitter bien construite, avec
un mélange complexe de malt et
de houblon, et une finale longue
et satisfaisante.

TYPES DE BIÈRE

PORTERS ET STOUTS

Le porter a ressurgi après avoir disparu. Ce breuvage révolutionnaire du XVIIIᵉ siècle, brun, robuste et fortifiant, étanchait la soif des débardeurs du marché de Londres, les « *porters* », qui lui ont donné leur nom. Le porter est le rocher sur lequel s'est bâtie la brassiculture britannique – de nombreuses cuves de porter furent jadis vieillies dans les caves de brasseurs célèbres tels que Whitbread. Aux XIXᵉ et XXᵉ siècles, les ventes déclinèrent et, dans les années 1970, le porter sembla définitivement tombé dans l'oubli. Récemment, les brasseurs artisanaux américains l'ont remis au goût du jour, suivis par leurs confrères britanniques.

La stout, elle, n'a jamais disparu. Au début du XIXᵉ siècle, Arthur Guinness, brasseur irlandais, élabora du porter mais, en ajoutant de l'orge torréfiée dans le mash tun, il créa une bière au caractère sec et grillé. L'irish stout était née, et Guinness abreuva le monde entier. Malgré un égarement vers le porter apportant de la saveur, les stouts modernes ont conservé cet accent fumé et âcre – les meilleurs exemples sont les Porterhouse's Wrasslers, Titanic Stout, Murphy's et Rogue's Shakespeare Stout. D'autres variantes sur le thème de cette bière brune comprennent la milk stout (plus sucrée et moins alcoolisée), l'imperial stout (idéale en digestif et, pour des raisons historiques, souvent appelée « imperial russian stout »), et l'oatmeal stout, souple et soyeuse. À l'origine, l'imperial stout était brassée avec beaucoup de houblon et à un fort degré d'alcool, en prévision des longs voyages durant lesquels on ne pouvait maintenir une température constante. La stout de Samuel Smith est un bon exemple, bien qu'il soit difficile de rivaliser avec l'Imperial Stout de Rogue.

MALTS NOIRS Les malts noirs séchés à haute température contiennent plus de sucres caramélisés que les malts clairs, et confèrent des notes de chocolat amer et de café.

STOUTS MODERNES Les stouts telles que celles de la brasserie Rogue offrent des saveurs maltées et fruitées, et des notes de café moka, de chocolat, voire de lait concentré.

PORTERS BALTES Les porters baltes sont souvent très forts, avec un caractère presque médicinal, comme en témoigne l'Okocim, porter polonais.

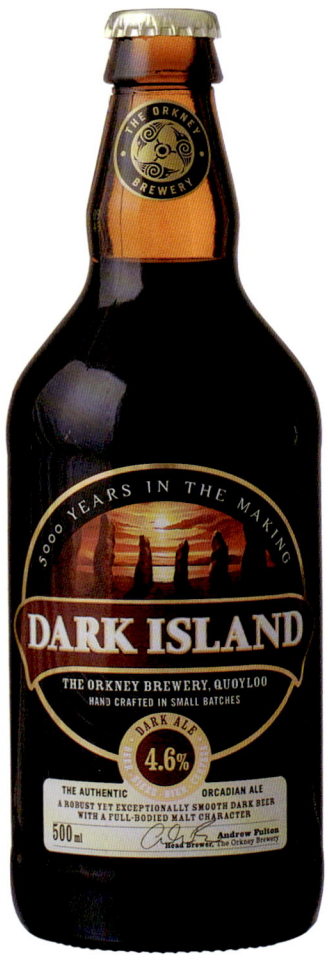

BRASSERIES

NEWCASTLE FEDERATION

Dunston, Tyne-et-Wear,
Angleterre NE11 9JR
www.scottish-newcastle.com

Cette brasserie, d'une capacité de
1,25 million d'hectolitres, est le lieu de
production de la Newcastle Brown Ale,
produit phare de Scottish & Newcastle
depuis 2005. Cette bière brassée depuis
1927 est la premium ale embouteillée
la plus vendue au Royaume-Uni, et elle
est exportée dans plus de 40 pays.

OAKHAM

Peterborough, Cambridgeshire,
Angleterre PE2 7JB
www.oakhamales.com

Cette brasserie artisanale, à l'origine
modeste, a connu une croissance
impressionnante. Le propriétaire initial
vendit l'entreprise en 1995, mais celle-ci
a conservé son ambition première.

SECRET DE BRASSERIE Les variétés de
houblons américains, au caractère floral
puissant, sont l'ingrédient majeur
de la gamme.

OLD LUXTERS

Henley-on-Thames, Oxfordshire,
Angleterre RG9 6JW
www.chilternvalley.co.uk

Old Luxters, appartenant à la Chiltern
Valley Winery, fut fondée en 1990 par
David Ealand pour raviver la tradition
des bières fermières. Un matériel
moderne a été récemment installé en
association aux méthodes classiques.

SECRET DE BRASSERIE Il s'agit de la
première microbrasserie à fournir
officiellement la cour royale.

ORKNEY

Stromness, Orcades,
Écosse KW16 3LT
www.orkneybrewery.co.uk

Suivant une démarche respectueuse
de l'environnement, la brasserie
recycle ses eaux en les filtrant dans
deux lochs voisins abritant poissons
et gibier d'eau. La brasserie fut
fondée en 1988, puis profondément
modernisée en 1994. De récentes
extensions ont permis de créer
un centre touristique et une boutique,
et d'accroître le rendement.

BIÈRES

NEWCASTLE BROWN ALE
BROWN ALE 4,7 % VOL.
De corps plein, texture soyeuse,
avec un caractère de caramel et
de fruit, et un arrière-goût sucré.

NEWCASTLE EXHIBITION ALE
BITTER 4,3 % VOL.
Pale ale de corps plein, avec
un arôme houblonné se
développant en une saveur
sucrée sur le palais.

JEFFREY HUDSON BITTER/JHB
BITTER 3,8 % VOL.
Les arômes houblonnés acidulés
dominent et se poursuivent sur le
palais, où ils se mêlent à des saveurs
de malt délicieuses.

WHITE DWARF
BIÈRE DE FROMENT 4,3 % VOL.
Bière de froment de style anglais, avec
une amertume robuste qui s'adoucit
et révèle des nuances fruitées.

BARN ALE
STRONG BITTER 4 % VOL.
Initialement aromatique en raison
du mélange de houblons anglais,
avec un enrobage de fruits secs
savoureux.

BARN ALE SPECIAL
BEST BITTER 4,4 % VOL.
Le palais riche de malt et de fruit
est modéré par une finale sèche
acidulée.

DARK ISLAND
STRONG BITTER 4,6 % VOL.
Rouge rubis, mystérieuse, avec
du cassis sur le nez et un palais
de malt richement torréfié.

SKULLSPLITTER
BARLEY WINE 8,5 % VOL.
Nez vigoureusement malté,
soupçons de pomme, houblons
épicés, et quelques notes
de noix sur la saveur complexe.

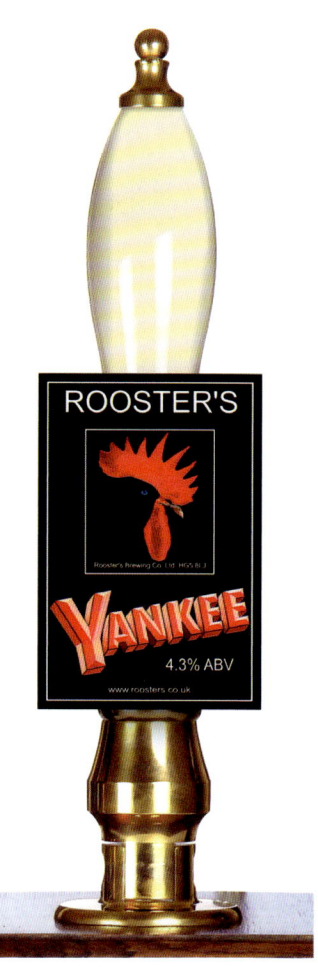
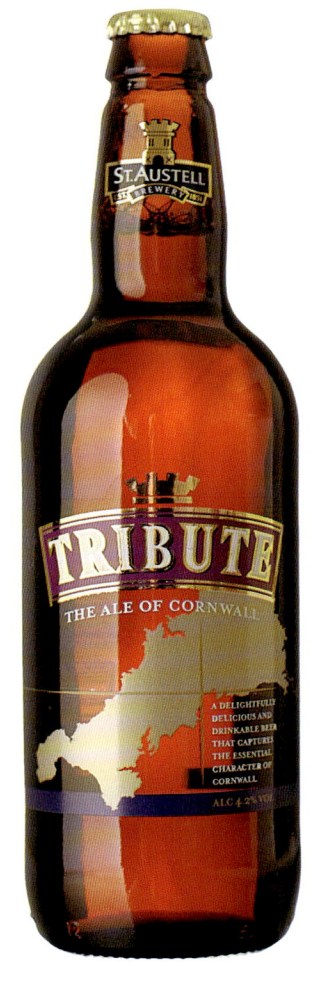

PALMER'S

Bridport, Dorset,
Angleterre DT6 4JA
www.palmersbrewery.com

Depuis plus de 200 ans, Palmer's élabore ses bières sur le site d'origine. De l'extérieur, la brasserie s'est altérée avec le temps, mais elle reste une entreprise contemporaine, proposant une gamme de bières diversifiée.

SECRET DE BRASSERIE L'orge maltée Maris Otter et les houblons Goldings donnent leur caractère fruité à ces bières.

ROOSTER'S

Knaresborough, Yorkshire du Nord,
Angleterre HG5 8LJ
www.roosters.co.uk

Les règles sont simples : l'attention minutieuse accordée à la sélection et à la préparation des ingrédients se retrouve dans la saveur de la bière. Sean Franklin, maître brasseur, ne considère pas la bière comme une simple boisson alcoolisée, mais comme un produit majeur, et d'innovantes infusions de litchi, rose, pamplemousse et chocolat sont extraites des variétés de houblon.

ST AUSTELL

St Austell, Cornwall,
Angleterre PL25 4BY
www.staustellbrewery.co.uk

L'esprit entreprenant qui incita Walter Hicks à hypothéquer sa ferme pour 1 500 livres en 1851 afin de créer sa brasserie plane encore sur l'entreprise. Plusieurs de ses descendants sont désormais impliqués dans la société – possédant 168 pubs et une brasserie qui produit plus de 6,5 millions de litres de bière par an.

SHARP'S

Wadebridge, Cornwall,
Angleterre PL27 6NU
www.sharpsbrewery.co.uk

La situation de la brasserie, sur la côte de Cornouailles, influence certainement non seulement le mode de production de la bière, mais également les ambitions des brasseurs. La démarche écologique de l'entreprise, qui utilise de l'énergie durable et recycle son eau, se répercute sur son attitude dynamique, encourageante pour la production future de cask ale.

TRADITIONAL BEST BITTER

BEST BITTER 4,2 % VOL.
Dans le style d'une IPA, houblonnée, avec des notes sous-jacentes de fruit et de malt.

TALLY HO!

STRONG BITTER 5,5 % VOL.
Brune, avec une saveur distincte de noix, une complexité de corps riche émergeant progressivement, puis laissant un arrière-goût persistant.

ROOSTER'S YANKEE

BITTER 4,3 % VOL.
Aromatique, doucement amère, avec des arômes de fruits exotiques et de raisin Muscat se prolongeant parallèlement au malt acidulé.

OUTLAW WILD MULE

BITTER 3,7 % VOL.
Les houblons de Nouvelle-Zélande confèrent à cette bière imposante un caractère de sauvignon blanc.

TRIBUTE

BITTER 4,2 % VOL.
L'orge maltée Cornish Gold confère un arôme biscuité riche, modéré par des saveurs intenses de fruit.

ST AUSTEL IPA

INDIA PALE ALE 3,4 % VOL.
Riche en saveur, au caractère houblonné frais ; le palais rond se développe avec un voile de caramel.

DOOM BAR

BITTER 4 % VOL.
Arômes de houblons résineux et épicés, malts sucrés et raffinés, fruits secs et amertume franche.

ATLANTIC IPA

INDIA PALE ALE 4,8 % VOL.
Quatre variétés de houblon sont ajoutées à différentes étapes du brassage pour créer des arômes de barbe à papa et de vives saveurs.

GROS PLAN SUR...
LES VERRES

Les verres dans lesquels nous buvons dépendent de notre humeur. Les soirs d'hiver, le cognac s'impose dans un ballon volumineux. Lors d'un festin gourmet, on dispose plusieurs verres respectivement adaptés au champagne, au bourgogne, au bordeaux, etc. Qu'en est-il de la bière ? Le meilleur long drink au monde semble exiger la meilleure collection de verres. Il est essentiel d'exposer la bière à la lumière et de l'aider à dégager son arôme, son caractère, sa robe et sa saveur. Les villes et les régions brassicoles ainsi que les brasseries elles-mêmes ont développé un large éventail de verres uniques – certains sont simples comme ceux appropriés à la kölsch ou la pinte britannique, d'autres sont plus extravagants, comme le verre à Kwack. Aux États-Unis, la Boston Lager de Samuel Adams est dotée d'un verre au design récent, conçu pour maintenir la température de la bière et optimiser arôme et saveur, marquant une nouvelle étape dans le raffinement et le renouvellement des verres à bière.

VERRE À COGNAC Pour déguster certaines des bières les plus fortes, on les sert dans un verre ballon étroit semblable au verre à cognac. Sa forme permet de conserver les arômes, et son ampleur met en valeur les bières riches et puissantes, telles que la Samichlaus autrichienne.

FLÛTE En Allemagne, les pilsner et les bières de froment sont généralement servies dans de longues flûtes étroites.

BALLON La Duvel est servie dans un verre ballon juché sur un pied plat. Le consommateur peut ainsi apprécier la bière et sa mousse onctueuse, tout en savourant son arôme raffiné.

CALICE Dans les bars belges, chaque bière est versée dans un verre spécial ; il arrive que l'on refuse de servir un client si le verre approprié n'est plus disponible. Les bières trappistes comme l'Orval ou la Westmalle doivent être servies dans des calices.

VERRE DROIT Si les bières de froment allemandes sont servies dans des verres élégants à long pied, les bières de froment belges préfèrent le verre droit robuste plus épais, rendu célèbre par la brasserie Hoegaarden.

VERRE À COCHER La bière Kwak possède un verre unique – semblable à un tube à essais. En raison de sa base ronde, le verre est maintenu sur un support en bois.

TULIPE Si vous commandez une pinte en Grande-Bretagne, il est très probable que l'on vous serve un verre nonic (droit, avec un léger renflement au niveau des deux tiers supérieurs), ou un verre tulipe, dont la silhouette est plus douce. Le dernier fabricant de « pint pot » (verre trapu, aux parois creusées, semblable à une chope) fit faillite en 2001.

CYLINDRE La kölsch est servie dans un verre étroit, léger et cylindrique, nommé stangen, pour mettre en valeur le panache de la mousse flamboyante.

BRASSERIES

SHEPHERD NEAME

Faversham, Kent,
Angleterre ME13 7AX
www.shepherdneame.co.uk

Les moines du XIIᵉ siècle découvrirent rapidement que l'eau pure de la source de Faversham pouvait être associée à de l'orge maltée locale pour produire une bière particulièrement raffinée. Lorsque le maire de la ville fonda la brasserie en 1698 sur un puits artésien, il ignorait qu'elle deviendrait un jour la plus ancienne du pays. En 1964,

après plusieurs partenariats, elle fut renommée Shepherd Neame. La société, tournée vers la communauté locale, appartient toujours à la famille Neame, dont le passé et les valeurs traditionnelles vont de pair avec les critères modernes du progrès technique.

SECRET DE BRASSERIE La brasserie utilise encore les mash tun en bois de teck russe installés en 1914.

SLATER'S

Stafford, Staffordshire,
Angleterre ST16 3DR
www.slatersales.co.uk

L'expertise, l'enthousiasme et une décennie d'expérience apportèrent à cette entreprise familiale l'assurance nécessaire à l'ouverture de nouveaux locaux en 2004, ce qui permit de tripler la production. Les distinctions nationales et locales furent brièvement éclipsées par l'invitation à servir au Strangers' Bar, à la Chambre des communes du parlement britannique.

THORNBRIDGE

Bakewell, Derbyshire,
Angleterre DE45 1NZ
www.thornbridgebrewery.co.uk

Cette brasserie qui se considère comme « jamais ordinaire » jouit d'un succès retentissant. La tradition y est certes importante, mais l'innovation, l'ambition, l'expérience et un engagement dans la création de nouvelles recettes intrigantes motivent cette entreprise depuis sa fondation en 2005, sur les sites de la maison d'hôte Thornbridge Hall.

BIÈRES

BISHOP'S FINGER
STRONG BITTER 5 % VOL.
Généreusement fruitée, avec de la banane et de la poire proéminentes, une saveur maltée riche en biscuit, et des notes de fruits secs.

SPITFIRE
PREMIUM BITTER 4,5 % VOL.
Le caractère malté sous-jacent est associé à un soupçon de caramel et à des houblons acidulés francs.

WHITSTABLE BAY ORGANIC ALE
BITTER 4,5 % VOL.
L'orge bio et les houblons néo-zélandais orchestrent les saveurs florales et douces-amères de cette bière raffinée.

MASTER BREW BITTER
BITTER 3,7 % VOL.
Houblonnée, équilibrée, saupoudrée d'une saveur sucrée, et avec une amertume légère jusqu'à la finale.

TOP TOTTY
BEST BITTER 4 % VOL.
Un arôme voluptueux s'épanouit vers des notes houblonnées plus complexes, une saveur fruitée et des infusions de malt riche.

SLATER'S ORIGINAL
BITTER 4 % VOL.
L'arôme malté savoureux et le palais succulent sont contrés par des houblons amers et poivrés.

JAIPUR
INDIA PALE ALE 5,9 % VOL.
Complexe, appétissante, avec un accent sur le caractère houblonné acidulé ; la longueur puissante se développe en une finale amère.

LORD MARPLES
BITTER 4 % VOL.
Bitter accessible au palais, avec des soupçons de miel et de caramel, et un arrière-goût long et amer.

TIMOTHY TAYLOR

Keighley, Yorkshire de l'Ouest,
Angleterre BD21 1AW
www.timothy-taylor.co.uk

La famille Taylor dirige cette entreprise
depuis la fondation en 1858.

SECRET DE BRASSERIE De l'eau pure
des Pennines, puisée à la source
de la brasserie, accompagne l'orge
Golden Promise (très utilisée dans
l'élaboration du whisky). Tous deux
forment le légendaire « goût Taylor ».

TITANIC

Burslem, Staffordshire,
Angleterre ST6 1JL
www.titanicbrewery.co.uk

À l'origine, la brasserie faisait seulement
des démonstrations avec un matériel
chauffé au bois de l'époque victorienne.
Elle s'est développée au point de
produire presque 10 millions de litres
de bière par an. Le mode d'activité
aux critères écologiques est privilégié.
Le nom fut donné d'après le célèbre
paquebot dont le capitaine, John Edward
Smith, est né non loin de la brasserie.

TRADITIONAL
SCOTTISH ALES

Bandeath, Stirling, Écosse FK7 7NP
www.traditionalscottishales.com

Probablement la seule brasserie au
monde à occuper une ancienne usine
de torpille, TSA est née de la brasserie
Bridge of Allan, qui affichait déjà un
catalogue impressionnant de bières.

SECRET DE BRASSERIE Pour fêter
son couronnement en 1488, le roi
Jacques IV d'Écosse acheta de la bière
à l'ancienne brasserie Tullibardine.

WORTHINGTON'S
WHITE SHIELD

Burton-on-Trent, Staffordshire,
Angleterre DE14 1YQ
www.worthingtonswhiteshield.com

La brasserie, fondée en 1920, fut
convertie en musée en 1995 pour
reprendre la production de bières
Bass. L'opération, menée par le brasseur
Steve Wellington, fut un succès.

SECRET DE BRASSERIE La White Shield est
une bière culte pour les amateurs, car
elle est embouteillée « vivante ».

LANDLORD

PREMIUM BITTER 4,3 % VOL.
Arôme complexe de houblon,
saveurs bien équilibrées d'épices et
de fruits, teintées de malt biscuité.

BEST BITTER

BEST BITTER 4 % VOL.
Une bonne dose de malt suivant
des fruits acidulés, des arômes
houblonnés la définissent comme
une bitter du Yorkshire.

TITANIC STOUT

STOUT 4,5 % VOL.
Riche torréfaction, arômes de fruits
en conserve, le palais marqué par le
malt accentue les niveaux de fruits et
de réglisse.

BEST BITTER

BEST BITTER 3,5 % VOL.
Couleur paille, avec une bouffée de
soufre sur l'arôme et des saveurs
de houblon persistantes.

BEN NEVIS ORGANIC

SCOTTISH HEAVY 4 % VOL.
Bière rouge rubis de type Scottish
80 shilling ale, avec du malt
succulent associé aux saveurs
légères de houblon.

1488 WHISKY ALE

SPECIALITY STRONG BITTER 7 % VOL.
Vieillie en fûts de whisky malté,
poivrée et légèrement fumée, avec
une rémanence de whisky.

WHITE SHIELD

INDIA PALE ALE 5,6 % VOL.
Les amateurs apprécient son
attaque houblonnée, son caractère
fumé, sa pincée de paprika,
et la dégustent sur de la banane
frite, du fromage de Stilton,
et des quartiers de pomme.

Buggenhout

Bosteels
De Landtsheer

Bruges

Halve Maan
De Regenboog

Watou

Van Eecke
Sint Bernardus

Audenarde

Liefmans
Roman

Bosteels

Van Steenberge

De Konin

Duvel Moortgat

Ank

FLANDRE ORIENTALE

De Dolle Brouwers

FLANDRE
OCCIDENTALE

Affligem

Rodenbach

Mort Subite

De Ryck

Girardin

Westvleteren

Timmermans

Cantillon
BRUXELLES

Verhaeghe

Lindemans

Ellezelloise

BRABAN
WALLO

Cazeau

Légendes

Dubuisson/
Vapeur

HAINAUT

Brunehaut

Blaugies

La Binchoise

Abbaye Des Rocs

Chimay

Sint Bernardus

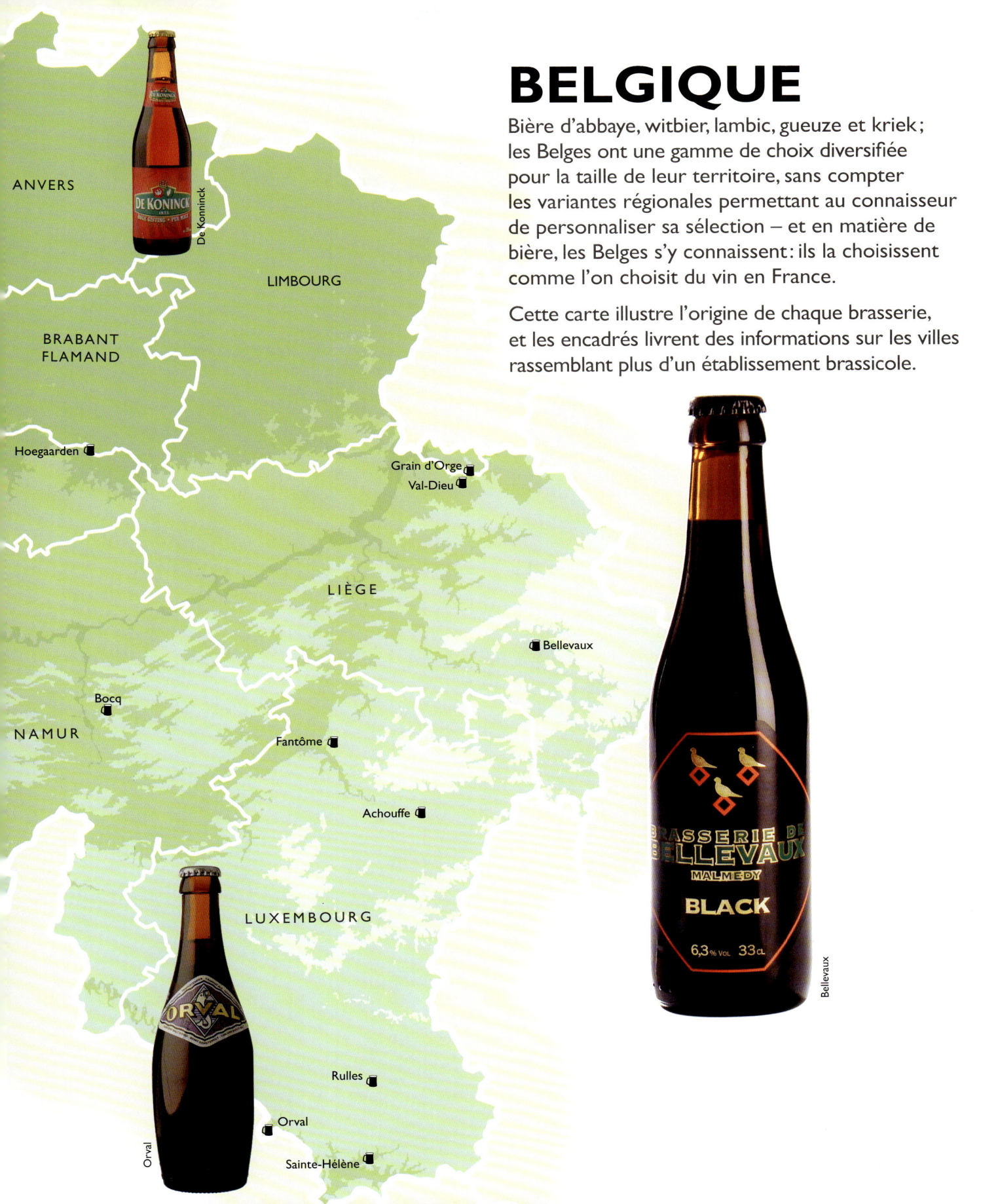

ANVERS

LIMBOURG

BRABANT
FLAMAND

Hoegaarden

Grain d'Orge
Val-Dieu

LIÈGE

Bellevaux

Bocq

NAMUR

Fantôme

Achouffe

LUXEMBOURG

Rulles

Orval

Sainte-Hélène

De Koninck

Orval

Bellevaux

BELGIQUE

Bière d'abbaye, witbier, lambic, gueuze et kriek ;
les Belges ont une gamme de choix diversifiée
pour la taille de leur territoire, sans compter
les variantes régionales permettant au connaisseur
de personnaliser sa sélection – et en matière de
bière, les Belges s'y connaissent : ils la choisissent
comme l'on choisit du vin en France.

Cette carte illustre l'origine de chaque brasserie,
et les encadrés livrent des informations sur les villes
rassemblant plus d'un établissement brassicole.

BRASSERIES

ABBAYE DES ROCS
37 chaussée Brunehault,
B7387 Montignies-sur-Roc, Belgique
www.abbaye-des-rocs.com

Jean-Pierre Eloir, ex-percepteur, se tourna vers la brassiculture en 1979. Depuis, son entreprise s'est agrandie, et ses bières jouissent d'une bonne réputation, notamment à l'étranger.

SECRET DE BRASSERIE Les bières de base sont fidèles au style épicé de corps plein typiquement wallon, les bières vendues en fûts sont souvent non filtrées.

ACHOUFFE
32 rue du Village,
B6666 Achouffe, Belgique
www.achouffe.be

L'une des premières microbrasseries, Achouffe fut fondée en 1982 par deux beaux-frères, l'un flamand, l'autre wallon. Leur entreprise acquit un succès sans pareil, qui aboutit à la reprise par Moortgat, les brasseurs de Duvel. Avant cela, Achouffe avait étendu sa distribution aux marchés étrangers d'Europe et d'ailleurs.

AFFLIGEM
Ringlaan 18, B1745 Opwijk, Belgique
www.affligembeer.be

Brouwerij De Smedt était une brasserie familiale bien établie, surtout réputée pour sa gamme de bières d'abbaye Affligem, lorsque le géant mondial Heineken s'imposa et choisit d'épurer le catalogue – et de changer le nom.

SECRET DE BRASSERIE Affligem Blonde est le produit de base de la gamme, mais les spécialistes lui préfèrent la gamme d'abbaye Paters Vat Postel.

ANKER
Guido Gezellelaan 49,
B2800 Mechelen, Belgique
www.hetanker.be

Voici une brasserie à la longue histoire. Les propriétaires affirment qu'elle fut fondée en 1369, mais la famille Van Breedam la reprit en 1873 et la fit entrer dans l'ère brassicole moderne. Dans les années 1990, la fin de la Gouden Carolus sembla imminente, mais l'entreprise racheta la brasserie Riva, et à présent, elle est de nouveau productive et innovante.

BIÈRES

BLANCHE DES HONNELLES
WITBIER 6 % VOL.
Bière de froment peu ordinaire, élaborée à base d'orge maltée, de froment malté et d'avoine maltée sur place.

ABBAYE DES ROCS BRUNE
DARK STRONG ALE BELGE 9 % VOL.
Très épicée et durable, avec une touche consistante. Très appréciée dans les pays anglo-saxons.

MC CHOUFFE BRUNE
SCOTCH ALE 8,5 % VOL.
La scotch ale est une tradition en Wallonie. Voici la version Chouffe, avec des saveurs épicées belges et une force élevée.

LA CHOUFFE BLONDE
ALE BELGE 8 % VOL.
Bière de base conditionnée en bouteilles, sucrée, amère et épicée. Authentique et très appréciée.

POSTEL DOBBEL
BIÈRE D'ABBAYE 7 % VOL.
Bière d'abbaye « double » brune et riche en esters, avec des notes de chocolat et une finale sèche.

AFFLIGEM PATERS' VAT
BIÈRE D'ABBAYE 6,8 % VOL.
Pas toujours facile à trouver, elle est plus houblonnée que les bières d'abbaye habituelles.

GOUDEN CAROLUS CLASSIC
STRONG DARK ALE 8,5 % VOL.
Cette bombe maltée possède le goût caractéristique des raisins secs du porto.

GOUDEN CAROLUS CHRISTMAS
10,5 % VOL.
Les raisins secs et la mélasse de la Carolus Classic sont présents, mais avec une énergie alcoolique plus forte.

BELLEVAUX

5 Bellevaux,
B4960 Malmedy, Belgique
www.brasseriedebellevaux.be

Bien que son nom ne l'indique pas, cette brasserie wallonne est en réalité gérée par un Néerlandais. Implantée dans un site idyllique, cette nouvelle brasserie est équipée d'un matériel très moderne. Wil Schuwer ne fait pas les choses à moitié, et ses bières sont le résultat d'une expérimentation méticuleuse et approfondie.

BELLEVAUX BLACK

OLD ALE 6,3 % VOL.
Tous les goûteurs s'accorderont sur le fait que la Black est la bière la plus intéressante de chez Bellevaux. Malgré son caractère fruité, elle est également très sèche.

BINCHOISE

38 faubourg Saint-Paul,
B7130 Binche, Belgique
www.brasserielabinchoise.com

Située dans la province de Hainaut, cette brasserie fut fondée en 1987 par André Graux. Elle fut reprise en 2001 et, malgré une activité commerciale intensifiée, La Binchoise vaut toujours le détour, tant au niveau de ses bières pression que de sa gamme en évolution.

BIÈRE DES OURS

BIÈRE DES OURS 8,4 % VOL.
L'élément clef de cette bière est le miel. Il s'agit d'un ingrédient traditionnel des bières spéciales belges.

LA BINCHOISE SPÉCIALE BELGE

BIÈRE SPÉCIALE 5 % VOL.
Cette bière légère et désaltérante était jadis répandue en Belgique, connue sous le nom de « Spéciale ». Son style est ravivé avec chic.

BOCQ

4 rue de la Brasserie,
B5530 Purnode-Yvoir, Belgique
www.bocq.be

Comptant parmi les rares brasseries de la province de Namur, la Brasserie du Bocq est l'un des plus grands établissements brassicoles de la région, notamment grâce aux bières élaborées sur commande. Néanmoins, quelques produits de Bocq sont aussi connus dans toute la Belgique, dont la gamme Gauloise, la Saison Regal et la witbier.

LA GAULOISE AMBRÉE

SPÉCIALE BELGE 5,5 % VOL.
Les saveurs de réglisse et d'écorce d'agrumes, ainsi que la présence de houblon révèlent le caractère wallon de cette bière.

CORSENDONCK AGNUS

BIÈRE D'ABBAYE TRIPLE 7,5 % VOL.
Nez acidulé et houblonné, saveur céréalière initiale, et finale de fleurs et d'agrumes.

LES BIÈRES BELGES LES PLUS VENDUES

Pour les amateurs de bière, la Belgique est un producteur de bières fascinantes. Or les bières les plus vendues sont des lager élaborées à basse fermentation, nommées ici les « pils ».

La marque de pils la plus connue est Stella Artois mais, en Belgique, la Jupiler est plus fréquente. Toutes deux proviennent du géant Anheuser-Busch InBev, InBev lui-même étant le résultat d'une fusion en 2004 entre le Belge Interbrew (entreprise familiale) et le Sud-Américain AmBev. Anheuser-Busch InBev possède différentes brasseries, dont plusieurs en Belgique – les deux plus grandes sont à Louvain et à Jupille-sur-Meuse. Outre la multitude de pils plutôt fades, ces brasseries proposent une vaste gamme de bières de styles variés, dont la célèbre gamme de bières d'abbaye Leffe, ou les bières Belle-Vue (gueuze et autres breuvages fruités) plus ou moins proches des lambics. En raison de leur distribution internationale, ces bières sont souvent considérées à l'étranger – ainsi qu'en Belgique – comme les meilleures cuvées belges. Le groupe brassicole Alken-Maes possède quant à lui la gamme Grimbergen.

JUPILER (PILS 5,2 % VOL.) *à gauche*
STELLA ARTOIS (PILS 5,2 % VOL.)
LEFFE (ABBEY ALE 6,6 % VOL.) *au centre*
BELLEVUE EXTRA KRIEK (LAMBIC À LA CERISE 4,3 % VOL.) *à droite*
BELLEVUE GUEUZE (GUEUZE FILTRÉE 5,2 % VOL.)
GRIMBERGEN BLOND (BIÈRE D'ABBAYE 6,7 % VOL.)
GRIMBERGEN DUBBEL (BIÈRE D'ABBAYE 6,5 % VOL.)

TYPES DE BIÈRE
BIÈRES SAUVAGES

La brasserie belge Cantillon semble appartenir à une autre époque, loin de l'univers clinquant des mastodontes du brassage tout inox soutirant des millions d'hectolitres de lager écoulés sur le marché de masse. Ici, la bière subit une fermentation spontanée, un processus qui remonte à l'aube de la brassiculture. Une fois que le moût est produit, on le laisse reposer durant une nuit dans d'immenses bacs de refroidissement placés en hauteur, dans l'avant-toit du bâtiment. Pendant ce temps, les levures sauvages passent par les trous du toit et s'amoncellent dans le moût pour initier la fermentation. La bière fermentée est ensuite transférée dans des fûts de chêne et de châtaignier alignés dans une salle sombre à l'odeur de renfermé pour entamer son « long sommeil ». Cette ancienne méthode de brassage a survécu dans la région du Pajottenland, non loin de Bruxelles, et les bières produites ainsi dans cette brasserie portent le nom de lambics.

Si l'on comparait la variété des styles de bière à une famille, alors le lambic et ses cousins sauvages seraient les éléments excentriques de la lignée. Le fait de laisser la levure sauvage, ou *Brettanomyces* (Brett), coloniser le moût fraîchement brassé est réprouvé par la majorité des brasseurs ; imprévisible et exigeant talent et expérience, la méthode produit des saveurs aigres innovantes. Ces dernières années, cette méthode s'est développée non seulement en Belgique, mais également chez des brasseurs dispersés dans le monde entier.

LAMBIC Il s'agit de l'une des bières les plus ambitieuses au monde. Jeune, le lambic est acide et mordant, il rappelle le cidre anglais très sec. Vieilli, il présente une interaction plus complexe de saveurs de pain grillé, de terre, de zeste et de fruits, ainsi qu'une aigreur franche. Certains lambics dégagent des notes de pamplemousse distinctes sur le nez et le palais.

GUEUZE Pour obtenir la gueuze, les lambics frais sont mélangés à leurs équivalents plus âgés et suaves, vieillis en fûts de bois pendant un an au minimum. La gueuze est le champagne de la brassiculture – vive, raffinée et effervescente.

AMERICAN WILD ALE Aux États-Unis, les brasseurs commencent peu à peu à utiliser de la levure sauvage, souvent associée à une maturation en fûts de bois, pour produire des bières à l'aigreur plus désaltérante que leurs ancêtres belges. Glacier Brewhouse en Alaska et Russian River en Californie sont les plus fervents défenseurs de cette pratique.

BOSTEELS

Kerkstraat 96,
B9255 Buggenhout, Belgique
www.bestbelgianspecialbeers.be

La septième génération de la famille Bosteels possède et gère cette brasserie. Ces dernières années, les propriétaires ont suivi les tendances avec talent – non seulement en matière de bières, mais aussi avec des verres spectaculaires.

SECRET DE BRASSERIE La Tripel Karmeliet est élaborée à partir de trois céréales : l'orge, le froment et l'avoine.

CANTILLON

Gheudestraat 56,
B1070 Bruxelles-Anderlecht, Belgique
www.cantillon.be

En 1900 déjà, la famille Cantillon possédait une entreprise de mélange de bière, dans l'ancienne banlieue sud de Bruxelles. En 1970, Jean-Pierre Van Roy, marié à Claude Cantillon, reprit l'affaire bien qu'il ne fût pas brasseur. Ce dernier, certes dépourvu d'expérience, devint le plus fervent et inconditionnel défenseur de la brassiculture traditionnelle.

Cependant, son fils Jean prouve depuis une décennie que la brasserie n'est pas fermée à l'expérimentation, en utilisant notamment des houblons frais, voire même des houblons « C-Hops » américains – tous deux en opposition à la fabrication classique du lambic.

SECRET DE BRASSERIE La gamme de bières fruitées Cantillon est élaborée à partir de fruits entiers et non de sirop.

CHIMAY

8 route Charlemagne,
B6464 Baileux, Belgique
www.chimay.com

L'embouteillage se fait à Baileux, mais la brasserie est toujours implantée dans l'abbaye de Forges-les-Chimay. Les moines y brassent la bière depuis 1861, mais c'est avec père Théodore, qui avait étudié la brassiculture à l'université de Louvain, que Chimay est devenue une brasserie trappiste. La brasserie est devenue indispensable à l'économie de la région.

BRASSERIES

TRIPEL KARMELIET

BIÈRE D'ABBAYE TRIPLE 8 % VOL.
Le nez fumé et épicé annonce une bière dominée par le malt et au caractère de torréfaction.

DEUS BRUT DES FLANDRES

STRONG ALE BELGE 11,5 % VOL.
La bouteille semblable à celle du dom-pérignon prouve que cette bière est destinée aux connaisseurs. Sèche et vive.

CANTILLON GUEUZE

LAMBIC BIOLOGIQUE 5 % VOL.
Nez d'agrumes, de cheval, de bois et de foin ; saveurs boisées, avec des fruits verts et du soufre ; aigre et acide en bouche.

LOU PEPE FRAMBOISE

BIÈRE FRUITÉE 5,5 % VOL.
Mélange de bière de lambic et solution sucrée pure. L'une des bières fruitées les plus intenses au monde.

CANTILLON IRIS

BIÈRE SPÉCIALE BELGE 5 % VOL.
Nombreux houblons sur le nez : certains évoquant le vieux fromage, d'autres sont frais et aromatiques. Assez fruitée, avec une finale houblonnée.

CANTILLON ST LAMVINUS

BIÈRE FRUITÉE 5,5 % VOL.
Arômes de bois humide, fruits aigres, soufre et cheval. Le fruit est très proéminent.

GRANDE RÉSERVE/BLEUE

STRONG ALE BELGE 9 % VOL.
Malts torréfiés, amertume dominante, fruits noirs et mûrs (prunes, raisins noirs) et des poires.

CHIMAY TRIPEL

BIÈRE D'ABBAYE 8 % VOL.
Saveur sucrée évoquant le raisin, avec une amertume de houblon et des qualités d'herbe aromatique, presque comme un vin blanc sec.

BIÈRES

Hoegaarden

Stoopkensstraat 46,
3320 Hoegaarden, Belgique

La commune d'Hoegaarden, en Flandres, est le berceau moderne de la bière blanche belge. Les documents historiques attestent que la brassiculture y est pratiquée depuis 1445 – les moines étaient alors de fervents brasseurs –, mais la tradition tomba en désuétude dans les années 1950.

Le regain d'intérêt pour la bière commença en 1965, lorsque le laitier Pierre Celis décida d'élaborer un breuvage dans sa grange pour retrouver la saveur de la bière de sa jeunesse. Avec l'aide d'un ancien brasseur, il fonda la brasserie Cloister – *De Kluis* en flamand.

Bientôt, sa bière remporta un vif succès, notamment auprès des jeunes. Dans les années 1980, pour faire face à une demande croissante, Celis racheta une entreprise locale de boissons non alcoolisées qu'il transforma en brasserie. En 1985, un incendie obligea Celis à emprunter de l'agent à Interbrew (aujourd'hui InBev) pour restaurer les bâtiments. Avec le temps, le prêt se mua en propriété intégrale, et la relation entre les deux parties prit une mauvaise tournure ; Interbrew voulait une bière régulière, adaptée au marché de masse, tandis que Celis continuait à élaborer ses recettes pour atteindre l'excellence. Celis finit par quitter la société et s'installa aux États-Unis. En Europe, la marque Hoegaarden s'est développée et, au cours de ces dernières années, elle s'est internationalisée ; les ventes excèdent 120 millions de litres par an.

▲ **INGRÉDIENTS CLÉS** Celis utilisait les ingrédients traditionnels de la bière blanche : eau, levure, froment complet, orge maltée, houblon, graines de coriandre et écorces d'orange curaçao séchées.

▲ **CUVES EN CUIVRE** Chez Hoegaarden, les cuves de brassage en cuivre sont aujourd'hui utilisées pour brasser d'autres styles que la witbier initiale. La Speciale est une variante plus forte de l'Hoegaarden, tandis que la Grand Cru est brassée sans froment, avec uniquement de l'orge ; conditionnée en bouteilles, elle se bonifie d'année en année. La brasserie produit également une bière selon une vieille recette allemande, ainsi que la Forbidden Fruit – de corps plein, sucrée et maltée.

▼ CENTRE
TOURISTIQUE
La brasserie est ouverte
au public. L'endroit est idéal
pour y déguster un verre
au bar ou au restaurant.

▲ **INTÉGRITÉ** La tradition joue un rôle majeur dans l'histoire des bières de fermentation haute, et InBev s'attira des critiques lorsqu'elle annonça son projet de fermer l'entreprise Hoegaarden en 2005 pour déplacer le site de production à Jupille. Ce plan entraîna des manifestations locales et internationales. Finalement, en septembre 2007, InBev se rétracta, ainsi que son investissement de 60 millions d'euros dans les brasseries belges, et le site d'Hoegaarden échappa à la fermeture.

◄ **LA MARQUE HOEGAARDEN** Tandis que Celis cherchait à affiner sa recette de l'Hoegaarden, Interbrew (aujourd'hui Anheuser-Busch InBev) exigeait une bière simple adaptée au marché mondial.

BRASSERIES

DE DOLLE BROUWERS

Roulersstraat 12B,
B8600 Esen, Belgique
www.dedollebrouwers.be

Avec le rachat et la rénovation en 1980 de l'ancienne brasserie Costenoble à l'extrême ouest de la Belgique, Kris Herteleerand et ses deux frères initièrent sans le savoir la révolution nationale de la microbrasserie. La réputation de la brasserie dépassa bientôt les frontières, grâce notamment à l'ambition et à l'énergie des « brasseurs fous ». « La qualité est le secret » est la devise de Kris – le seul des trois brasseurs encore en activité. Les noms donnés aux bières, sortes de jeux de mots en néerlandais, ajoutent à la complexité des produits.

SECRET DE BRASSERIE Kris décline certaines de ses bières en version vieillie en fûts de chêne, nommées « Réserva ». Elles sont assez chères et rares.

DE KONINCK

Mechelse Steenweg 291,
B2018 Anvers, Belgique
www.dekoninck.be

De Koninck est une icône, tout comme sa bière éponyme. Elle incarne l'esprit d'Anvers – dont les habitants ne sont pas peu fiers. La Bolleke ambrée (qui est en réalité le nom du verre) est la bière de base dans de nombreux bars.

SECRET DE BRASSERIE La version en pression est non pasteurisée, l'idéal est de la déguster à sa source.

DE RYCK

Kerkstraat 24, B9550 Herzele
www.brouwerijderyck.be

La maître brasseur An De Ryck initia le chantier de modernisation de la brasserie familiale, dont les racines remontent au XIXᵉ siècle. À l'origine, elle ne produisait que des bières en fûts, mais désormais, elle propose aussi toutes sortes de bières en bouteilles, généralement des bières sur lie.

SECRET DE BRASSERIE De Ryck produit aussi une Bierschnaps titrant à 40 % vol.

BIÈRES

ARABIER
PALE STRONG ALE BELGE 8 % VOL.
Bière houblonnée sèche et acidulée, se bonifie avec l'âge et acquiert de la puissance.

STILLE NACHT
BIÈRE DE NOËL 12 % VOL.
Raisins très mûrs et fruits secs. Amertume houblonnée dissimulée derrière une grande quantité de malts sucrés.

OERBIER
DARK ALE BELGE 9 % VOL.
Saveur fruitée omniprésente. Caractère très vineux, évoquant le raisin, et nettement fort en alcool.

OERAL
PALE ALE BELGE 6,5 % VOL.
Une bière ancienne pourvue d'un nouveau nom, crémeuse et houblonnée.

DE KONINCK
SPÉCIALE BELGE AMBRÉE 5 % VOL.
Les malts ambrés, les sucres résiduels et les houblons confèrent à cette bière raffinée un équilibre parfait, ainsi qu'un arôme soufré léger mais distinct, et un caractère biscuité. La version en pression est particulièrement savoureuse – au Royaume-Uni, elle est également disponible en fûts.

AREND WINTER
BIÈRE SPÉCIALE BELGE 6,3 % VOL.
Anciennement nommée « Christmas Pale Ale », cette bière spéciale belge se déguste idéalement pendant les fêtes de Noël. L'arôme de sucre brun est associé à un parfum végétal. Assez sucrée sur le palais, avec des notes de caramel. La saveur de houblon varie selon les années.

DUBUISSON

28 chaussée de Mons,
B7904 Pipaix-Leuze, Belgique
www.br-dubuisson.com

Leuze abrite trois brasseries,
dont deux à Pipaix. Dubuisson
est probablement la plus dynamique,
et sa situation près d'un grand axe
a contribué au succès de la brasserie.
Elle excelle dans la production
de bières à forte teneur en alcool,
il est donc recommandé d'user
de la plus grande modération lors
de la dégustation.

BUSH PRESTIGE
STRONG ALE BELGE 13 % vol.
Cette bière vieillie en fûts de chêne
est une variante de l'Ambrée.
Merveille d'équilibre, malgré une
force impressionnante.

BUSH AMBRÉE
STRONG ALE BELGE 12 % vol.
Nommée Scaldis sur certains
marchés, c'est une bombe alcoolisée,
traîtresse tant elle est accessible.

DUVEL MOORTGAT

Breendonkdorp 58-66,
B2870 Breendonk-Puurs, Belgique
www.duvel.be

À l'origine petite brasserie familiale,
Moortgat a poursuivi le brassage
de bière de haute fermentation à
l'époque où le lager dominait le
marché. La bière Moortgat a évolué
ensuite vers la célèbre Duvel, devenue
si populaire que l'entreprise adopta
son nom. Moortgat possède
aujourd'hui des brasseries en Belgique
et à l'étranger.

DUVEL
STRONG ALE BELGE 8,5 % vol.
Parfois sous-titrée « red » pour
éviter la confusion avec la version
filtrée. Bière ultra-sèche dissimulant
sa puissance avec élégance.

MAREDSOUS 8°
BIÈRE D'ABBAYE BRUNE 8 % vol.
Le meilleur produit de la gamme
Maredsous Abbey. Riche en esters,
notes fruitées et feuilles de tabac.

FANTÔME

8 rue Préal, B5454 Soy-Érezée, Belgique
www.fantome.be

Dany Prignon ouvrit cette
microbrasserie dans une grange des
Ardennes. Aujourd'hui, la brasserie
exporte ses bières dans de nombreux
pays, mais a conservé son site de
production initial.

SECRET DE BRASSERIE Relevant moins
de la brassiculture que de l'art, la
plupart des bières Fantôme ne sont
jamais brassées de la même façon.

FANTÔME
BIÈRE DE SAISON 8 % vol.
Bière blonde de base de la
brasserie : fruitée, lactée, variable,
dans le style d'une bière de saison.

BLACK GHOST
STRONG DARK ALE BELGE 8 % vol.
L'une des plus fréquentes sur
le marché : maltée, avec une
profondeur de fruit, ainsi que
des saveurs de cyprès et de pin.

GIRARDIN

Lindeberg 10-12,
1700 Chapelle-Saint-Ulric, Belgique
www.brouwerijgirardin.com

Girardin est à la fois une ferme et une
brasserie, et ce producteur authentique
de lambic et de gueuze n'a pas de temps
à consacrer aux visiteurs curieux. En
revanche, si vous vous y rendez pour
vous approvisionner en lambic – les
habitants locaux et les assembleurs le
font –, les brasseurs se feront un plaisir
de vous présenter leurs breuvages,
élaborés par fermentation spontanée.

FARO GIRARDIN
LAMBIC MÉLANGÉ 5 % vol.
Arômes de caramel, de viande et de
bois ; notes légèrement aigres autour
du caramel. Filtrée, car la levure
nuirait aux sucres du sirop.

GIRARDIN FOND GUEUZE
GUEUZE 5 % vol.
Cette savoureuse gueuze non
filtrée est marquée par une saveur
de pamplemousse.

BRASSERIES

GRAIN D'ORGE

16 Centre,
B4852 Hombourg, Belgique
www.brasserie-graindorge.be

Benoît Johnen se lança dans la brassiculture professionnelle en 2002 dans sa ville natale, non loin de la « frontière des trois pays », séparant la Belgique, l'Allemagne, et les Pays-Bas. Sa petite entreprise polyvalente lui permet de varier le rendement suivant la demande. La plupart des noms de bière font référence à la région dans laquelle elles sont brassées.

HOEGAARDEN

Stoopkensstraat 46,
B3320 Hoegaarden, Belgique
www.hoegaarden.com

Bien qu'Hoegaarden soit désormais une marque qui appartienne au géant InBev, elle a conservé l'esprit de son fondateur, Pierre Celis, un brasseur belge révolutionnaire qui hante encore la brasserie. La preuve en est qu'en 2007, les magnats d'InBev, qui projetaient de fermer l'entreprise, durent se raviser.

LÉGENDES/ ELLEZELLOISE

Brasserie des Légendes, 19 rue du Castel, B7801 Irchonwelz ; 75 Guinaumont, B7890 Ellezelles, Belgique
www.brasseriedeslegendes.be

Philippe Gérard, propriétaire-brasseur d'Ellezelloise, sentant l'âge gagner du terrain, décida de s'associer à la microbrasserie des Géants, dirigée par Pierre Delcoigne et son épouse Vinciane. Les deux entreprises fusionnèrent en 2006, mais gardèrent leurs sites respectifs en activité

(ce qui explique la double adresse). La Brasserie des Géants est implantée dans une grande ferme, son équipement se compose à la fois d'un matériel de pointe, d'un mash tun datant de 1890 et de cuves en cuivre datant de 1930. Hormis la bière de saison, les produits sont des strong ales belges classiques. Ellezelloise présente un catalogue plus éclectique, avec des styles régionaux, comme une bière de saison, et des recettes plus modernes, comme la célèbre Hercule Stout.

BIÈRES

BRICE

Bière blonde de type abbaye 7,5 % vol.
Avec un aspect légèrement épicé, cette blonde sèche dissimule habilement sa force.

3 SCHTÉNG

Dark ale belge 6 % vol.
Les arômes rustiques viennent au premier plan : pin, racine, et nuances d'épices ; onctueuse pour sa force modérée.

HOEGAARDEN WIT

Witbier 4,9 % vol.
Au xviiie siècle, Hoegaarden était une ville importatrice d'oranges Curaçao. L'écorce était mélangée à des graines de coriandre et au froment cultivé sur le sol riche de la région. C'est à partir de cette recette que s'est dessiné ce style de bière fruitée et épicée unique.

ELLEZELLOISE HERCULE STOUT

Imperial stout 9 % vol.
Ce breuvage noir d'encre et à l'odeur éventée est non épicé.

ELLEZELLOISE SAISIS

Witbier 6,2 % vol.
Interprétation dans le style du Hainaut de la bière de froment belge épicée et acidulée. Forte sur le froment, plus forte que son degré d'alcool.

DES GÉANTS SAISON VOISIN

Bière de saison 6 % vol.
En référence à l'ancienne bière de saison élaborée par la brasserie voisine Flobecq, elle dégage des notes de fer et de basse-cour.

ELLEZELLOISE QUINTINE AMBRÉE

Strong ale belge 8,5 % vol.
Sous une mousse volumineuse, cette strong ale présente un mélange de saveurs acidulées, épicées et maltées.

LIEFMANS

Aalststraat 200,
B9700 Audenarde, Belgique
www.liefmans.be

En 2007, la maison mère Liefmans était sous administration judiciaire, mais Duval Moortgat reprit la gestion en 2008. De nouveaux styles de bière ainsi qu'un nouveau look permirent à l'entreprise de prendre un nouveau départ.

SECRET DE BRASSERIE Les bières Liefmans sont les rares bruin encore brassées dans le style d'Audenarde.

LINDEMANS

Lenniksebaan 1479,
B1602 Vlezenbeek, Belgique
www.lindemans.be

On imagine souvent que les brasseries de lambic sont de petites entreprises rurales. À première vue, Lindemans semble confirmer cette tendance, mais elle se situe très près des 10 plus grandes brasseries belges. Son succès est dû à ses bières fruitées plutôt sucrées qu'elle brasse avec excellence. Presque la moitié de sa production est destinée aux marchés étrangers.

MORT SUBITE

Lierput 1, B1730 Kobbeghem,
Belgique
www.alken-maes.be

En 1970, la brasserie De Keersmaeker reprit le célèbre bar bruxellois La Mort Subite (nommé d'après un jeu de dés), où la gueuze et la kriek étaient les bières les plus consommées. Depuis, les bières Mort Subite, à fermentation spontanée, sont devenues la force de la brasserie, qui fut tour à tour reprise par Alken-Maes, Scottish & Newcastle, et actuellement Heineken.

ORVAL

2 abbaye de Notre-Dame d'Orval, B6823
Villers-devant-Orval, Belgique
www.orval.be

L'unique bière trappiste Orval est le symbole de l'abbaye : une des plus belles dans le style art nouveau, et composant avec les ruines médiévales environnantes. Le design du verre, de la bouteille et des produits dérivés témoignent d'une recherche esthétique. Les ruines peuvent être visitées, mais ce n'est malheureusement pas le cas de la brasserie.

LIEFMANS GOUDENBAND

OUD BRUIN 8 % VOL.
Version forte de l'oud bruin, son acidité sous-jacente lui prête de bonnes possibilités de vieillissement.

LIEFMANS KRIEK

OUD BRUIN 6 % VOL.
Version plus légère, refermentée avec des cerises aigres. La version en pression, rare, non sucrée, est stellaire.

LINDEMANS GUEUZE CUVÉE RENÉ

GUEUZE 5 % VOL.
Initialement produite pour l'exportation, cette gueuze de caramel et de pomme est largement répandue.

LINDEMANS KRIEK CUVÉE RENÉ

KRIEK 5 % VOL.
Cette kriek non filtrée est rare. Plus sèche en bouteille qu'à la pression.

MORT SUBITE GUEUZE

GUEUZE 7,2 % VOL.
Une gueuze boisée, avec des notes de pomme verte et de pamplemousse. L'acide lactique domine les autres acides, conférant une saveur assez suave, marquée par un caractère de froment.

ORVAL

ALE AMBRÉE 6,2 % VOL.
Bière ultra-sèche, elle doit son caractère essentiellement aux levures Brettanomyces (à la différence de celles qui définissent les lambics) et à une forte proportion de houblons secs.

ROUTE DE LA BIÈRE
BRUXELLES

« B » comme Belgique, Bruxelles et Bière. Aujourd'hui, les bières belges sont dégustées dans le monde entier, mais le meilleur endroit pour apprécier la brassiculture belge demeure Bruxelles et ses bars et brasseries pittoresques.

ITINÉRAIRE
2 heures, plus les pauses
10 km

1 TOONE
Le Beer Temple *(56 rue Marché-aux-Herbes)* est l'une des meilleures boutiques de bière au monde. Il propose la plupart des bières artisanales belges. À côté, une ruelle étroite mène au Toone, un théâtre de marionnettes avec bar. Les murs de ce lieu magique sont ornés de marionnettes curieuses et l'ambiance est aussi délectable que la Kwack qui y est servie – dans le verre approprié bien sûr. *6 impasse Schuddevelde, 21 petit-rue des Bouchers, Bruxelles*

3 POECHENELLEKELDER
Ce bar est en face d'une des attractions touristiques les plus improbables au monde, le célèbre Manneken-Pis. Très apprécié des Bruxellois, le pub propose une carte de 90 bières de grande qualité – une introduction parfaite au monde des bières belges. *5 rue du Chêne, Bruxelles*

2 LA GRAND-PLACE
La célèbre Grand-Place de Bruxelles abrite l'imposante Maison des brasseurs qu'occupent l'Union des brasseurs belges et le musée de la Brasserie. La place est entourée de pubs, mais de meilleures adresses se situent un peu plus loin. En septembre, un festival annuel de la bière se déroule sur cette place.

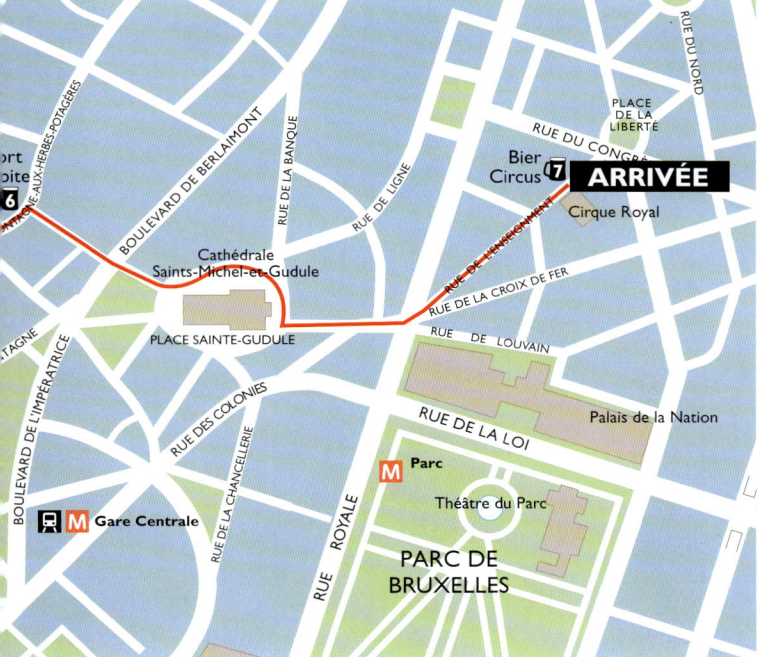

![4] IN'T SPINNEKOPKE

Un peu à l'écart de la place, la « petite tête d'araignée » est un établissement étroit et chaleureux composé d'un restaurant à deux bars et d'un café. Probablement l'une des meilleures tables de la ville. Le chef Jean Rodriguez vous aiguille avec talent dans le choix de la bière à associer au plat choisi. Pourquoi demander du vin si l'on peut arroser une assiette de moules d'un lambic pression ?

1 place du Jardin-aux-Fleurs, Bruxelles

![5] DELIRIUM

L'Îlot Sacré est un quartier médiéval animé, bordé de restaurants aux menus tape-à-l'œil et aux serveurs insistants. Le pub Delirium est situé en bas de l'une de ces ruelles. Le service se fait au bar, qui se targue de posséder un stock de plus de 2 000 bières.

4a impasse de la Fidélité, Bruxelles

![6] MORT SUBITE

Bâties en 1846, les Galeries Royales Saint-Hubert forment un passage commercial couvert, le plus grand du monde lors de son inauguration. Elles mènent au pub La Mort Subite – dans le style art nouveau, le bar est réputé pour être l'un des plus beaux exemples de long comptoir datant de la Belle Époque. C'est le lieu idéal pour déguster un lambic ou une gueuze de fermentation sauvage en accompagnement d'une tête pressée (fromage de tête) ou d'un kip kap (joue de cochon).

7 rue Montagne-aux-Herbes-Potagères, Bruxelles

![7] BIER CIRCUS

En haut de la côte partant de la gare centrale se situe le Bier Circus. Ce bar chaleureux et animé est l'endroit idéal pour dénicher les produits des nombreuses brasseries artisanales belges caractérisées par leur diversité et leur innovation. Emmenez un ami, car la plupart des bières sont servies en bouteille de 75 cl. La bière est meilleure en bonne compagnie !

89 rue de l'Enseignement, Bruxelles

BRASSERIES

RODENBACH
Spanjestraat 133-141,
B8800 Roulers, Belgique
www.rodenbach.be

La famille Rodenbach s'est lancée dans la brassiculture en 1821 à Roeselare. Appartenant désormais aux brasseries Palm, Rodenbach s'est tournée vers la modernité, sans toutefois oublier les traditions de la maison.

SECRET DE BRASSERIE La « cathédrale » de cuves de fermentation en bois est la plus impressionnante en Belgique.

ROMAN
Hauwaart 105,
B9700 Mater-Audenarde, Belgique
www.roman.be

Située à l'extérieur de la ville d'Audenarde, Roman produit surtout des lager et des pilsner adaptées au marché. Même la nouvelle gamme d'abbaye Ename se révèle être une interprétation assez timide du style, ce qui s'applique aussi aux bières de type oud bruin qui sont moins audacieuses que celle des petits brasseurs.

RULLES
Artisanale de Rulles, 36 rue Maurice-Grevisse, B6724 Rulles, Belgique
www.larulles.be

Il est rare qu'une nouvelle brasserie (celle-ci fut fondée en 2000) rencontre un tel succès immédiat. Les bières élaborées par Grégory Verhelst présentent un caractère fascinant, à la hauteur de la qualité des étiquettes.

SECRET DE BRASSERIE Grégory Verhelst a reçu l'aide du maître brasseur d'Orval pour développer ses bières.

SAINTE-HÉLÈNE
21 rue de la Colinne,
B6760 Ethe-Belmont, Belgique
www.sainte-helene.be

Cette brasserie parvint à fonctionner de façon satisfaisante en 2005 lors du renouvellement du matériel de brassage. Cette région au sud-ouest de la Belgique semble particulièrement adaptée à la brassiculture, si l'on en croit la quantité d'établissements qui y fleurissent. Sainte-Hélène aime promouvoir ses bières et est une habituée des fêtes de la bière en Belgique.

BIÈRES

RODENBACH CLASSIC
OUD BRUIN 5 % VOL.
Portant les signes d'une fermentation mixte et d'une maturation en fûts de bois, cette bière désaltérante est de caractère vineux.

RODENBACH GRAND CRU
OUD BRUIN 6,5 % VOL.
Une bière aigre vieillie en fûts de bois : très stricte et sèche, réservée aux connaisseurs.

ENAME 974
BIÈRE D'ABBAYE 7 % VOL.
La gamme Ename comprend cette bière roux-brun, marquée par le froment et les épices.

ROMAN OUDENAARDS
OUD BRUIN 5 % VOL.
Évoque davantage le pain, les noix et le malt que les Oudenaards bruin habituels, plus lactiques.

LA RULLES TRIPLE
PALE STRONG ALE BELGE 8,4 % VOL.
Ne manque pas de corps ; palais marqué par les plantes et par une amertume sèche, bien que la bière soit bien fermentée et forte.

LA RULLES ESTIVALE
BIÈRE DE SAISON 5,2 % VOL.
Bière d'été désaltérante, acidulée, riche en fleurs – l'une des meilleures de ce type.

LA SAINTE HÉLÈNE AMBRÉE
AMBER STRONG ALE BELGE 8,5 % VOL.
Proche d'une triple au niveau du caractère, mais avec davantage de notes de caramel et de tabac ; bien équilibrée.

LA DJEAN TRIPLE
AMBER STRONG ALE BELGE 9 % VOL.
Nombreuses saveurs et impressions, des phénols aux fruits, et d'une texture sèche à crémeuse.

TYPES DE BIÈRE
BIÈRES FRUITÉES

L'ajout de fruits dans la bière n'est pas une invention récente. Depuis des siècles, framboises, mûres, pêches, abricots, quetsches, citrons, bananes et même noix de coco sont utilisés pour produire des saveurs nettes et uniques. Dans le comté du Kent en Angleterre, les surplus de cerises étaient autrefois réservés à l'élaboration d'une bière à la cerise. Malheureusement, depuis quelques décennies, les cerisaies disparaissent, ainsi que cette bière spéciale. Cependant, les bières fruitées sont toujours très présentes en Belgique. Dans la région de Bruxelles, les brasseurs de lambic ajoutent des cerises à leurs bières, selon une tradition séculaire. Certains fruits sont intégrés sous forme de purée, de sirop ou d'arômes, mais les cerises entières influencent plus la saveur de la bière – l'action de la levure sauvage sur la peau des fruits entraîne une seconde fermentation.

LAMBIC La bière de lambic fruité typiquement belge est fermentée et aromatisée avec des cerises entières, elle est nommée « kriek » ou « frambozen » (framboise). Parmi les meilleurs exemples de lambics de fruit on trouve la Kriek Lambic de Cantillon et la Oud Beersel Oude Kriek.

FLAMANDES La bière brune flamande est une bière fruitée, aussi aromatisée avec des cerises ou des framboises. La Kriek et la Framboise de Liefman, enveloppées de papier de soie, en font partie.

AMÉRICAINES Aux États-Unis, les brasseurs artisanaux commencent à associer bière et fruits. La Raspberry Tart de New Glarus est fidèle au style de la framboise belge, mais avec des fruits de l'Oregon. La Cherry Wheat de Samuel Adams et la Frambozen, bière de saison de New Belgique, sont des produits intéressants.

BRITANNIQUES Bien qu'elles soient moins présentes que naguère, les bières fruitées britanniques existent encore. Melbourn Borthers est spécialisée dans ces bières qu'elle élabore avec des cerises, des fraises et des abricots, et Old Luxters produit une savoureuse Damson Ale à base de fruits de Cumbrie.

BRASSERIES

SINT BERNARDUS

Trappistenweg 23, B8978 Watou, Belgique
www.sintbernardus.be

Cette brasserie prit son essor à la fin de la Seconde Guerre mondiale, lorsque Sint Bernard(us) acquit la licence pour l'élaboration des bières St Sixtus à la brasserie Westvleteren. Cet accord prit fin en 1992 et, aujourd'hui, Sint Bernardus produit des bières d'abbaye et d'autres styles de bière dont certains sont dans la veine des St Sixtus. La gamme s'est toutefois diversifiée grâce notamment à Pierre Celis, fondateur de Hoegaarden et grand-père de la renaissance brassicole belge. Les bières sont particulièrement populaires au Danemark ; plusieurs d'entre elles sont produites pour le marché danois exclusivement.

SECRET DE BRASSERIE Sint Bernardus utilise une souche de levure provenant de la brasserie trappiste Westvleteren.

TIMMERMANS

Kerkstraat 11, B1701 Itterbeek, Belgique
www.anthonymartin.be/Public/

Jadis brasserie traditionnelle de lambic, Timmermans fut parmi les premières à ajouter des bières de fermentation haute dans ses mélanges. La brasserie est aussi tournée vers la production de toutes sortes de breuvages à base de lambic au sirop, conçus pour plaire à la jeune génération. Les produits de Timmermans, dont la gamme Tradition, sont disponibles en grandes surfaces.

VAL-DIEU

225, Val-Dieu, B4480 Aubel, Belgique
www.val-dieu.com

Benoît Humblet fonda cette brasserie en 1997 dans l'ancienne partie agricole de l'abbaye cistercienne du Val-Dieu. Depuis, la brasserie produit une série de bières d'abbaye brassées dans le plus grand respect des traditions artisanales locales. Val-Dieu vise la qualité à long terme et non le brio spectaculaire et éphémère.

BIÈRES

ST. BERNARDUS WITBIER

WITBIER 5,5 % VOL.
L'une des meilleures witbier du marché, depuis que Pierre Celis lui-même a recommandé sa recette sucrée et aigre.

ST. BERNARDUS BOCK

BOCK 6,5 % VOL.
Bière brune de fermentation haute, avec des notes de miel, de caramel, de terre et de torréfaction.

ST. BERNARDUS TRIPEL

BIÈRE D'ABBAYE 8 % VOL.
Les malts spéciaux, la coriandre et la grande saveur sucrée dominent cette bière blonde d'abbaye.

ST. BERNARDUS ABT

BIÈRE D'ABBAYE 10,5 % VOL.
Fleuron de la maison : imaginez un baba au rhum ou un gâteau au chocolat, avec des fruits : vous êtes proche de la saveur de cette bière.

TRADITION GUEUZE

GUEUZE 5 % VOL.
Autrefois nommée « Caveau », cette bière mêle tradition et commercialisme, ses saveurs sont plus marquées par l'ananas et les plantes que par les agrumes et les notes de cheval typiques.

VAL-DIEU BLONDE

ALE BLONDE BELGE 6 % VOL.
Bière blonde à la saveur d'herbes aromatiques et de céréales, et avec une impression de froment.

VAL-DIEU GRAND CRU

STRONG ALE BELGE 10,5 % VOL.
Dark ale onctueuse, avec des saveurs de malts et d'épices torréfiés ; des notes amères se superposent aux malts plus sucrés.

VAN EECKE

Douvieweg 2, B8978 Watou, Belgique
www.brouwerijvaneecke.tk

La famille qui possède cette brasserie située à Watou est propriétaire d'une autre brasserie, Leroy. Si Van Eecke se spécialise dans les bières d'abbaye et les marques chics, Leroy préfère les lager et les stout plus classiques.

SECRET DE BRASSERIE Depuis quelques années, la brasserie donne à sa gamme Kapittel un profil proche du style abbaye classique.

VAN STEENBERGE

Lindenlaan 25, B9940 Ertvelde, Belgique
www.vansteenberge.com

Van Steenberge est spécialisé dans l'amélioration et le mélange de bières destinées à quiconque veut obtenir son breuvage personnalisé. Van Steenberge propose aussi une gamme de base comprenant des bières convenables, de type abbaye et oud bruin.

SECRET DE BRASSERIE La recette des bières d'abbaye fut élaborée avec l'aide d'un maître brasseur lituanien.

VAPEUR

1 rue du Maréchal,
B7904 Pipaix-Leuze, Belgique
www.vapeur.com

En 1985, Jean-Louis Dits et son épouse, deux enseignants, sauvèrent cette brasserie de la démolition. Cette brasserie est l'une des dernières au monde fonctionnant à la vapeur.

SECRET DE BRASSERIE Limitant le brassage au dernier samedi de chaque mois, Jean-Louis se plie à son inflexible démarche écologique.

VERHAEGHE

Beukenhofstraat 96,
B8570 Vichte, Belgique
www.proximedia.com

Cette petite brasserie familiale cantonnée à produire de l'oud bruin et de la pilsner pour les pubs locaux semble ne pas avoir de perspectives intéressantes. C'est une erreur de jugement car la variété des oud bruin élaborées ici est remarquable, et la Duchesse de Bourgogne est devenue une bière culte sur les nouveaux marchés, notamment aux États-Unis.

HET KAPITTEL PRIOR
BIÈRE D'ABBAYE 9 % VOL.
Forte et brune, avec à présent un caractère doux-amer. Riche, évoquant la pâte à gâteau.

HET KAPITTEL ABT
BIÈRE D'ABBAYE 10 % VOL.
Ale blonde très forte, au caractère sec et épicé, et avec des notes sous-jacentes sucrées et alcoolisées.

AUGUSTIJN
STRONG ALE BELGE 8 % VOL.
Bière ambrée, sèche et assez sucrée, mais avec une note acidulée aussi, comme un zeste d'orange.

BIOS VLAAMSE BOURGOGNE
OUD BRUIN 5,5 % VOL.
Oud bruin excellente, avec une acidité vive et une petite note de vinaigre balsamique : veloutée et désaltérante à la fois.

SAISON DE PIPAIX
BIÈRE DE SAISON 6 % VOL.
Dits a réussi à épurer les saveurs aigres et acidulées, et à éliminer le mordant métallique typique des anciennes bières de saison.

VAPEUR EN FOLIE
BIÈRE DE SAISON 8 % VOL.
Épicée, maltée et alcoolisée de la bière de saison, avec un potentiel de maturation exceptionnel.

VICHTENAAR
OUD BRUIN 5,1 % VOL.
Probablement la plus classique des oud bruin : aigre, rafraîchissante et aux arômes complexes.

ECHT KRIEKENBIER
OUD BRUIN 6,8 % VOL.
Des cerises aigres sont souvent ajoutées dans la préparation des oud bruin. Elles confèrent une profusion de saveurs fruitées et aigres.

Plzeň

Gambrinus

Pilsner Urquell

Prague

Staropramen

U Medvídků

U Fleků

Klášter

Louny

Chodovar

Ferdinand

Lobkowicz

Herold

Pout

Platan

České Budějovice

Budweiser Budvar

Budweiser Burgerbrau

Budweiser burgerbrau

RÉPUBLIQUE TCHÈQUE

La République tchèque est l'une des plus grandes nations brassicoles. C'est à Plzeň que la première blonde pilsner fut brassée, au milieu du XIXe siècle, tandis qu'à Žatec sont cultivées les variétés de houblon les plus prisées. La brassiculture tchèque s'attache à perpétuer l'excellence de son savoir-faire. Cette carte illustre l'origine de chaque brasserie, et les encadrés livrent des informations sur les villes rassemblant plus d'un établissement brassicole.

Starobrno

Radegast

Holba

Rychtář

Polička

Rebel

Starobrno

Janáček

Herold

BRASSERIES

BUDWEISER BUDVAR

Karolíny Světle 4, 370 21
České Budějovice, République tchèque
www.original-budweiser.cz

Dans la ville de České Budějovice (Budweis), les débuts de la brassiculture remontent à 1265. Aujourd'hui, l'appellation Budějovicky (Budweiser) Budvar bénéficie d'une Protected Geographical Indication (comme le cognac et le jambon de Parme), mais aux États-Unis, où la Budweiser d'Anheuser-Busch est une marque déposée, elle est nommée Czechvar.

BUDWEISER BURGERBRAU

Lidická 51, 370 54,
České Budějovice, République tchèque
www.budweiser-burgerbrau.cz

La plupart des bières de la plus vieille brasserie de České Budějovice — ouverte en 1795 — est commercialisée sous la marque Samson. Dans les années 1990, la brasserie a entrepris un vaste programme de modernisation afin d'augmenter son rendement.

CHODOVAR

Pivovarská 107, 348 13 Chodová Planá, République tchèque
www.chodovar.cz

En 2000, la brasserie prit pour emblème le chien Albi, rendant hommage à cet animal qui aurait découvert la source dont l'eau est utilisée depuis le Moyen Âge pour le brassage de la bière.

SECRET DE BRASSERIE Une station thermale composée de bains de bière brune et de remèdes à base de plantes est installée sur le site de la brasserie.

GAMBRINUS

U Prazdroje 7, 304 97 Plzeň, République tchèque
www.gambrinus.cz

Il existe plusieurs hypothèses sur l'origine du nom Gambrinus, mais toutes sont liées à la bière, qu'il s'agisse du brassage, des caves ou du houblon.

SECRET DE BRASSERIE La brasserie partage sa salle de maltage, son matériel de filtrage et sa chaîne de remplissage avec Pilsner Urquell. En revanche, les salles de brassage sont indépendantes.

BIÈRES

BUDWEISER BUDVAR/CZECHVAR

PREMIUM LAGER 5 % VOL.
Vive, avec une mousse appétissante, une saveur fruitée florale marquée par le pamplemousse sur le nez et un palais de malt biscuité sec.

CZECH DARK LAGER

BIÈRE BRUNE 4,7 % VOL.
Sa saveur de malt développe une note de cannelle, qui se transforme en une touche biscuitée.

SAMSON BUDWEISER BIER

PREMIUM LAGER 4,7 % VOL.
Arômes de caramel et d'agrumes, un palais sucré malté et mielleux, saveur sèche houblonnée et poivrée.

BB BUDWEISER BIER ORIGINAL

PILSNER 5 % VOL.
Arômes houblonnés de vanille et de plantes, une sensation en bouche voilée par le malt. Saveur douce-amère avec des touches de tabac.

PRESIDENT

PILSNER MÉLANGÉE 5 % VOL.
Mélange de lager maltée de Bohême du Sud et de pilsner raffinée pour un corps plein et une finale amère.

ZLATÁ JEDENÁCTKA

PREMIUM LAGER 4,5 % VOL.
Blonde étincelante, avec des arômes de houblon et une ampleur de malt velouté menant à une finale douce et amère.

GAMBRINUS PREMIUM

PREMIUM PILSNER 5 % VOL.
Arômes frais de gazon et de citron, avec des soupçons de beurre omniprésents sur une ample saveur de malt.

GAMBRINUS SVĚTLÝ

PILSNER 4,1 % VOL.
Le nez marqué par le miel et le gazon laisse place à un palais de malt et de vanille menant à une finale amère.

HEROLD

262 72 Breznica, République tchèque
www.heroldbeer.com

Le château de la ville a été restauré,
et la brasserie attenante continue de
produire des bières de type pilsner selon
une méthode artisanale traditionnelle.
La gamme comprend des bières de
froment et la Bohemian Black Lager.

SECRET DE BRASSERIE L'eau puisée sur place,
les cuves de fermentation ouvertes
et le maltage témoignent de l'histoire
de la brasserie.

BOHEMIAN BLACK LAGER

DARK LAGER 4,1 % VOL.
Lager de type schwarzbier ; saveurs
de chocolat amer et douceur
légèrement maltée, avec une longue
finale sèche et légèrement fumée.

PREMIUM BOHEMIAN LAGER

PREMIUM LAGER 5,1 % VOL.
Corps plein, texture souple, voile
de malt crémeux et saveur sèche
houblonnée sur la finale.

HOLBA

Pivovarská 261, 788 33 Hanušovice,
République tchèque
www.holba.cz

Comptant parmi les plus grandes
brasseries et les mieux équipées
du pays, Holba – basée dans les
montagnes Jeseníky – est très fière
de son patrimoine et de son
indépendance. Elle qualifie parfois
ses produits de « bière authentique
des montagnes » et réinvestit
la majeure partie de ses bénéfices
dans le contrôle de la qualité.

HOLBA CLASSIC 10°

PREMIUM LAGER 4 % VOL.
Désaltérante, saveur modérée,
légèrement amère avec du malt
et un arôme houblonné terreux.

HOLBA ŠERÁK

PILSNER 4,5 % VOL.
Amèrement houblonnée, avec
une richesse de malt surprenante.
Le brasseur conseille d'en boire
« au moins une par jour ».

JANÁČEK

Neradice 369, 688 16 Uherský Brod,
République tchèque
www.pivovar-janacek.cz

Las de louer les locaux de la brasserie
familiale Kaunic, František Janáček
bâtit sa propre entreprise en 1894,
qui fut très vite considérée comme
la meilleure du sud-est de l'Europe.
Son fils Jaromír la modernisa
considérablement, puis son neveu
réalisa de grands travaux de
restauration. Aujourd'hui, la brasserie
allie modernité et tradition.

JANÁČEK EXTRA

PREMIUM LAGER 5 % VOL.
Ample et robuste, avec un arôme
riche en malt et affable, et une
amertume influencée par les houblons
aux accents d'herbes aromatiques.

KVASNIČÁK 10°

PILSNER 4 % VOL.
Non filtrée, légèrement houblonnée,
avec une carbonisation désaltérante
et un palais épicé évoquant le pain.

LOBKOWICZ

Vysoký Chlumec 29, 262 52 Vysoký
Chlumec, République tchèque
www.lobkowicz.cz

La noble famille Lobkowicz possède
cette brasserie depuis 1466, et a gardé
un niveau de production relativement
bas depuis sa création. Une partie
de la bière est exportée sous
l'appellation Premium Czech Lager.

SECRET DE BRASSERIE Lobkowicz utilise
de l'eau issue d'un puits artésien.

LOBKOWICZ KNÍŽE 12°

PILSNER 5 % VOL.
Une pilsner traditionnelle, avec un
palais doux-amer basé sur le malt
succédant à un nez houblonné,
mielleux et terreux.

LOBKOWICZ BARON 12°

BIÈRE BRUNE 4,7 % VOL.
Lager brune, avec des notes de
caramel onctueux et de chocolat se
développant à partir du malt sucré.

Pilsner Urquell

U Prazdroje 7,
304 97 Plzeň, République tchèque

Pilsener, pilsner ou encore pils sont les noms donnés au plus célèbre style de lager au monde. La ville de Plzeň, en Bohême, est le berceau de cette bière blonde. Jusqu'en 1842, les bières tchèques étaient de robe brune et, on l'imagine, troubles. Josef Groll, originaire de Bavière, fut alors nommé par la ville de Plzeň, pour élaborer un breuvage dans la nouvelle brasserie locale (nommée Plzeňský Prazdroj) afin de rivaliser avec un nouveau style de bière cuivrée émergeant à Vienne. Il créa une bière fraîche, nette et blonde, coiffée d'une mousse légère et purement blanche. La robe claire de cette bière fut obtenue grâce aux progrès réalisés dans le maltage ; le feu direct à base de charbon fut remplacé par de l'air chaud, plus maîtrisable, permettant de produire des teintes de malts plus pâles.

On lui attribua le nom de Pilsner Urquell (issu de Plzeň, son lieu d'origine) et le style fut imité, mais rarement égalé, dans le monde entier. Une véritable pilsner titre 4,4 % vol., en toute modération, comme la plupart des bières d'Europe centrale dont la force n'excède pas 5 % vol. Les sucres non fermentés de la bière contribuent à sa richesse franche. Aujourd'hui, la brasserie Pilsner Urquell produit un cinquième des bières tchèques, et est une exportatrice majeure.

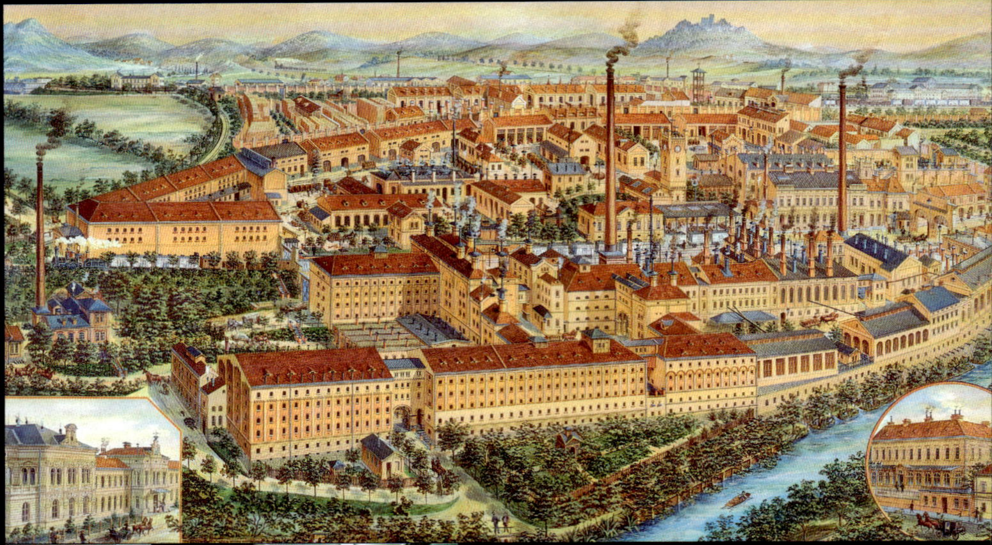

▲ LA BRASSERIE Érigée sur les berges du fleuve Radbuza, comme en témoignent les illustrations panoramiques du XIXe siècle, la brasserie repose sur des fondations de grès creusées pour y aménager des galeries de stockage, ou maturation de la bière. Ce dédale de couloirs abrite plus de 3 500 fûts de chêne alignés, dans lesquels le breuvage précoce est vieilli, bénéficiant de la fraîcheur et de l'humidité pour révéler sa superbe rondeur.

▲ CUVES EN INOX À l'origine, la bière était fermentée dans des cuves ouvertes en chêne de Bohême. Aujourd'hui, les cuves de fermentation sont en acier, et Václav Berkais, maître brasseur chez Pilsner Urquell, est convaincu que son prédécesseur Josef Groll aurait préféré l'acier au bois, s'il avait eu le choix.

▲ FERMENTATION À FROID La bière est fermentée à froid, ce qui implique qu'elle préserve davantage de saveurs issues des houblons épicés Žatec et de l'orge maltée sucrée provenant de Bohême ou de Moravie. Les houblons délivrent un arôme frais et aromatique, et contribuent à une finale franche et raffinée.

◀ CONFIANCE ET FIERTÉ L'entrée de la brasserie reflète le sentiment de fierté émanant de l'activité qui se déroule à l'intérieur du bâtiment. Le château d'eau approvisionne la brasserie à partir de ses sources ; cette eau pauvre en sulfite et en

LA SALLE DE BRASSAGE Des cuves volumineuses, élégantes et cuivrées dominent la salle de brassage. À différents moments, des portions du mash sont prélevées une à la fois pour être chauffées, portées brièvement à ébullition, puis reversées dans le mash. Ce procédé permet de transformer les glucides complexes du malt en sucres simples fermentescibles.

◀ LE MUSÉE ET LE CENTRE TOURISTIQUE
La brasserie est bien plus qu'un lieu de travail. Elle accueille aussi les touristes et propose une exposition sensorielle des ingrédients de base, tandis que le musée dévoile un aperçu des méthodes de brassage utilisées il y a plus de 100 ans.

▲ CAVES EN PIERRE Le moment fort de la visite est le passage dans les caves en grès, glaciales et faiblement éclairées, où la Pilsner Urquell, filtrée et non pasteurisée, peut être goûtée directement à la sortie du fût.

BRASSERIES

PILSNER URQUELL

U Prazdroje 7, 304 97 Plzeň,
République tchèque
www.pilsner-urquell.cz

Les Tchèques nous ont apporté le four à micro-ondes, les lentilles de contact et la bière qui a changé le monde. Toutefois, c'est un Bavarois qui joua le rôle majeur dans l'histoire de Pilsner Urquell. Jeune brasseur, Josef Groll présenta sa première pilsner le 4 octobre 1842. Cette bière blond clair se répandit dans toute l'Europe comme une traînée de poudre.

REBEL

Dobrovského 2027,
Havlíčkův Brod, République tchèque
www.hbrebel.cz

En 1995, les descendants des propriétaires de cette brasserie fondée en 1843 en reprirent la gestion et investirent dans sa reconstruction. Le savoir-faire traditionnel survécut à plusieurs siècles de rupture – démolition par les Hussites, incendie ravageur, guerres et bouleversements politiques. Le nom rend hommage à Karel Havlíček Borovský, un dissident nationaliste.

STAROBRNO

Hlinky 160/12, 661 47 Brno,
République tchèque
www.starobrno.cz

Le brassage dans les environs de Brno commença dans les monastères et les couvents. Depuis 1872, Starobrno appartenait aux familles Mandell et Huzak, et les niveaux de production élevés et la technologie de pointe lui ont valu la certification « Czech Made », gage de qualité très prisé. Aujourd'hui, la brasserie appartient à la société néerlandaise Heineken.

U MEDVÍDKŮ

Na Perštýně 7, 100 01 Prague 1,
République tchèque
www.umedvidku.cz

Le restaurant et la brasserie datent de 1466, et la brasserie fut rénovée au cours de ces dernières années – l'hôtel fut également agrandi, mais a conservé ses chevrons gothiques d'origine et ses plafonds peints datant de la Renaissance. C'est l'une des plus grandes brasseries de Prague, qui abrite également le premier cabaret de la ville.

BIÈRES

PILSNER URQUELL

CLASSIC PILSNER 4,4 % VOL.
Idéalement, la mousse dense forme une épaisseur de 35 mm et laisse une dentelle sur le verre à chaque gorgée. Bière évoquant des herbes aromatiques et des fruits en conserve et développant une note de malt piquante sucrée et omniprésente, et une finale enveloppante.

REBEL TRADIČNÍ

PILSNER 3,9 % VOL.
De corps léger, avec des saveurs d'agrumes progressives équilibrant la finale maltée et houblonnée.

REBEL ORIGINAL PREMIUM

PREMIUM LAGER 4,8 % VOL.
Parfum aromatique et saveur ronde maltée pour cette bière dans le style tchèque classique, puis une finale houblonnée sèche.

STAROBRNO PREMIUM LAGER

PREMIUM LAGER 4 % VOL.
Nez de foin, de melon et de malt, puis des traces de caramel s'intensifiant sur le palais.

STAROBRNO REZÁK

BIÈRE BRUNE 4 % VOL.
Une lager très ambrée dans le style de Vienne, révélant une sensation en bouche marquée par le houblon un peu amer et du caramel agréable.

OLDGOTT BARIQUE LEŽÁK

PILSNER 5,2 % VOL.
Arômes de terre et de melon se développant en une infusion de caramel et de malt torréfié.

X-BEER

BIÈRE SPÉCIALE 12,6 % VOL. (VARIABLE)
Vieillie pendant 28 semaines dans des cuves de chêne, elle dégage une saveur sucrée sophistiquée et une complexité plaisante.

AUTRES BIÈRES
TCHÈQUES

La République tchèque possède un long passé brassicole. Contrairement à la nouvelle vague de brasseurs qui a récemment gagné les États-Unis et certaines régions de l'Europe, la plupart des brasseries tchèques existent depuis longtemps, et approvisionnent surtout le marché local.

FERDINAND
Táborská 306, 256 01 Benešov, République tchèque
www.pivovarferdinand.cz

La brassiculture est inhérente à la ville de Benešov comme en témoignent les noms de rue tels que Na Chmelnici (« À l'houblonnière »). La brasserie date de 1897 ; dans les années 1970, de grands travaux de reconstruction ont permis de stimuler la croissance. La marque Ferdinand, déposée en 1992, a remporté une série de récompenses nationales.

LEŽÁK SVĚTLÝ FERDINAND
PREMIUM LAGER 5 % VOL.
De corps moyen, vigoureuse et parfumée de houblons, avec du malt délicatement équilibré et une intégrité amère.

LEŽÁK TMAVÝ FERDINAND
BIÈRE BRUNE 4,5 % VOL.
Robe ambré foncé, avec une saveur sucrée et légèrement épicée, et une finale longuement sucrée.

KLÁŠTER
294 15 Klášter Hradiště nad Jizerou, République tchèque
www.pivovarklaster.cz

Les bières non pasteurisées sont fermentées et vieillies dans les caves creusées dans la roche sous cette brasserie datant de 1570. Grâce aux méthodes brassicoles et aux processus de maturation traditionnels, les produits médaillés Klášter sont devenus des bières de connaisseurs.

SECRET DE BRASSERIE Certaines bières sont inspirées des recettes médiévales.

LEŽÁK 11° SVĚTLÉ PIVO
PREMIUM LAGER 4,6 % VOL.
Une texture maltée généreuse, raffinée et céréalière s'associe parfaitement à la finale légèrement houblonnée et douce-amère.

LEŽÁK 11° TMAVÉ PIVO
BIÈRE BRUNE 4,3 % VOL.
La robe ambrée se reflète dans la mousse ; douceur de caramel et amertume délicatement houblonnée.

LOUNY
Husova 64, 440 01 Louny, République tchèque
www.pivovarlouny.cz

Ceinte d'impressionnants remparts, la ville de Louny était autrefois réputée pour ses vignes et ses houblonnières. La brasserie fut fondée en 1892 par un prince Schwarzenberg. Elle appartient aujourd'hui au groupe Drinks Union.

SECRET DE BRASSERIE Louny fut la première en Autriche-Hongrie à utiliser une technique de refroidissement artificiel. Elle a ses propres salles de maltage.

LOUNY SVĚTLÉ VÝČEPNÍ
PREMIUM LAGER 4,3 % VOL.
Mousse impressionnante et saveur maltée moyenne et dynamique, avec des nuances de fruits secs et une finale douce-amère.

LOUNY TMAVÉ VÝČEPNÍ
BIÈRE BRUNE 4,15 % VOL.
Arômes amers et houblonnés, cœur de malt caramel délicat, soupçons d'épices et de réglisse.

PLATAN
Pivovarská 1, 398 12 Protivín, République tchèque
www.pivo-platan.cz

L'avenue menant à la brasserie illustre clairement la signification du nom Platan : « platane ». Elle fut fondée en 1598, et la famille Schwarzenberg – propriétaire depuis 1711 – fit bâtir une nouvelle entreprise en 1876.

SECRET DE BRASSERIE La bière Schwarzenberske Knížeci 21° (10,5 % vol.) est la plus forte du pays.

PLATAN JUBILEJNÍ
PREMIUM LAGER 5 % VOL.
Arômes distincts de houblon, avec des saveurs de fruits, de malt céréalier, de noix grillées et de vanille, puis une douceur mielleuse.

PLATAN JEDENÁCT
PILSNER 4,9 % VOL.
La légèreté de l'arôme soutient un palais délicat évoquant le maïs, qui évolue vers une finale aiguisée.

BRASSERIES

BIÈRES

POLIČKA
Pivovarská 151, 572 14 Polička, République tchèque
www.pivovar-policka.cz

La brassiculture dans la ville fortifiée de Polička débuta au XVIᵉ siècle et n'a jamais connu d'interruption. Une partie du matériel utilisé actuellement date de la reconstruction de 1865.

BREWING SECRET La bière mise en bouteilles est non pasteurisée, tout comme la gamme de bières en fûts – distribuée sur un large territoire.

HRADEBNÍ SVĚTLÉ VÝČEPNÍ
PILSNER 3,9 % VOL.
Un arôme de pain, un corps léger, mais un niveau surprenant de malt caramel.

OTAKAR SVĚTLÝ LEŽÁK
PREMIUM LAGER 4,2 % VOL.
Filtrée selon un processus microbiologique pour conserver les saveurs naturelles du houblon floral et fruité et du malt doux-amer.

POUTNÍK
Pivovarská 856, 393 17 Pelhřimov, République tchèque
www.pivovarpoutnik.cz

Fonctionnant depuis des siècles à Pelhřimov, cette brasserie s'est forgé une réputation. En 2003, les nouveaux propriétaires, DUP Coop, prirent le nom de Putník (« pèlerin ») comme marque de la brasserie. De nouvelles méthodes et stratégies furent mises en place, et les recettes furent modifiées, pour concentrer la production sur les bières non pasteurisées au style unique.

POUTNÍK PRÉMIUM 12°
PREMIUM LAGER 4,8 % VOL.
Immanquablement maltée, mais avec des notes de terre équilibrées, puis un arrière-goût doux-amer.

POUTNÍK SPECIÁL 14°
PREMIUM LAGER 5 % VOL.
Amplement ronde avec des arômes évoquant les prunes et se mariant à un corps superbement malté et à une finale amère.

RYCHTÁŘ
Resslova 260, 539 01 Hlinsko v Čechách, République tchèque
www.rychtar.cz

Fondée en 1913 en tant que « brasserie sociale », Rychtář a bénéficié d'un vaste programme de modernisation depuis qu'elle est aux mains d'un groupe d'investissement tchèque.

SECRET DE BRASSERIE La construction d'une entreprise de microfiltration dotée d'une cave de fermentation a augmenté la qualité de la production.

KLASIK 10°
PILSNER 4 % VOL.
Souvent décrite comme la « boisson quotidienne » de la brasserie, elle est typiquement pale, mais néanmoins maltée et douce-amère.

PREMIUM 12°
PREMIUM LAGER 5 % VOL.
Maltée, avec une carbonisation naturelle légère et une finale progressive marquée par le houblon.

U FLEKŮ
Křemencová 11, 110 01 Prague 1, République tchèque
www.ufleku.cz

Malgré des travaux, ce pub-brasserie fondé en 1499 est resté fidèle à ses origines. Le verre teinté, le mobilier, la cour intérieure et la salle voûtée participent à l'atmosphère du lieu.

SECRET DE BRASSERIE Les cuves de fermentation en bois et les cuves de refroidissement empilées sont parmi les éléments typiques de la brasserie.

FLEKOVSKY TMAVÝ LEŽÁK
BIÈRE BRUNE 5,5 % VOL.
Une bière brune classique – et l'une des meilleures au monde – non filtrée et complexe, avec des grains de café torréfiés et des arômes de crème se mariant à un palais amer par l'intermédiaire du houblon épicé, puis des influences de réglisse et de café.

BRASSERIES

BIÈRES

ROUTE DE LA BIÈRE
PRAGUE

La ville de Prague est l'une des meilleures destinations pour les amateurs de bière. On commence la visite par la place de la Vieille-Ville (Staroměstské náměstí) pour admirer la célèbre horloge astronomique du XVᵉ siècle, l'une des plus vieilles du monde encore en fonctionnement. La place est bordée de nombreux bars, dont les terrasses empiètent sur les trottoirs.

À quelques pas se situe l'impressionnante tour de la Poudre, érigée en 1475 au niveau de l'une des 13 portes de la ville, non loin du pont Charles, bâti au XIVᵉ siècle. Traversez ce pont et observez Na Kampe, où Tom Cruise incarnant l'agent spécial Ethan Hunt fait exploser une voiture dans le film *Mission impossible 3*. Loin de l'agitation de la vieille ville, Na Kampe abrite plusieurs bars récents.

ITINÉRAIRE
1 heure, plus les pauses
5 km

PLACE DE LA VIEILLE-VILLE
Installez-vous en terrasse et savourez une bière parmi les milliers de touristes qui s'amassent dans la capitale tchèque. Souvent, des groupes de musiciens et de danseurs se produisent sur la place.

U ZLATÉHO TYGRA
L'un des bars les plus anciens et les plus typiques de la vieille ville, U Zlatého Tygra est rempli de petites tables rassemblant les habitants pris dans des discussions animées – tenez-vous prêt. L'endroit est apprécié de l'écrivain et ancien président tchèque Václav Havel, et l'ex-président américain Clinton s'y est déjà attablé. La Pilsner Urquell non pasteurisée que l'on y sert est réputée pour être la meilleure de Prague. *Husova 17, Prague*

U PINKASŮ
En 1843, U Pinkasů fut le premier bar pragois à servir la Pilsner Urquell, qui est toujours présente sur la carte. Le bar fut sauvé de la fermeture en 2000, après une rénovation complète. Plus récemment, de nouveaux travaux ont permis d'agrandir le bâtiment. *Jungmannovo nám, 16-15, Prague*

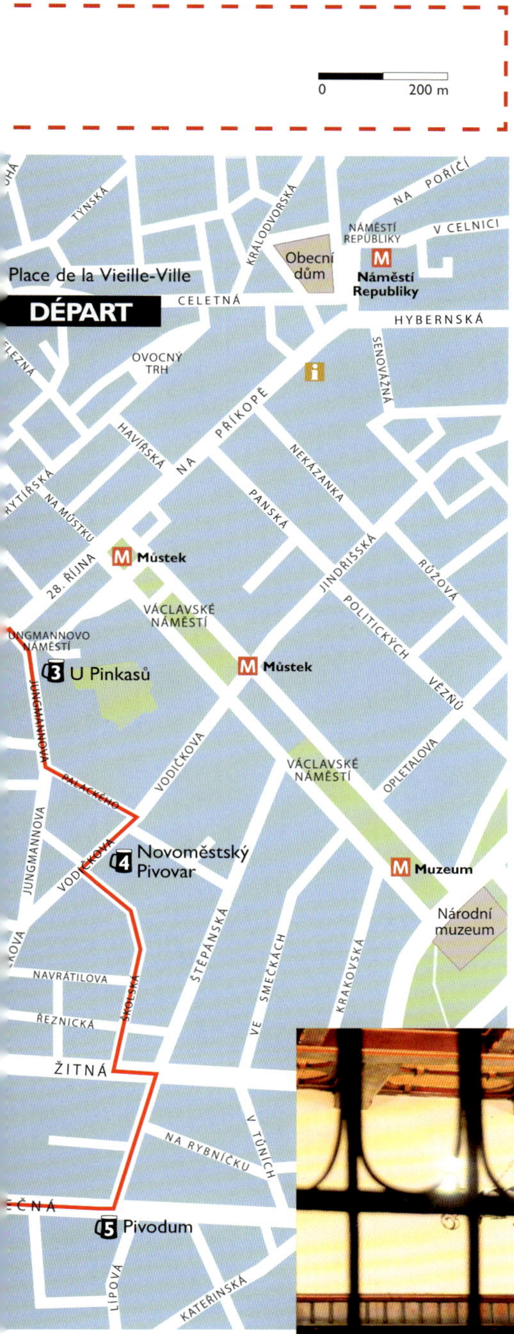

Place de la Vieille-Ville

DÉPART

Map labels: TÝNSKÁ, KRÁLODVORSKÁ, NA PORÍCÍ, NÁMĚSTÍ REPUBLIKY, V CELNICI, Obecní dům, Náměstí Republiky, CELETNÁ, HYBERNSKÁ, OVOCNÝ TRH, SENOVÁZNÁ, ZELEZNÁ, HAVÍŘSKÁ, NA PRÍKOPE, PANSKÁ, NEKÁZANKA, RÝTÍŘSKÁ, NA MÚSTKU, 28. RÍJNA, **M** Mústek, JINDRISSKÁ, RÚZOVA, VÁCLAVSKÉ NÁMĚSTÍ, POLITICKÝCH, JUNGMANNOVO NÁMĚSTÍ, **3** U Pinkasů, **M** Mústek, VEZNÚ, VÁCLAVSKÉ NÁMĚSTÍ, OPLETALOVA, VODICKOVA, PALACKEHO, JUNGMANNOVA, **4** Novoměstský Pivovar, **M** Muzeum, STEPANSKÁ, Národní muzeum, NAVRÁTILOVA, VE SMECKÁCH, KRAKOVSKA, REZNICKÁ, ZITNÁ, NA RYBNÍČKU, V TÚNÍCH, ECNÁ, **5** Pivodum, LIPOVA, KATERÍNSKÁ

0   200 m

4 NOVOMĚSTSKÝ PIVOVAR

L'entrée de style art déco mène à travers une ruelle bordée de boutiques jusqu'à ce pub, restaurant et brasserie en lambris. On y propose des bières blondes et brunes non filtrées. Les plats sont typiquement tchèques, et comprennent les spécialités goulash, soupe de tripes et gigot rôti. *Vodickova 20, Prague*

5 PIVODUM

Le bar-restaurant Pivodum est dominé par les cuivres scintillants. On y sert des bières tchèques traditionnelles, ainsi que d'autres breuvages intéressants, dont une bière à la cerise aigre, une bière au café, et la Samp, un champagne à la bière. Les groupes peuvent commander huit bières pour le prix de sept, servies en girafe. La carte propose aussi un plateau de dégustation de huit bières. *Ječná/Lípová 15, Prague*

6 U FLEKŮ

L'endroit, surpeuplé, envahi par les touristes, est néanmoins immanquable. Le brassage de la bière a commencé en 1499 dans cet établissement, dont on pense qu'il serait le plus ancien pub-brasserie au monde. Il est découpé en de nombreuses salles spacieuses, dont une est réservée à une fanfare retentissante. Des visites quotidiennes du petit musée et de la brasserie sont organisées. La bière de la maison est la Flekovsky tmavy lezáck, disponible en blonde ou en brune. *Kremencova 11, Prague*

Fat Cat, Canada

LES AUTRES PAYS

▌EUROPE

AUTRICHE pages 123, 126
CROATIE pages 140-141
CHYPRE page 147
DANEMARK pages 130-131
ESPAGNE page 146
ESTONIE page 143
FINLANDE pages 135-136
FRANCE pages 120-122
GRÈCE page 147
HONGRIE page 139
ITALIE pages 118-119
LETTONIE page 143
LITUANIE pages 142-143
LUXEMBOURG page 127
MALTE page 147
PAYS-BAS pages 128-129
NORVÈGE pages 131, 134
POLOGNE page 137
PORTUGAL pages 146-147
ROUMANIE page 140
RUSSIE page 142
SERBIE page 140
SLOVAQUIE page 139
SLOVÉNIE page 141
SUÈDE pages 134-135
SUISSE page 127
UKRAINE pages 141

▌AMÉRIQUES

ARGENTINE page 153
BRÉSIL page 153
CANADA pages 148-151
CUBA page 152
JAMAÏQUE page 152
MEXIQUE page 152
PÉROU page 153

▌ASIE

CHINE page 157
CORÉE DU SUD page 157
INDE page 159
INDONÉSIE page 159
JAPON pages 154-156
LAOS page 158
SINGAPOUR page 158
SRI LANKA page 159
THAÏLANDE page 158

▌AFRIQUE

AFRIQUE DU SUD page 159

▌OCÉANIE

AUSTRALIE pages 160-162
NOUVELLE-ZÉLANDE
pages 162-163

Barley, Italie

Lao Brewery, Laos

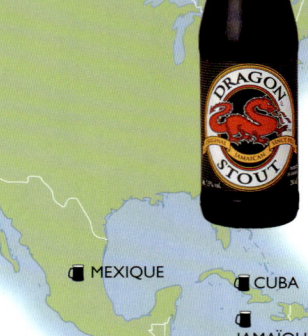

Desnoes and Geddes, Jamaïque

Quilmes, Argentine

Stiegl, Autriche

CANADA

MEXIQUE

CUBA

JAMAÏQUE

PÉROU

BRÉSIL

ARGENTINE

LES AUTRES PAYS

Le monde de la bière est en expansion. Les marchés se développent sur des territoires peu associés à la brassiculture, et les brasseries artisanales éclosent sur tous les continents. L'Italie est un exemple intéressant : ses brasseurs ne se contentent pas de produire des bières expérimentales et riches en saveurs, ils les présentent aussi dans des bouteilles au design raffiné. Cela se vérifie également, dans une certaine mesure, en Scandinavie, tandis qu'en Orient, le Japon développe d'exceptionnelles variantes des bières européennes, en y apposant sa touche extravagante.

Brew Pub, Danemark

SUÈDE
FINLANDE
NORVÈGE
ESTONIE
LETTONIE
LITUANIE
DANEMARK
RUSSIE
PAYS-BAS
POLOGNE
LUXEMBOURG
SLOVAQUIE
AUTRICHE
UKRAINE
FRANCE
HONGRIE
SUISSE
SLOVÉNIE
ROUMANIE
CROATIE
SERBIE
ESPAGNE
ITALIE
PORTUGAL
GRÈCE
MALTE
CHYPRE

Ochakovo, Russie

MONGOLIE

CORÉE DU SUD
JAPON
CHINE

Fujizakura Heights, Japon

INDE
LAOS
THAÏLANDE

SRI LANKA

SINGAPOUR
INDONÉSIE

AUSTRALIE

Moa, Nouvelle-Zélande

Thaibev, Thaïlande

AFRIQUE DU SUD

Lord Nelson, Australie

NOUVELLE-ZÉLANDE

BRASSERIES

LE BALADIN
Piazza V Luglio 15,
12060 Piozzo (Coni), Italie
www.birreria.com

Teo Musso, charismatique et novateur, est l'un des brasseurs les plus créatifs au monde. Il a transformé la bière en une sorte de vin et a mis au point une recette de truffes à la bière.

SECRET DE BRASSERIE Musso met de la musique à ses levures pendant le processus de fermentation, et il est convaincu qu'elles lui répondent.

BARLEY
Via C. Colombo, 09040 Maracalagonis
(Cagliari), Sardaigne, Italie
www.barley.it

Nicola Perra fonda cette microbrasserie en 2006 en Sardaigne, défiant les lager de masse populaires dans la région (la consommation de lager y est la plus élevée d'Italie).

SECRET DE BRASSERIE Les bières sont élaborées avec des ingrédients locaux tels du moût de vin de Sardaigne ou du miel issu de l'agriculture biologique.

BIRRIFICIO ITALIANO
Via Castello 51, 22070 Lurago
Marinone (Côme), Italie
www.birrificio.it

Agostino Arioli fonda ce pub-brasserie réputé en 1994 avec son frère Stefano et d'autres amis. Sa pils et sa bock eurent rapidement un grand succès. La brasserie propose une vaste gamme de bières de saison telles qu'une lager de cassis effervescente et une bière vieillie en fûts et épicée à la cannelle et au gingembre. Le restaurant sert des plats régionaux et organise des concerts.

CITABIUNDA
Via Moniprandi 1/a Fraz. Bricco di Neive,
12052 Neive (Coni), Italie
www.birrificiocitabiunda.it

Le pub-brasserie Citabiunda (« fille blonde » dans le dialecte local) s'est installé dans l'ancienne école du village. Il propose des bières originales, mystérieuses, et de la cuisine maison.

SECRET DE BRASSERIE Marco Marengo, qui apprit l'art du brassage avec Teo Musso, de chez Le Baladin, utilise des levures de champagne pour créer ses bières.

BIÈRES

XYAUYÙ
BARLEY WINE 12 % VOL.
L'oxydation radicale produit des saveurs de solera évoquant la cerise. Plate, réchauffante et veloutée.

NORA
ALE ÉPICÉE 6,8 % VOL.
Inspirée de l'Égypte antique, avec des graines de kamut, du gingembre et de la myrrhe. Amertume balsamique donnée par les résines éthiopiennes.

TOCCADIBÒ
GOLDEN STRONG ALE 8,4 % VOL.
Réchauffante ; épicée, houblonnée et sèche, avec des notes d'amande amère évoquant l'amaretto.

BB 10
BARLEY WINE 10 % VOL.
Un breuvage unique, composé de sapa, le moût élaboré avec des raisins Cannonau locaux.

SCIRES
BIÈRE DE CERISE 7 % VOL.
Cerises noires Vignola, levure sauvage, bactéries lactiques et copeaux de bois produisent une bière aigre fantastique.

FLEURETTE
BIÈRE LÉGÈRE AROMATISÉE 3,7 % VOL.
Élaborée avec de l'orge, du froment et du seigle, et aromatisée à la rose, à la violette, au sureau, au poivre noir et au miel d'agrumes.

BIANCANEIVE
WITBIER BELGE 4,8 % VOL.
Bière de froment fortement épicée, accessible au palais, désaltérante, avec des notes florales issues des levures de champagne.

SENSUALE
BIÈRE D'ABBAYE BELGE AMBRÉE 7 % VOL.
Bière forte bien équilibrée, riche en notes vineuses et acidulées ; sucrée jusqu'à l'arrière-goût.

CITTAVECCHIA

Z.A. Stazione di Prosecco 29/E,
34010 Sgonico (Trieste), Italie
www.cittavecchia.com

Cittavecchia fut fondée en 1999 dans
ce village viticole situé entre Trieste
et la frontière slovène. Michele
Barro, ancien brasseur amateur,
encouragé par sa passion pour la
bonne bière, abandonna son métier
de designer pour créer sa brasserie.
Aujourd'hui, ses lager et ses ales
sont vendues dans les meilleurs bars
et restaurants de la région.

FORMIDABLE

STRONG DARK ALE 8 % VOL.
Bière forte, fruitée, de style belge,
avec des notes de réglisse. Maigret,
le célèbre détective, en buvait dans un
verre d'une contenance d'un litre.

SAN NICOLÒ

ALE ÉPICÉE 6 % VOL.
Bière ambrée, généreusement
épicée à la cardamome, brassée une
fois par an pour la Saint-Nicolas.

DUCATO

Via Strepponi 50/A, 43010 Roncole Verdi
di Busseto (Parme), Italie
www.birrificiodelducato.it

Le jeune brasseur Giovanni Campari
fonda cette microbrasserie en 2007,
non loin du lieu de naissance de
Giuseppe Verdi, tout près de Parme.
Dès le départ, il fit preuve de talent
et brassa quatre bières au caractère
ample. De nouvelles gammes
confirment que Ducato est l'une
des brasseries artisanales italiennes
les plus prometteuses.

NEW MORNING

SAISON 5,6 % VOL.
Bière de saison épatante, aromatisée
à la camomille. Accessible au palais
et désaltérante, notes de terre.

AFO

PALE ALE AMÉRICAINE 5,2 % VOL.
AFO – Ale For the Obsessed (« Bière
pour les fadas ») – est destinée aux
amateurs de houblons. Arômes de
fruits acidulés et notes de caramel.

LAMBRATE

Via Adelchi 5, 20131 Milan,
Italie
www.birrificiolambrate.com

Le premier (et le meilleur) pub-brasserie
de Milan fut fondé en 1996 par les
frères Davide et Giampaolo Sangiorgi
et leur ami Fabio Brocca, après la
visite de la brasserie 't IJ à Amsterdam.
Récemment, ils ont augmenté leur
production et ajouté de nouvelles
bières intéressantes. Le menu affiche
des plats créatifs à base de bière, tels
que le porc cuit dans du mash.

GHISA

BIÈRE FUMÉE 5 % VOL.
Robe d'ébène, mousse cappuccino ;
légèrement fumée, accessible au palais,
équilibrée, avec des notes de prunes
et une finale longue et houblonnée.

MONTESTELLA

ALE BLONDE 4,9 % VOL.
Fleuron de la maison ; pâle, arômes
frais de foin et de houblons, longue
finale sèche nettoyant le palais.

LES BIÈRES ITALIENNES LES PLUS CONNUES

Les bières les plus populaires
en Italie sont les lager
multinationales, écoulées
sur les marchés de masse.

Heineken Italia possède les marques
Dreher, Von Wunster, Prinz et
Birra Moretti, basée à Udine et
produisant la Moretti, la pur malt
Baffo d'Oro et l'ambrée La Rossa.
SAB Miller dirige Whürer, ainsi
que la célèbre brasserie Peroni
à Rome, où sont élaborées la
légendaire Birra Peroni, la Nastro
Azzurro, bière italienne la plus
célèbre, et la pur malt Peroni
Gran Riserva. Carlsberg Italia
contrôle Splügen et Birra Poretti,
qui brasse la Poretti premium
ainsi que les Blonde et Red Bock
1877.

Le seul grand producteur
indépendant en Italie est Forst,
une entreprise familiale qui brasse
des lager ainsi que des bières
de qualité comme la VIP Pils
et la doppelbock Sixtus. Forst
possède également la célèbre
marque Menabrea, dont le
produit phare est la Menabrea
150° Anniversario.

Unionbirrai, l'union italienne des
brasseurs artisanaux, fut fondée
en 1998 pour aider les petits
brasseurs à rester indépendants.

BIRRA PEROTTI (LAGER
4,7 % VOL.) à gauche
PERONI NASTRO AZZURRO
(PREMIUM PILSENER
5,1 % VOL.) au centre
BIRRA MORETTI (LAGER
4,6 % VOL.) à droite
MORETTI LA ROSSA (AMBER STRONG
LAGER 7,2 % VOL.)
MENABREA 150° ANNIVERSARIO
(PREMIUM LAGER 4,8 % VOL.)

BRASSEURS DE LORRAINE

3 rue du Bois-le-Prêtre,
54700 Pont-à-Mousson, France
www.brasseurs-lorraine.com

En 2003, trois jeunes partenaires dynamiques ouvrirent cette brasserie au cœur de la Lorraine, avec pour objectif de raviver la tradition brassicole régionale pratiquement disparue. Aujourd'hui, la brasserie produit six marques principales, toutes de style différent.

CASTELAIN

13 rue Pasteur,
62410 Bénifontaine, France
www.chti.com

Fondée en 1926, cette brasserie familiale passa entre les mains d'Yves et Annick Castelain, enfants des propriétaires, en 1978. Sous le nom de Ch'ti, ils ont développé une gamme de lager fortes et suaves, bénéficiant d'une seconde période de fermentation longue et à froid.

LA CHOULETTE

18 rue des Écoles,
59111 Hordain, France
www.lachoulette.com

Fondée en 1885, cette ferme brasserie est une des rares encore en activité parmi les milliers d'établissements installés dans la région à la fin du XIXᵉ siècle. Alain Dhaussy, l'actuel brasseur, est parvenu à créer des bières artisanales de grande qualité, dans le respect des traditions du nord de la France, mais avec un sens prononcé de l'innovation.

DUYCK

113 route Nationale,
59144 Jenlain, France
www.duyck.com

Duyck fut fondée en 1922 pour produire des bières de garde dans le style du nord de la France – brassées et embouteillées en hiver pour être consommées en été. Dans les années 1950, la famille se mit à conditionner les bières dans des bouteilles de champagne recyclées. Raymond Duyck, l'actuel directeur, représente la quatrième génération de la famille.

ABBAYE DES PRÉMONTRÉS
BIÈRE D'ABBAYE 6 % VOL.
Ambrée, saveur maltée, avec une amertume délicate. Fruits en compote et caramel sur la finale.

DUCHESSE DE LORRAINE
BIÈRE ROUSSE 5,5 % VOL.
Maltée, épicée, et avec un soupçon de fruits secs, cette bière est élaborée selon une recette du XVIIIᵉ siècle.

MALTESSE
PREMIUM LAGER 7,7 % VOL.
Blonde, riche et forte, avec une saveur d'orge et un soupçon d'amertume sur la finale.

CH'TI BLONDE
LAGER 6,4 % VOL.
De corps plein, avec juste assez d'amertume pour être vraiment rafraîchissante. Moelleuse et savoureuse.

CHOULETTE FRAMBOISE
BIÈRE FRUITÉE 6 % VOL.
Désaltérante, avec une légère aigreur. La note de framboise est présente mais pas imposante.

PORTE DU HAINAUT AMBRÉE
ALE AMBRÉE 7 % VOL.
Bière fruitée de corps moyen, avec des saveurs de pommes cuites, de poires et de caramel, et une légère amertume.

JENLAIN AMBRÉE
ALE AMBRÉE 7,5 % VOL.
Corps plein, avec un soupçon d'amertume. Moelleux du malt grillé et arômes de prunes rôties et de caramel. Parfaite en accompagnement d'un bon repas, cette bière constitue également un ingrédient de base dans des plats, tels que la carbonnade, un plat traditionnel du nord de la France.

FISCHER

7 route de Bischwiller,
67300 Schiltigheim, France
www.heineken-entreprise.fr

Fondée en 1822, cette brasserie industrielle a longtemps été un emblème de la bière alsacienne, avec son logo présentant un petit pêcheur buvant dans un énorme verre. Fischer fut rachetée par Heineken en 1996, et perdit son autonomie 10 ans plus tard. Le whisky de malt est un ingrédient majeur de l'Adelscott.

KRONENBOURG

67 route d'Oberhausbergen,
67037 Strasbourg, France
www.brasseries-kronenbourg.com

Ce petit pub-brasserie strasbourgeois ouvert en 1664 s'est développé au point de devenir la plus grande brasserie de France au XXᵉ siècle, grâce à la vente dans le monde entier d'une lager désaltérante et à petit prix. Aujourd'hui, les ventes déclinent quelque peu, et la brasserie appartient au groupe danois Carlsberg.

METEOR

6 rue du Général-Lebocq,
67270 Hochfelden, France
www.brasserie-meteor.fr

Fondée sur ce site en 1640, Meteor est la plus ancienne brasserie familiale indépendante de France. La tradition alsacienne est flagrante, mais de nouveaux styles sont aussi développés.

SECRET DE BRASSERIE Meteor fut la première brasserie française à obtenir des autorités tchèques le droit d'utiliser l'appellation « Pils », en 1927.

ROUGET DE LISLE

Rue des Vernes,
39140 Bletterans, France
www.larougetdelisle.com

Fondée en 2002 et nommée d'après le compositeur de la *Marseillaise*, originaire de cette même ville, la brasserie élabore jusqu'à 15 nouvelles bières par an.

SECRET DE BRASSERIE L'absinthe, le pissenlit, le cassis et la gentiane figurent parmi les ingrédients utilisés pour remplacer le houblon.

ADELSCOTT

LAGER 5,8 % VOL.
Robe roux-brun, associe notes de caramel et arôme de fumée tourbée, et finale sucrée. Néanmoins rafraîchissante.

1664

LAGER SPÉCIALE 5,5 % VOL.
Une lager souple, blonde et rafraîchissante, légèrement amère sur le palais et avec des soupçons de malt.

BLANC

BIÈRE DE FROMENT 5 % VOL.
Les notes fraîches et fruitées, et une touche de coriandre produisent une bière vive et désaltérante.

METEOR PILS

PILS LAGER 5 % VOL.
Une pilsener blonde classique. Non pasteurisée, souple, très maltée, avec une bonne amertume. Très désaltérante.

FOURCHE DU DIABLE

LAGER 5,4 % VOL.
Ambrée, arômes floraux, note amère originale apportée par la gentiane.

ABSINTHE

LAGER 6 % VOL.
Blonde et très rafraîchissante, avec des arômes de menthe, de mélisse, ainsi qu'une amertume particulière issue de l'absinthe.

BRASSERIES

SAINT GERMAIN

26 route d'Arras,
62160 Aix-Noulette, France
www.page24.fr

Deux jeunes brasseurs talentueux
fondèrent cette brasserie en 2003,
pour produire des bières de
fermentation haute dans le style
des bières de garde. L'une doit
son nom à sainte Hildegarde, une
abbesse allemande du XIe siècle,
à qui l'on attribue souvent (à tort)
l'introduction du houblon dans le
processus d'élaboration de la bière.

SAINT-SYLVESTRE

121 rue de la Chapelle,
59114 Saint-Sylvestre-Cappel, France
www.brasserie-st-sylvestre.com

Ce village flamand abrite une brasserie
depuis 1789. Depuis de nombreuses
générations, la famille Ricour y élabore
des bières traditionnelles à base
d'orge maltée et de houblon.

SECRET DE BRASSERIE Trois souches
de levures différentes sont utilisées
pour développer des arômes riches
et puissants.

THEILLIER

11 rue de la Grande-Chaussée,
59570 Bavay, France

Dans cette ville proche de Valenciennes,
la famille Theillier brasse de la bière
depuis 1832. Peu de chose a changé,
qu'il s'agisse du matériel ou du
savoir-faire, garantissant la qualité
de ces bières exceptionnelles.

BEWING SECRETS Le temps de brassage
très long, dans de vieilles cuves en
cuivre, est l'un des secrets de Michel
Theillier, l'actuel brasseur.

THIRIEZ

22 rue de Wormhout,
59470 Esquelbecq, France
http://brasseriethiriez.ifrance.com

Daniel Thiriez se convertit au brassage
artisanal en 1996, lorsqu'il créa
sa brasserie dans un ancien corps de
ferme flamand. Il élabore ses bières dans
le respect des méthodes traditionnelles.

SECRET DE BRASSERIE Les bières non filtrées
subissent une seconde fermentation en
bouteilles, ce sont des bières sur lie.

BIÈRES

RESERVE HILDEGARDE AMBRÉE

ALE 6,9 % VOL.

Blonde, avec un nez riche en
céréales, en épices et en miel. Très
souple, avec une bonne amertume
et une longue finale.

PAGE 24 RHUBARBE

ALE 5,9 % VOL.

Robe blonde, arômes floraux. Très
désaltérante, avec une acidité
particulière donnée par la rhubarbe.

3 MONTS

ALE 8,5 % VOL.

Blonde et brillante, avec un nez riche
et malté. Très fruitée, avec une bonne
amertume et une longue finale.

GAVROCHE

ALE AMBRÉE 8,5 % VOL.

Roche ambrée profonde, arômes
de malts torréfiés et de fruits rouges
en compote ; une légère amertume
et une longue finale.

LA BAVAISIENNE

ALE AMBRÉE 6,5 % VOL.

Robe ambrée, arômes de céréales
sur le nez, bière maltée complexe
et profonde, avec des notes de
sucre brun et de caramel, et une
amertume riche. Merveilleuse.

ÉTOILE DU NORD

BLOND ALE 5,5 % VOL.

Dès l'ouverture du bouchon,
un parfum extraordinaire
de houblons frais emplit le nez.
L'amertume rafraîchissante
de cette bière est en harmonie
parfaite avec les arômes
de malt fin.

FORSTNER

Dorfstrasse 52,
A-8401 Kalsdorf bei Graz, Autriche
www.hofbraeu.at

Comptant parmi les nouveaux
brasseurs les plus audacieux, Gerhard
Forstner a fait une incursion dans le
domaine des bières de style belge et
américain. Sa brasserie est implantée
dans une ancienne ferme qui, au cours
de l'histoire, a aussi hébergé une école.
Certaines bières sont approuvées par
le mouvement Slow Food et sont
vendues lors des festivals.

HIRT

Hirt 9, A-9322 Micheldorf,
Autriche
www.hirterbier.at

Cette ancienne brasserie, fondée
en 1270 dans le sud de la province
de Carinthie, propose une grande
variété de styles de bière. Cependant,
elle a forgé sa réputation sur
ses pilsners, largement distribuées
dans le pays et à l'étranger. En
revanche, les weizen et märzen
Hiter sont plus rares.

KALTENHAUSEN

Salzburgerstrasse 67,
A-5400 Hallein-Kaltenhausen, Autriche
www.edelweissbier.at

L'histoire de cette brasserie remonte à
1475. Kaltenhausen est réputée pour
sa bière de froment qu'elle brasse
depuis les années 1980. L'Edelweiss est
la bière la plus vendue en Autriche.

SECRET DE BRASSERIE Les crevasses
de la montagne voisine provoquent
un courant d'air, utilisé pour refroidir
les cuves de fermentation.

STIEGL

Kendlerstrasse 1,
A-5017 Salzbourg, Autriche
www.stiegl.at

Plus grand brasseur indépendant
autrichien, Stiegl produit la bière la
plus réputée du pays, la Goldbräu.
La brasserie date de 1492. Au fil
du temps, elle a rassemblé une
magnifique collection de pièces
destinées au Brauwelt – le plus
grand musée européen entièrement
dédié au brassage.

STYRIAN ALE

BITTER ALE 5,6 % VOL.
Robe bourgogne, arômes de fruits
(pamplemousse ?) et de torréfaction,
légèrement aigre et rafraîchissante,
avec une amertume moyenne.

TRIPLE 22

TRIPLE DE STYLE BELGE 9,5 % VOL.
Robe cuivrée, mousse ferme, arômes
d'asiminier et de mangue. Sucrée,
corps plein, finale épicée et amère.

HIRTER PRIVAT PILS

PILSNER DE STYLE BOHÊME 5,2 % VOL.
Blonde pale, avec un léger arôme
houblonné floral et une amertume
générale modérée ancrée dans un
corps malté presque sucré.

BIO HANF

LAGER AROMATISÉE 4,8 % VOL.
Le chanvre de culture locale
confère un arôme de noix à cette
lager pâle.

EDELWEISS HOFBRÄU

HEFEWEIZEN DE STYLE BAVAROIS 4,5 % VOL.
Arômes épicés de clou de girofle, avec
un soupçon de banane. Effervescente
et rafraîchissante, de corps léger.

GAMSBOCK

WEIZENBOCK 7,1 % VOL.
Arômes de banane. La nature
désaltérante de cette bière est un
piège, si l'on considère sa teneur en
alcool. Finale extrêmement sèche.

GOLDBRÄU

LAGER AUTRICHIENNE DE TYPE MÄRZEN
4,9 % VOL.
Amertume relativement faible
et soupçon de douceur maltée
sur l'arôme et le palais.

PARACELSUS ZWICKL

LAGER BIO 5 % VOL.
Non filtrée, robe voilée et orangée ;
arômes de malt et de levure ; corps
moyen et amertume très faible.

GROS PLAN SUR...
L'AROMATISATION

Selon les règles du *Reinheitsgebot*, les brasseurs allemands doivent utiliser uniquement du malt, du houblon, de la levure et de l'eau pour élaborer leurs bières. De l'autre côté de la frontière, en Belgique, les étagères des vieilles salles de brassage croulent sous le poids des bocaux d'épices et d'herbes aromatiques. Les graines de coriandre et les écorces d'orange séchées ajoutent des notes parfumées et acidulées aux witbier telles que la Hoegaarden, et le gingembre, l'anis, le cumin et la badiane sont également prisés. Dany Prignon, brasseur éclectique chez Fantôme, joue avec l'origan. Dans certains établissements belges, la bière est brassée avec du thé, du miel et de la moutarde.

Les herbes aromatiques sont liées à la brassiculture depuis longtemps : avant la culture du houblon, les brasseurs des îles Britanniques testaient des recettes à base de myrique baumier, de romarin ou de lierre. En Europe du Nord, le mélange d'ingrédients utilisé pour aromatiser la bière était appelé « gruit ». Et à mesure que les pays européens colonisèrent le monde, toutes sortes d'épices furent rapportées.

Aujourd'hui, l'utilisation de ces aromates s'intensifie et n'est plus réservée aux brasseurs non conformistes belges. Par exemple, Bruce Williams, maître brasseur écossais, a remis au goût du jour la bière de bruyère – un ancien style de bière brassé par les Pictes, tandis que les brasseurs italiens expérimentent des bières à la châtaigne, à la myrrhe et au tabac.

BRUYÈRE
Les fleurs de bruyère sont utilisées au cours de l'ébullition avec un minimum de houblon pour produire la Fraoch de Williams Brothers. La bière dégage un nez presque tourbé, floral, et une finale sèche et astringente.

GINGEMBRE, MYRRHE ET MIEL
En Italie, les brasseurs obtiennent des saveurs épicées résultant de leurs expérimentations. Chez Le Baladin, la Nora contient du gingembre et de la myrrhe, tandis que du miel de bruyère est ajouté à l'Erika. Le miel est aussi un ingrédient traditionnel de la brassiculture belge, comme en témoigne la Bière des Ours de la Binchoise.

CHÂTAIGNE ET TABAC La Strada San Felice de Grado contient des châtaignes, et la Keto Reporter de Birra del Borgo est brassée avec du tabac du Kentucky (entrant dans la composition des cigares Toscano) contribuant à son caractère poivré.

CAFÉ ET CHOCOLAT La brasserie avant-gardiste Meantime, à Londres, produit des bières à base de café issu du commerce équitable. Aux États-Unis, la Chocolate Stout de Rogue Ales est un délice pour les amateurs de chocolat. Le café et le chocolat s'harmonisent agréablement aux notes similaires des malts de ces deux bières brunes.

GROSEILLES À MAQUEREAU, PIN ET ALGUES À la brasserie écossaise Williams Brothers, des bières sont élaborées avec des groseilles à maquereau et du myrique baumier, d'autres avec des pousses de pin et d'épicéa ; d'autres encore avec du varech.

NOUGAT Bourganel, une brasserie française, produit des bières à base d'ingrédients régionaux, dont les châtaignes et les myrtilles, ou le nougat de Montélimar, qui confère une saveur d'amande.

BRASSERIES

UTTENDORFER

Uttendorf 25, A-5261 Uttendorf, Autriche
www.uttendorf-bier.com

Petite entreprise familiale, Uttendorfer est implantée dans une ancienne auberge du siècle dernier. L'auberge vaut le détour car elle propose des plats locaux, dont du gibier – le brasseur est passionné de chasse – dans un cadre rustique.

SECRET DE BRASSERIE La brasserie s'est forgé une bonne réputation grâce à ses bières nettement houblonnées.

VILLACHER

Brauhausgasse 6, A-9500 Villach, Autriche
www.villacher-bier.at

Cette brasserie, la plus méridionale d'Autriche, fut fondée en 1858. Simple brasserie régionale au départ, elle est devenue une entreprise nationale ces 25 dernières années. La marque de ses bières est Villacher, bien que le nom officiel de la brasserie soit Vereinigte Kärntner Brauereien. Elle possède aujourd'hui Schleppe (qui élabore des bières spéciales) et Piestinger.

DIE WEISSE

A-5020 Salzbourg, Rupertgasse 10, Autriche
www.dieweisse.at

Fondé en 1901, Die Weisse pourrait être le plus ancien pub-brasserie d'Autriche. Jusque dans les années 1990, sa production était uniquement vendue dans le pub. Depuis, le succès s'est accru et ses bières sont désormais servies dans les bars et restaurants du pays. La gamme s'est étoffée et comprend aujourd'hui des bock de saison et une märzen.

ZIPFER

A-4871 Zipf, Autriche
www.zipfer.at

Brasserie à la production de masse appartenant désormais à Heineken, Zipfer élabore des bières très pâles dégageant un arôme houblonné net en raison de l'utilisation de houblons entiers. Le produit phare est la Urtyp, bière vive et fraîche, commercialisée en 1967, à ne pas confondre avec la Pils. Günther Seeleitner, brasseur en chef, brasse parfois des bières uniques.

BIÈRES

EINHUNDERT

PILSNER ALLEMANDE 5 % VOL.
Réputée pour être la pilsner la plus houblonnée au monde. Atteint 100 IBU et a un arrière-goût très sec.

DUNKLER BOCK

BOCK 7 % VOL.
Bock de fermentation basse, avec des arômes de torréfaction, un corps plein et une saveur sucrée. Finale sèche, assez houblonnée.

VILLACHER EDITION 07

LAGER VIENNOISE 4,9 % VOL.
Arôme sucré et soupçons de pomme rouge. Rafraîchissante quoique de corps ample et presque sucrée, puis équilibrée avec quelques houblons.

VILLACHER GLOCKNER PILS

PILSNER 4,9 % VOL.
Blond pâle ; carbonisation intense. Arôme houblonné évoquant le gazon. Vive et sèche sur le palais.

DIE WEISSE

HEFEWEIZEN BAVAROISE 5,2 % VOL.
Blonde et trouble, avec épaisse couverture de mousse, d'intenses arômes épicés et une finale amère, étonnamment sèche.

PILS

PILSNER 5,2 % VOL.
Pâle, avec une mousse blanche stable. Arômes houblonnés floraux intenses ; très sèche et houblonnée.

STEFANIBOCK

BOCK 7,1 % VOL.
Les arômes citriques évoquant le foin dominent le nez. Maltée, mais à peine sucrée sur le palais ; plus légère et plus accessible que d'autres bock.

CALANDA

Kasernenstr. 36,
CH-7007 Coire, Suisse
www.calanda.com

Heineken a transformé Calanda
en la plus grande brasserie de l'est
de la Suisse. Outre la production
de marques internationales
omniprésentes destinées au marché
suisse, Calanda élabore cinq bières
traditionnelles et locales telles
que l'Ittinger, créée à l'origine
par l'entreprise Actienbrauerei
Frauenfeld qui fut vendue en 1994.

EICHHOF

Obergrundstrasse 110,
CH-6005 Lucerne, Suisse
www.eichhof.ch

Fondée en 1834, Eichhof est enregistrée
à la bourse de Zurich depuis 1927.
L'assemblée générale est composée
de plus de 1 000 investisseurs amateurs
de bière soutenant la plus grande
brasserie indépendante suisse.

SECRET DE BRASSERIE La brasserie utilise
de l'eau du Pilat, une montagne au
centre des Alpes suisses.

FALKEN

Brauereistrasse 1,
CH-8201 Schaffhouse, Suisse
www.falken.ch

Falken se trouve à Schaffhouse, où le
Rhin forme la frontière avec l'Allemagne.
Fondée en 1799, c'est l'une des plus
grandes brasseries indépendantes de
Suisse. Malgré le fait qu'elles soient
légèrement plus houblonnées que les
autres bières suisses, les bières « du
faucon » dégagent une impression
générale très souple, semblable à celle
des lager traditionnelles tchèques.

DIEKIRCH

1 rue de la Brasserie,
9214 Diekirch, Luxembourg
www.mouseldiekirch.lu

Les origines de la brasserie Diekirch
remontent à 1871. En 1900, elle était
la brasserie la plus productive du
Luxembourg. Elle rejoignit Interbrew en
2002 et appartient à InBev depuis 2004.

SECRET DE BRASSERIE Une version non
filtrée (geswieckelte) de la bière de
base est disponible au bar attenant
à la brasserie, Mousel's Cantine.

CALANDA

LAGER 5 % VOL.
Nez sucré et riche en esters ;
impression initiale presque fruitée et
rafraîchissante, amertume modérée.

ITTINGER KLOSTERBRÄU

LAGER AMBRÉE 5,8 % VOL.
Arôme malté, presque torréfié. La
saveur est sucrée, avec des céréales,
du caramel et des houblons amers.
Finale courte et sèche.

BÜGEL BRÄU

LAGER 4,9 % VOL.
Blond pâle, nez évoquant la levure.
Corps plein, soupçons de vanille,
très modérément houblonnée.

BARBARA

LAGER 5,9 % VOL.
Légèrement sucrée, avec un nez de
caramel, très équilibrée sur le palais.
Notes fruitées (pomme rouge) sur
la finale.

FIRST COOL

LAGER 4,5 % VOL.
Arôme très léger. Sucrée et douce
sur le palais en raison du fait
du maïs ajoutée dans le mash bill.

FALKEN PRINZ

LAGER 5,5 % VOL.
Arômes de caramel et de plantes ;
corps ample, notes de carbonisation,
de sucre et d'épices, et du caramel
sur la finale.

DIEKIRCH GRAND CRU
AMBRÉE

LAGER VIENNOISE 5,1 % VOL.
La saveur fruitée et sucrée
donne un caractère malté.
Robe ambrée douce.

DIEKIRCH EXCLUSIVE

LAGER 5,1 % VOL.
Robe pâle et palais assez léger,
bière simple, accessible.

BRASSERIES

BRAND

Brouwerijstraat 2-10,
6321 AG Wijlre, Pays-Bas
www.brand.nl

Bien qu'elle fasse partie d'Heineken depuis 1989, Brand a gardé son identité. Datant de 1340, elle est la plus ancienne brasserie néerlandaise.

SECRET DE BRASSERIE Brand élabore une gamme variée de bières de fermentation basse : des pilsner, une dobbelbock, une bock ambrée, une imperator et une meibock pâle.

BROUWERIJ 'T IJ

Funenkade 7,
1018 AL Amsterdam, Pays-Bas
www.brouwerijhetij.nl

Cette microbrasserie est le plus vieil établissement brassicole de la ville, bien qu'elle fût fondée en 1985. Les bières de fermentation haute de style belge composent la base de la production, comprenant aussi une pils et une witbier. Installé dans un ancien moulin à vent, le bar est comble en été, et sa terrasse est occupée par la clientèle bénéficiant des prix les plus bas d'Amsterdam.

BUDELS

Nieuwstraat 9,
6020 AA Budel, Pays-Bas
www.budels.nl

Budels fait partie des rares brasseries néerlandaises produisant des bières de fermentation basse. Fondée en 1870, l'entreprise est gérée par la quatrième génération de la famille Aerts.

SECRET DE BRASSERIE Ces dernières années, Budels s'est tournée vers les bières de fermentation haute telles que la kölsch, l'altbier et une bière de style abbaye.

GROLSCH

Brouwerslaan 1, Boekelo,
7548 XA Enschede, Pays-Bas
www.grolsch.nl

Appartenant désormais à SABMiller, Grolsch gérait auparavant deux brasseries, l'une à Groenlo et l'autre à Enschede. En 2004, une entreprise très moderne fut ouverte à Boekelo, près d'Enschede, et les deux anciens établissements furent fermés. La pils représente la majeure partie des ventes de Grolsch, bien que la brasserie ait tenté de diversifier sa gamme.

BIÈRES

BRAND IMPERATOR

LAGER AMBRÉE 6,5 % VOL.
Les fruits secs, le caramel et les houblons épicés s'affrontent dans cette bière ambrée équilibrée.

BRAND URP

PILS 5 % VOL.
Houblonnée et aromatique ; notes dominantes de citron, poivre et pin. Brassée depuis 1952, elle reste l'une des meilleures pils néerlandaises.

TURBOCK

DOPPELBOCK 9 % VOL.
Chargée en douceur de fruits noirs et de mélasse, la saveur épicée typique de lj ajoute une dimension inexistante dans les bock allemandes.

COLUMBUS

STRONG ALE 9 % VOL.
Un équilibre de malt biscuité, citron, coriandre et houblons résineux et mentholés. Franche, non écrasante.

BUDELS LAGER

PILS 5 % VOL.
L'arôme de houblon évoquant le pin est suivi par une saveur fruitée et doucement sucrée. Peut-être plus proche d'une helles que d'une pils.

BUDELS CAPUCIJN

BIÈRE DOUBLE DE STYLE ABBAYE 6,5 % VOL.
Arômes sucrés de malt torréfié complétés par de l'amertume, des dattes et un soupçon de fumée.

GROLSCH PREMIUM WEIZEN

HEFEWEIZEN 5,5 % VOL.
Blonde voilée. Arômes d'orange, clous de girofle et basilic typiques d'une bière de froment de style allemand.

GROLSCH PREMIUM PILSNER

PILS 5 % VOL.
Un bon arôme de houblons nobles et une agréable saveur épicée sur la finale ; une saveur sucrée probablement trop présente.

LES BIÈRES NÉERLANDAISES LES PLUS CONNUES

La majorité des bières consommées aux Pays-Bas sont des pils élaborées par Heineken, Bavaria, Grolsch ou Anheuser-Busch InBev.

Ces sociétés contrôlent 95 % du marché brassicole néerlandais – Heineken représentant 50 %. Les principaux produits de Heineken sont les Pils et Amstel Pils, l'Amster 1870 (une autre pils, de meilleure qualité) et la witbier Wieckse Witte. Durant la saison des bock d'automne, la Tarwebock d'Heineken et la Bock d'Amstel, très savoureuse, sont disponibles. Bavaria, aujourd'hui le plus grand brasseur exclusivement néerlandais, se spécialise dans les bières les moins chères du marché. Outre la Bavaria Pils, il produit plusieurs bières de marques destinées aux chaînes de grandes surfaces. En 2002, Anheuser-Busch InBev ferma sa plus grande brasserie néerlandaise, Oranjeboom, située à Breda. Dommelsch, sa plus grande entreprise encore en activité, est de moindre importance, et de grandes quantités de Jupiler Pils sont importées de Belgique. La Dommelsch Pils, la strong lager Dommelsch Dominator et la bière d'automne Dommelsch Bokbier Primeur sont ses marques essentielles brassées aux Pays-Bas.

HEINEKEN PILS (PILS 5 % VOL.)
  à gauche
HEINEKEN TARWEBOCK
  (BOCK 6,5 % VOL.)
AMSTEL PILS (PILS 5 % VOL.)
  au centre
AMSTEL 1870 (PILS 5 % VOL.)
AMSTEL BOCK (BOCK 7 % VOL.)
BAVARIA PILS (PILS 5 % VOL.)
  à droite

HERTOG JAN

Kruisweg 44, 5944 EN Arcen,
Pays-Bas
www.hertogjan.nl

En 1981, le rachat de l'entreprise par ses cadres, alors qu'elle faisait partie du groupe Oranjeboom, sauva la brasserie de la fermeture. Le contrat interdit le brassage de bières de fermentation basse, si bien qu'une gamme de bières de fermentation haute de style belge fut établie. Oranjeboom reprit ensuite la brasserie, puis la revendit en 1995 à InterBrew (aujourd'hui InBev).

HERTOG JAN GRAND PRESTIGE
STRONG DARK ALE 10 % VOL.
Une bière ample, forte et fruitée, abondante en saveurs de caramel, réglisse, toffee et pomme. L'ensemble est parfumé de houblon.

HERTOG JAN PRIMATOR
PILS 5 % VOL.
Bien qu'elle soit assez sucrée pour une pils, elle dégage de nombreux arômes houblonnés herbeux.

JOPEN

Minckelersweg 2a,
2031 EM Haarlem, Pays-Bas
www.jopen.nl

Jopen fut fondée en 1995 dans le but de recréer des anciens styles de bière destinés aux habitants de Haarlem – autrefois important centre brassicole. Elle est la seule brasserie néerlandaise spécialisée dans les recettes locales, et aucun autre établissement au monde ne produit ces styles si particuliers. Un pub-brasserie a ouvert il y a peu pour proposer ses bières.

JOPEN KOYT
BIÈRE DE GRUIT 8,5 % VOL.
Bière non houblonnée, brassée avec trois céréales et des herbes. Fruitée, épicée et délicieuse.

JOPEN HOPPENBIER
ALE AMBRÉE 6,5 % VOL.
Basée sur une recette de 1501 comprenant orge, froment et avoine. Soupçons de coriandre, gingembre et clou de girofle, houblons épicés.

LA TRAPPE

Eindhovenseweg 3,
Berkel-Enschot, Pays-Bas
www.latrappe.nl

Il existe sept brasseries trappistes authentiques au monde. Koningshoeven (plus connue sous le nom de La Trappe) est la seule en dehors de la Belgique. L'abbaye rencontra des difficultés pour recruter de nouveaux moines, ce fut l'une des raisons qui l'incita à vendre la brasserie à Bavaria. Le brassage est toujours réalisé sur place, sous la surveillance des moines.

LA TRAPPE WITTE TRAPPIST
WITBIER 5,5 % VOL.
La saveur non épicée est compensée par l'utilisation adroite de houblons aromatiques, conférant de délicieuses notes d'agrumes et de poivre.

LA TRAPPE TRIPEL
STRONG ALE 8 % VOL.
Saveur sucrée et fruitée, amertume de coriandre, orange et houblon. Bière magnifiquement équilibrée.

BRASSERIES

BREW PUB

Vestergade 29, DK-1456 Copenhague, Danemark
www.brewpub.dk

Cette microbrasserie prospère est située au cœur de Copenhague, dans un magnifique bâtiment du XVIIe siècle. Onze variétés de bière y sont brassées. Le pub propose un plateau de dégustation de cinq breuvages et les chefs cuisiniers s'inspirent des versions en pression pour créer leurs plats ; en salle, les serveurs conseillent sur les associations bières-plats.

CARLSBERG

Vesterfælledvej 100,
DK-1799 Copenhague, Danemark
www.carlsberg.com

Ce leader de la brassiculture danoise fut fondé en 1847 par le brasseur avant-gardiste J.C. Jacobsen. Carlsberg fut la première brasserie à utiliser l'énergie de la vapeur, les techniques de réfrigération et le développement d'une seule souche de levure. La société affiche un catalogue impressionnant de bières qu'elle distribue dans plus de 150 pays.

Récemment, elle a relocalisé toute sa production, sauf celle des bières spéciales et de la marque Jacobsen, à Fredericia, à 200 km de Copenhague, son site d'origine dont les anciens bâtiments de la brasserie ont été convertis en un centre touristique Carlsberg.

GOURMETBRYGGERIET

Bytoften 10-12,
DK-4000 Roskilde, Danemark
www.gourmetbryggeriet.dk

L'une des plus grandes microbrasseries danoises, la « Brasserie Gourmet » élabore des bières spéciales conçues pour être associées à la gastronomie. La brasserie est associée à un chef cuisinier qui travaille avec un restaurant local pour créer des recettes adaptées à la bière conditionnée en bouteilles de 66 cl. La société a récemment racheté la brasserie Ølfabrikken.

BIÈRES

AMARILLO
RED ALE 5,5 % VOL.
Arômes et saveurs frais de prunes et d'agrumes. Amertume équilibrée issue du caramel et du malt.

COLE PORTER
PORTER 5,2 % VOL.
Robe brun profond, avec une mousse riche et crémeuse. Les sept malts utilisés pour le brassage confèrent une saveur ample et bien équilibrée.

CARLSBERG ELEPHANT
STRONG PILSNER 7,2 % VOL.
Lager très alcoolisée, avec une forte teneur en houblon et en malt produisant un caractère riche et amer.

CARLSBERG PILSNER
PILSNER 4,6 % VOL.
Une autre bière de fermentation basse, avec des saveurs de houblon, de céréales, d'aiguilles de pin, d'oseille et de pommes danoises.

CARLSBERG SEMPER ARDENS
BIÈRE BELGE D'ABBAYE 7,3 % VOL.
Non filtrée, brassée avec du malt Münchener et chocolat. Notes brûlées et soupçon de cassis sur le palais.

TUBORG PILSNER
PILSNER 4,6 % VOL.
Bière préférée des Danois. De fermentation basse, légèrement torréfiée, avec un arôme de fleurs et de céréales.

ØLFABRIKKEN PORTER
PORTER 7,5 % VOL.
Noire comme la nuit, avec une mousse épaisse et dense. Corps intense composé de notes de café, de chocolat et de réglisse.

GOURMETBRYGGERIET BOCK
DOPPELBOCK 7,2 % VOL.
Robe roussâtre, arôme lourd de malt et de caramel soutenant le corps puissant.

MIKKELLER

Slien 2, 2.tv,
DK-1766 Copenhague, Danemark
www.mikkeller.dk

Cette brasserie innovante produit une gamme de bières éclectique, et adopte une démarche brassicole américaine révolutionnaire. Plusieurs de ses bières lui valent une reconnaissance mondiale.

SECRET DE BRASSERIE La brasserie a récemment commercialisé la Black, la bière la plus forte jamais produite au Danemark.

ROYAL UNIBREW

Faxe Allé 1, DK-4640 Faxe,
Danemark
www.royalunibrew.com

Anciennement The Danish Brewery Group, Royal Unibrew est le deuxième brasseur danois et le plus grand exportateur scandinave. La société possède deux brasseries régionales, Faxe et Albani, les grandes marques danoises dont Ceres, Thor et Maribo, et plusieurs brasseries internationales. La marque Royal est la plus populaire au Danemark.

AASS BRYGGERI

Postboks 1530,
N-3007 Drammen, Norvège
www.aass.no

La plus vieille brasserie norvégienne date de 1834. Nommée d'après Poul Lauritz Aass (prononcez « ouss »), cette entreprise familiale a été dirigée par quatre générations depuis 1860.

SECRET DE BRASSERIE Les bières Aass respectent la loi bavaroise de pureté de la bière de 1516, et l'eau est puisée dans le lac voisin de Glitre.

HANSA BORG BRYGGERIER

Kokstaddalen 3, Kokstad,
N-5863 Bergen, Norvège
www.hansa.no

La deuxième plus grande brasserie norvégienne gère aussi un pub-brasserie (Kalfaret Brygghus) à Bergen. Fondée en 1891, Hansa a fusionné avec les brasseries Borg en 1997. Son nom fait référence à l'histoire de Bergen, qui fut membre de la Ligue hanséatique, alliance commerciale d'Europe du Nord.

BEER GEEK BREAKFAST

STOUT À L'AVOINE 7,5 % VOL.
Stout médaillée, au nez riche, à la saveur souple et équilibrée, et aux notes de café et de chocolat.

BLACK

IMPERIAL STOUT 17,5 % VOL.
Corps exceptionnel composé de sucres, de grains de café, et de chocolat noir ; l'arrière-goût est complexe et persistant.

ROYAL EXPORT

PREMIUM LAGER 5,6 % VOL.
Saveur modérée, aromatique et équilibrée. Élaborée avec de la levure spéciale, caractère souple et vineux.

CERES JULEHVIDTØL

BIÈRE BLANCHE 1,9 % VOL.
Bière de Noël classique, à faible teneur en alcool, avec des malts noirs et du sucre apportant une saveur douce, et de corps plein.

AASS BOCK

DUNKLER BOCK 6,5 % VOL.
Souple et crémeuse ; brassée avec du malt de Munich et du houblon Hallertau. Vieillie 3 mois au minimum.

AASS JULEØL

DUNKLER BOCK 6,2 % VOL.
La bière de Noël préférée des Scandinaves. Épaisse et maltée, avec une saveur riche et homogène.

HANSA PILSNER

PILSNER 4,5 % VOL.
La bière la plus vendue de la brasserie. Lager vive et légère, avec une finale acidulée.

HANSA BAYER

DARK LAGER 4,5 % VOL.
Bière mi-brune de style munichois. Les malts noirs apportent une finale de caramel.

GROS PLAN SUR...

LES BOUTEILLES

Selon le folklore brassicole, l'invention de la bouteille de bière est due à un ecclésiastique tudorien du XVIᵉ siècle peu connu. Alexander Newell, doyen de la cathédrale St Paul de Londres, aimait pêcher, et il emportait toujours de la bière artisanale dans un flacon médical. À l'issue d'une de ces sorties, il oublia son flacon. Il le retrouva sur la berge quelque temps après, et l'ouvrit. Il entendit un pop et un sifflement formidable, et réalisa que la bière était restée en bon état. Les bouteilles étaient certainement utilisées avant Newell pour conditionner la bière, mais cette anecdote, certes non authentifiée, a perduré et marque l'avènement de la bouteille de bière.

En raison du coût élevé de sa production, la bière en bouteilles demeura un produit de luxe pendant les deux siècles suivants. La situation évolua dans les îles Britanniques en 1845 avec l'abolition de la *Glass Tax* (taxe sur le verre), ce qui encouragea la distribution des bouteilles en verre. Pour éviter que la bière ne s'échappe, on utilisa des bouchons classiques, puis des bouchons à vis, et enfin des capsules.

FORMES COURANTES
La plupart des bouteilles ont une forme effilée, avec un long cou resserré, ou une forme plus large au cou court et rond et aux épaules avachies, comme cette bouteille de Sierra Nevada.

FORME OVALE
La brasserie anglaise St Peter utilise des bouteilles dont la forme ovale remonte au XVIIIᵉ siècle.

PAPIER Les bouteilles enveloppées de papier, comme la Corsendonk Agnus de la brasserie belge Bocq, ou les bières italiennes de Birrificio Montegioco, suscitent de la curiosité.

FORMES ÉLÉGANTES Ces dernières années, les brasseurs ont revu le design des bouteilles de bière en s'inspirant de l'univers du vin et du champagne. Les brasseurs artisanaux italiens tels que Le Baladin et 32 Via dei Birrai sont à l'avant-garde des bouteilles stylisées et élégantes.

BOUTEILLES ARTISANALES

Certains brasseurs artisanaux apprécient les bouchons classiques, notamment pour leurs bières les plus fortes. Ce sont des bières brassées à la main, elles sont l'équivalent des vins artisanaux : pourquoi ne pas les démarquer ? L'utilisation du bouchon prévaut depuis longtemps dans le nord de la France et en Belgique, et la nouvelle vague de brasseurs emprunte progressivement cette technique, à l'image de l'établissement danois Bøgedal.

STUBBY

Plusieurs brasseurs belges préfèrent la bouteille trapue. Épaisse et lourde, elle peut supporter la forte pression provoquée par la seconde fermentation en bouteilles, caractéristique majeure des bières telles que la Duvel ou la Gulden Draak de Steenberg.

BOUCHON MÉCANIQUE HERMÉTIQUE

En Europe, de nombreuses bouteilles sont fermées par ce type de bouchon en remplacement des capsules. Ce système est rendu célèbre par la bière Grolsch aux Pays-Bas, et par les brasseries allemandes telles que Berg. Les brasseurs amateurs apprécient aussi ce type de bouchon.

32

OPPALE

BØGEDAL Nº 127

Type: Mørk, Northern Brewer, Appelsin
Alkohol: 6,5 %
Brygget: 2/4 2008
Tappet: 15/4 2008

Indhold: 75 cl. Holdbarhed: min. 12 md. efter tapning. Brygget af: bygmalt, humle Opbevaring: mørkt, optimalt v/8°C. Bøgedal Bryghus Vejle 7100-DK www.boegedal.com

BRASSERIES

MACK'S BREWERY

Storgata 4, N-9291 Tromsø, Norvège
www.mack.no

Cette brasserie et société de boissons non alcoolisées fut fondée en 1877 par Ludwig Markus Mack. Elle est réputée pour sa pilsner, commercialisée en 1891. La brasserie élabore aussi de la bière pour les grandes occasions. Malgré ce qu'elle affirme, elle n'est pas la brasserie la plus septentrionale au monde car une microbrasserie s'est implantée à Honningsvag en 2000.

NØGNE Ø

Gamle Rykene Kraftstasjon, Lunde N-4885 Grimstad, Norvège
www.nogne-o.com

Kjetil Jikiun ouvrit la brasserie Nøgne Ø (« l'île nue ») en 2003, après s'être formé aux États-Unis. Aujourd'hui, sa brasserie est le plus grand producteur norvégien de bière en bouteilles.

SECRET DE BRASSERIE Les bières sont élaborées à partir d'un mélange de malt britannique et de houblons américains.

RINGNES

Thorvald Meyersgate 2, N-0555 Oslo, Norvège
www.ringnes.no

La plus grande brasserie de Norvège fut fondée par les frères Amund et Ellef Ringnes en 1876. Après plusieurs fusions successives, cette brasserie historique appartient désormais au groupe Carlsberg. Outre les marques Carlsberg et Ringnes, elle propose également les produits Tuborg Lysholmer, Dahls et Frydenlund.

CARLSBERG SWEDEN AB

Bryggerivägen 10
SE-161 86 Stockholm, Suède
www.carlsberg.se

La plus grande brasserie suédoise, et la cinquième du monde, élabore ses bières à Stockholm, Göteborg et Falkenberg. Elle est née en 2001 de la fusion des brasseries Falcon et Pripps. Pripps, Falcon, Eriksberg, Carlsberg et Tuborg constituent ses principales marques.

BIÈRES

ARCTIC BEER

PALE LAGER 4,5 % VOL.
Robe blond pâle, un soupçon de houblon sur le nez et une finale sèche.

MACK HAAKON

LAGER 4,75 % VOL.
Commercialisée en 1994 pour fêter les Jeux olympiques d'hiver de Lillehammer. Saveur riche et robe ambrée.

SAISON

BIÈRE DE SAISON 6,5 % VOL.
Les houblons East Kent Goldings et Crystal, et la levure belge produisent un breuvage léger et rafraîchissant, disponible toute l'année.

IMPERIAL STOUT

IMPERIAL STOUT 9 % VOL.
Bière de fermentation haute brune et riche ; douceur généreuse et amertume issues des malts torréfiés.

DAHLS PILS

PILSNER 4,5 % VOL.
Lager blonde, souple et aromatique ; saveur riche, maltée et fruitée, et amertume persistante.

RINGNES PILS

PILSNER 4,5 % VOL.
Fraîche et pure, caractère légèrement sec, douceur légère, saveur fruitée subtile et amertume de houblon bien équilibrée.

CARNEGIE STARK-PORTER

PORTER 5,5 % VOL.
La plus ancienne marque du marché, datant de 1836. Saveur fruitée et éléments de sucre caramélisé, de café et de chocolat.

FALCON EXPORT

LAGER 5,2 % VOL.
Brassée depuis 1896, elle présente une saveur riche et maltée ainsi qu'une amertume bien équilibrée.

ÅBRO BRYGGERI

SE-598 86 Vimmerby, Suède
www.abro.se

La plus ancienne brasserie familiale suédoise est située au sud du Småland. Elle fut fondée en 1856 par le lieutenant Per W. Luthander. Axel Herman Johansson la racheta en 1898, et elle appartient aujourd'hui à ses descendants.

SECRET DE BRASSERIE La brasserie est près d'une source d'eau fraîche utilisée pour l'élaboration des bières.

DUGGES ALE & PORTERBRYGGERI

Möbelgatan 3, SE-43133 Mölndal, Suède
www.dugges.se

Cette brasserie fut fondée en 2005 par Mikael Dugge Engström. Sa gamme de bières comprend la Gothenburg, associant les traditions ancestrales suédoises à l'influence britannique et américaine, ainsi que l'Express Yourself, une série de bières spéciales aux noms originaux tels que Holy Cow (une IPA) et Fuggedaboudit! (une brown ale).

NILS OSCAR

Fruängsgatan 2,
SE-611 31 Nyköping, Suède
www.nilsoscar.se

Cette microbrasserie et distillerie fut fondée en 1996. Elle élabore des bières bien équilibrées et a remporté de nombreux prix, dont quatre médailles à la World Beer Cup.

SECRET DE BRASSERIE Nils Oscar a ses propres aires de maltage et une ferme où sont cultivées l'orge et d'autres céréales destinées au maltage.

FINLANDIA

Suokulmantie 237, Matku,
Forssa FI-31110, Finlande
www.finlandiasahti.fi

Finlandia est spécialisée dans le brassage de la *sahti*, un breuvage finlandais élaboré avec du seigle et d'autres céréales, et aromatisé avec des baies et des brindilles de genièvre. Les amateurs peuvent y goûter à Helsinki, au pub St Urho et au restaurant Savotta, la meilleure époque étant la « Sahti Week » d'Helsinki, qui se déroule au mois de mai.

SMÅLAND

PILSNER 5,2 % VOL.
Brassée avec de la levure tchèque. De corps plein, saveur modérément amère, avec des notes de houblon et d'abricot.

ÅBRO ORIGINAL

PREMIUM LAGER 5,2 % VOL.
Lager légère et de corps plein, amertume et douceur ronde, et caractère houblonné aromatique.

DUGGES AVENYN ALE

PALE ALE AMÉRICAINE 5 % VOL.
Arômes de houblons, de fleurs et d'agrumes, saveurs de raisins et de pin, et un soupçon de caramel.

HIGH FIVE!

INDIAN PALE ALE 7,5 % VOL.
Robe ambré foncé. Arôme intense de houblon, notes de confiture de fraise, de pin et de chocolat, et une amertume sèche.

IMPERIAL STOUT

IMPERIAL STOUT 7 % VOL.
Bon équilibre et richesse ; arômes de chocolat et de caramel menant à une finale douce-amère.

INDIA ALE

INDIA PALE ALE 5,3 % VOL.
Les houblons Amarillo confèrent un arôme de fruits exotiques. Saveur fruitée équilibrée par la douceur du malt Cristal.

SAHTI STRONG

SAHTI 10 % VOL.
Sucrée et quelque peu grasse sur le palais ; le nez de genièvre mène à un arrière-goût de chewing-gum.

TAVALLINEN

SAHTI 8 % VOL.
Robe châtaigne profond, nez empli de genièvre et un soupçon de cassis.

BRASSERIES

HARTWALL

Atomitie 2a, FI-00371 Helsinki, Finlande
www.hartwall.fi/en

Hartwall, qui appartient à Heineken, possède des brasseries à Lahti et à Tornio. Les marques comprennent Hartwall Jaffa, Hartwall Novelle, Upcider, Lapin Kulta et les bières Karjala. Hartwall fut fondée en 1836 par Victor Hartwall, et était alors le premier fournisseur d'eau minérale scandinave. Le brassage commença en 1966 avec la bière Karjala.

LAITILAN

Sirppukuja 4, FI-23800 Laitila, Finlande
www.laitilan.com/english

Il s'agit de l'une des brasseries à la croissance la plus rapide de Finlande. Fondée en 1995, elle élabore une gamme de bières pur malt sous le nom Kukko (« coq »), un cidre Oiva et des limonades de recettes anciennes.

SECRET DE BRASSERIE L'établissement fonctionne grâce à l'énergie éolienne, et fut le premier au monde à créer une bière pur malt sans gluten.

OLVI

Olvitie I-IV, FI-74100 Iisalmi, Finlande
www.olvi.fi

Troisième brasserie finlandaise, Olvi est aussi la seule brasserie de direction finnoise et possédant des sites de production en Finlande. Société cotée en bourse fondée en 1878, Olvi possède des filiales en Estonie (A. Le Coq), en Lituanie (Ragutis) et en Lettonie (Cesu Alus). Elle sponsorise régulièrement l'Oluset, la plus grande fête estivale annuelle de la bière en Finlande.

SINEBRYCHOFF

Oy Sinebrychoff Ab, Sinebrychoffinaukio 1 PL 87, FL-04201 Kerava, Finlande
www.koff.fi

Sinebrychoff fait partie du groupe Carlsberg, et sa gamme principale, Koff, est la plus populaire en Finlande. Il s'agit de la plus ancienne brasserie nordique, fondée par Nikolai Sinebrychoff, d'origine russe, en 1819.

SECRET DE BRASSERIE Karhupanimo, la nouvelle microbrasserie de la société, produit une gamme artisanale.

BIÈRES

LAPIN KULTA PREMIUM

LAGER 4,5 % VOL.
Vive et souple ; brassée selon une nouvelle recette avec des ingrédients exclusivement naturels et davantage de malts et de houblons.

KARJALA IVB

STRONG LAGER 8 % VOL.
Lager blonde et forte, une mousse généreuse. Les malts et les houblons confèrent un caractère robuste.

KUKKO PILS

PILSNER 4,5 % VOL.
Pilsner de type allemand, avec un mordant prononcé et des houblons aromatiques. Trois fois primée meilleure bière de Finlande.

KUKKO PORTER

PORTER 6,5 % VOL.
Porter balte au corps pur malt puissant et à la structure parfaite.

OLVI TUPLAPUKKI

PALE DOPPELBOCK 8,5 % VOL.
Bière forte la plus vendue en Finlande, riche en malts et en houblons. Une version plus épicée est produite pour Noël.

OLVI III

LAGER 4,5 % VOL.
La bière Olvi la plus populaire, lager de type pilsner, de corps plein, avec une saveur sucrée et maltée.

SINEBRYCHOFF PORTER

IMPERIAL STOUT 7,2 % VOL.
Robuste, débordant de saveur de café, cette bière présente une finale longue et réchauffante.

KARHU III

LAGER 4,6 % VOL.
Décrite par la brasserie comme « indomptée ». Corps plein, saveurs houblonnées et maltées plus fortes que dans les lager habituelles.

AMBER

Bielkówko, ul. Gregorkiewicza 1,
83-050 Kolbud, Pologne
www.browar-amber.pl

Appartenant à la famille Przybylo,
cette brasserie de taille moyenne
est l'une des plus modernes de
Pologne. Située non loin de Gdansk
en Poméranie, grande région
brassicole, la brasserie encourage
le mouvement Slow Food et organise
le festival de la gastronomie Kozlaki
Bielkowskie chaque année au mois
de septembre.

KOSZALIN

Koszalin ul. Spoldzielcza 8,
Koszalin, Pologne
www.royalunibrew.com

Depuis sa création en 1874, cette
brasserie satisfait les amateurs
de bière du nord-est de la Pologne.
En 2002, elle fut la première du pays
à être privatisée, et en 2005, elle fut
rachetée par la société danoise Royal
Unibrew. Koszalin est l'un des plus
grands employeurs de la région,
et ses bières sont distribuées dans
tout le pays.

KOMPANIA PIWOWARSKA SA

ul. Szwajcarska 11, 61-285 Poznan,
Pologne
www.kp.pl/eng

La brasserie a remporté de nombreuses
distinctions et s'est forgé une solide
réputation. Appartenant à SABMiller,
elle se développe rapidement. Elle a
récemment racheté la brasserie Browar
Belgia de Kielce et mène d'intenses
campagnes publicitaires. Toutes les
bières sont de fermentation basse.

WARKA

Gosniewska 655-660 Warka, Pologne
www.warka.com.pl

La ville de Warka est réputée pour
être le lieu de naissance de Kazimierz
Pulaski (1745-1779), un Polonais devenu
héros de la guerre de Sécession
américaine. La bière y est produite
depuis le Moyen Âge et, en 1478, les
brasseurs de Warka obtinrent les droits
exclusifs d'approvisionner la cour
royale polonaise. La brasserie Warka
appartient désormais à Heineken.

KOZLAK
Dunkel bock 6,5 % vol.
Bière roux rubis, riche
en saveurs de malt et de
levure, avec un arrière-goût
réchauffant.

ZYWE
Pilsner 6,2 % vol.
Robe pâle, saveurs de citron,
brassée avec des houblons
et l'orge de la région de Lubin.

BROK SAMBOR
Pilsner 6,2 % vol.
Robe blonde, avec une fine mousse
blanche. Les saveurs de maïs doux
et de sucre candi prédominent,
associées à un arôme houblonné.

BROK STRONG
Lager 7,2 % vol.
Bière complexe, sucrée, avec des
touches d'orange. Cette recette
remonte à plus de 120 ans.

TYSKIE GRONIE
Lager 5,6 % vol.
Robe jaune clair, saveur vive
et nette. C'est la bière préférée
des Polonais, et elle est également
vendue dans le monde entier.

DEBOWE MOCNE
Dark lager 7 % vol.
Doppelbock forte, dans le style
allemand, sa saveur riche résulte
de la maturation en fûts de chêne.

WARKA
Lager 5,7 % vol.
Robe profonde, blonde et riche,
coiffée d'une mousse blanche
épaisse. Accessible au palais,
malgré sa force.

WARKA STRONG
Lager 7 % vol.
Robe cuivrée, malts légers et un
soupçon de houblon. Amertume
complexe et sèche, et finale douce.

TYPES DE BIÈRE

BIÈRES DE FROMENT

Il y a un peu plus de 30 ans, la weissbier bavaroise, ou weizen, entama un déclin vertigineux. Autrefois prérogative des rois et des princes, ce breuvage historique fut ensuite considéré comme la boisson des personnes âgées, en comparaison de la lager qui séduisait un public jeune. Au début des années 1980, la tendance s'inversa : les consommateurs branchés redécouvrirent cette bière. À la même époque, les witbier (bières blanches) épicées belges apparurent sur la scène brassicole, notamment avec l'Hoegaarden, création de l'ex-laitier Pierre Celis.

L'attractivité de ces bières a incité les brasseurs britanniques et américains, entre autres, à appliquer la recette. Certains produisent des bières de froment dans la tradition de la weissbier bavaroise, d'autres préfèrent les bières épicées et acidulées dans le style des witbier belges.

MALT Les bières de froment sont un mélange de malt clair et de froment, ce dernier étant majoritaire. Cela confère à la bière une saveur aigre et rafraîchissante. Les houblons délicats ajoutent une note fruitée vive et acidulée.

LEVURE Les weissbier bavaroises dégagent des notes de banane, de clous de girofle et de vanille issues de la levure, et peuvent être troubles (hefeweizen) ou claires (kristall). Les bières de froment plus foncées sont qualifiées de dunkel, les plus fortes sont les weizenbock.

ÉPICES Les witbier belges sont souvent épicées, voire poivrées, en raison de l'utilisation d'épices telles que les graines de coriandre ou de cardamome, ainsi que de l'écorce d'orange Curaçao. Certaines, comme la St Bernardus Wit, ont une texture délicieusement soyeuse.

SLOVENSKO

Novozámocka 2,
947 12 Hurbanovo, Slovaquie
www.heineken.sk

Autrefois, Heineken avait en Slovaquie trois brasseries, dont il ne reste que Hurbanovo. Heineken domine le marché brassicole slovaque avec une part de 45 % (son concurrent le plus proche est SABMiller avec 38 % de parts de marché). Heineken entretient d'étroites relations avec les exploitants agricoles locaux car la société gère la plus grande entreprise de maltage de la région.

TOPVAR

Krusovska cesta 2092,
Topolcany, Slovaquie
www.topvar.sk

La brasserie gère deux sites de production en Slovaquie : l'un à Topolcany et l'autre à Velký Šariš. En 2000, elle a lancé une bière nommée Brigita, d'après le prénom de la ministre des Finances slovaque Brigita Schmögnerovà. Bière populaire, sa production fut interrompue en 2002. La société appartient désormais à SABMiller.

DREHER

Magladi ut 17, Budapest, Hongrie
www.dreher.hu

Pendant de nombreuses années, cette brasserie fut dirigée par Anton Dreher, l'un des brasseurs les plus novateurs. Au milieu du XIXe siècle, ce dernier mit au point une technique de fermentation de la bière à basse température et élabora une bière ambrée maltée, la lager viennoise. Dreher fut surnommé « le Roi de la bière ». La société appartient désormais à SABMiller.

HEINEKEN HUNGÁRIA

Sörgyárak Nyrt 9400 Sopron,
Vándor Sándor st, Hongrie
www.heinekenhungaria.hu

Sopron est certes située au cœur de la région viticole hongroise, elle possède néanmoins une brasserie depuis plus d'un siècle. Fondée par Gyula Lenck en 1895, Heineken Hungária (son nom actuel) est l'une des plus grandes brasseries du pays. Elle possède également un site de production à Martfü.

BRASSERIES

ZLATY BAZANT/
GOLDEN PHEASANT

LAGER 4,2 % VOL.
Blonde et claire, avec un soupçon de paille, la saveur est accessible, sans complexité. Les bières de ce type étaient autrefois consommées comme du « pain liquide » par les ouvriers. Elle existe également en version sans alcool.

TOPVAR SVETLÉ

LAGER 5,2 % VOL.
Un éclat de tons jaunes, avec une fine mousse blanche. Nez appétissant et nombreuses saveurs d'agrumes.

DREHER CLASSIC

PILSNER 5,5 % VOL.
Arôme vif et frais, bière amère à la robe blonde-jaune, avec un arôme de houblon et un soupçon de malt.

DREHER BAK

DUNKLER BOCK 7,3 % VOL.
Bière brune riche et de corps plein, avec des notes de caramel et de malt, évoquant le chocolat doux-amer.

SOPRONI ÁSZOK

LAGER 4,5 % VOL.
Saveur légère, mais vive sur le palais. Sans complexité, très désaltérante.

STEFFL

PILSNER 5,3 % VOL.
Pilsner blonde claire, nette et effervescente. Niveau convenable de houblon et un arôme doux.

BIÈRES

BRASSERIES

BERE ROMANIA

Str. Manastur Nr. 2-6, Cluj-Napoca, Roumanie
www.sabmiller.com

Aujourd'hui filiale de SABMiller, cette brasserie fut fondée en 1878. Sa marque principale, Ursus, est caractérisée par le slogan : « La reine des bières roumaines ». En septembre, la ville de Cluj-Napoca, au cœur de la Transylvanie, organise une fête de la bière.

SECRET DE BRASSERIE Les bières sont fermentées avec de la levure bavaroise.

HEINEKEN ROMANIA

Miercurea-Ciuc, Roumanie 4100
www.heinekenromania.ro

Anciennement Brau-Union Romania, la plus grande brasserie du pays fut reprise par Heineken en 2003. Elle contrôle 26 % de parts du marché intérieur. Les Roumains achètent facilement de la bière en bouteilles en plastique, si bien que Heineken investit dans ce type de conditionnement – programme rentable étant donné que la consommation de bière par habitant est de 89 litres par an.

APATINSKA PIVARA

Trg Oslobodenja 5, Apatin, Serbie 25260
www.inbev.com

La plus grande brasserie de Serbie et des Balkans, appartenant désormais à InBev, représente 46 % du marché local. La ville d'Apatin, sur les berges du Danube, est située en Vojvodine, région fertile pour la culture de l'orge. Les documents historiques attestent que la bière y est brassée depuis 1756.

KARLOVAČKA

Dubovac 22, Karlovac, Croatie 47000
www.karlovacko.hr

Karlovačka est la deuxième brasserie croate, elle représente 22 % du marché intérieur de la bière. Fondée en 1854, elle est située au centre du pays, dans le delta des quatre fleuves Korana, Kupa, Mrenica, et Dobra. En 2003, elle fut rachetée par Heineken. Une fête de la bière se déroule sur la place de Karlovac à la fin du mois d'août.

BIÈRES

URSUS PREMIUM PILS

PILSNER 5,2 % VOL.
Carbonisation élevée, arôme malté, soupçons de houblons frais et de pain, et notes citronnées sur la finale.

TIMISOREANA

LAGER 5 % VOL.
Bière jaune clair, accessible au palais, qui ne secoue pas les sens. Élaborée selon une recette de 1718.

BUCEGI

LAGER 4,6 % VOL.
Lager blonde, avec un léger soupçon d'agrume, saveur modeste sur le palais.

CIUC PREMIUM

LAGER 4.8 % VOL.
Lager blonde à la mousse convenable. Sèche, au caractère houblonné restreint, mais à l'arrière-goût sucré.

JELEN PIVO

LAGER 5 % VOL.
Robe jaune clair, avec une mousse blanche aérée. Soupçons de gazon et de céréales, et arômes de houblons et de malt. *Jelen* signifie « cerf ».

APATINSKO PIVO

LAGER 5 % VOL.
Saveur fraîche, avec des notes florales et un arôme d'agrumes.

KARLOVAČKO

LAGER 5,4 % VOL.
Robe blond-jaune, arômes de malt torréfié et de levure, et une amertume rafraîchissante. La bière préférée des touristes.

ZAGREBACKA

Ilica 224, Zagreb, Croatie
www.inbev.com

Zagrebacka Pivovara, la plus grande brasserie croate, fut fondée en 1893 et appartient aujourd'hui à InBev. Après plusieurs années sombres, le marché reprend un nouvel essor, et les marques nationales sont les plus populaires du marché.

SECRET DE BRASSERIE L'orge double malt noir et chocolat confère ses arômes, ses saveurs et sa robe tant appréciés.

UNION

Pivovarniška ulica 2, 1000 Ljubljana, Slovénie
www.pivo-union.si

Cette brasserie fondée en 1864 par la famille Kozler est aujourd'hui l'une des plus modernes de Slovénie, grâce à son matériel de pointe. Un musée fascinant fait découvrir aux visiteurs le processus de brassage ; attention, les visites ne sont organisées que le premier mardi du mois, le matin.

RIDNA MARKA

71 Mikgorod str. Radomychl, Ukraine
www.etalon-beer.com.ua/en

Cette brasserie fut créée en 1886 par les frères Albrechtam, d'origine tchèque, qui découvrirent que l'eau douce du site était idéale pour la brassiculture. L'entreprise s'est modernisée et a adapté les techniques bavaroises aux ingrédients ukrainiens.

SECRET DE BRASSERIE La salle de brassage a été conçue pour produire des bières de froment authentiques, non filtrées.

OBOLON

3 Bogatyrska Str., Kiev, Ukraine
www.obolon.com

La brasserie Obolon fut construite en 1980 par les Soviétiques désireux de posséder une brasserie de classe mondiale. En 1992, la société fut la première à être privatisée en Ukraine. Ce pays est le plus grand brasseur de la CEI. Obolon détient 26 % des parts du marché et est le plus grand exportateur de bière du pays.

OŽUJSKO PIVO

LAGER 5,2 % VOL.
Lager blonde, avec une mousse blanc profond. Le nez de malt et de maïs doux mène à une finale fruitée.

TOMISLAV PIVO

DARK LAGER 7 % VOL.
La bière croate la plus forte. Robe roux-rubis profond, arômes de malt torréfié et de café, et finale sèche.

UNION LAGER

LAGER 5 % VOL.
Appréciée des Slovènes. Blonde, sucrée, avec des touches de maïs.

ČRNI BARON/BLACK BARON

STOUT 5,2 % VOL.
Bière brune, comme un dessert. Riche en notes et en arômes de caramel, sa finale est réchauffante, mais pourrait toutefois être plus longue.

ETALON WEISSBIER

BIÈRE DE FROMENT 5 % VOL.
Épicée, avec une note maltée riche et crémeuse, ainsi qu'une saveur et une finale longues et désaltérantes. Soupçons de banane et de vanille.

OBOLON PREMIUM

LAGER 5,2 % VOL.
Robe blond clair et saveur maltée sucrée. L'ajout de riz dans la mouture confère une douceur à la bière.

WEIZEN

BIÈRE DE FROMENT 5 % VOL.
Bière de froment non filtrée, de fermentation haute, à la saveur fruitée et épicée agréable.

BRASSERIES

BALTIKA

6 Proezd, Parnas 4, Saint-Pétersbourg, Russie
www.eng.baltika.ru

En tentant de s'adapter à l'économie capitaliste, le marché brassicole russe a traversé une période de changement rapide. L'essor de Baltika fut immédiat, et la brasserie est le plus grand producteur de bière du pays. Elle élabore deux marques majeures – Baltika et Arsenalnoye. La société représente plus de 70 % des ventes en Russie, et exporte ses produits dans 46 pays.

OCHAKOVO

44, Riabinivaya, Moscou, Russie
www.ochakovo.ru

Ochakovo tente de conserver son statut de dernière brasserie russe indépendante. Son site de production d'origine a été converti en musée, qui présente le processus de brassage ainsi que de nombreux objets relatifs à la brassiculture datant du XIXe siècle.

SECRET DE BRASSERIE En 2005, Ochakovo lança une bière « vivante » non pasteurisée et non filtrée.

SUN INBEV

Vorontsovsky Park,
6 Moscou, Russie
www.suninterbrew.ru

Fondée en 1999, cette société est née de la fusion de deux acteurs majeurs du marché brassicole russe et ukrainien – Interbrew et SUN Brewing. SUN InBev possède désormais dix brasseries en Russie, et est la deuxième société brassicole du pays. Depuis que la bière Brahma, appartenant également à InBev, est brassée à Kline, la bière brésilienne jouit d'un certain succès en Russie.

GUBERNIJA

Dvaro str. 179, LT-76176 Šiauliai, Lituanie
www.gubernija.lt/en

La Lituanie est fière de son patrimoine brassicole. La bière est brassée à Šiauliai depuis le XIVe siècle, et les plus anciennes références à la brasserie Gubernija sur son site actuel datent de 1786. Au cours des années, la brasserie a subi plusieurs reconstructions, dont la plus récente en 2000 lors de l'installation d'une entreprise moderne.

BIÈRES

BALTIKA NO 3 CLASSIC

LAGER 4,8 % VOL.
Le nez malté mène à une finale amère. Largement distribuée en Russie.

BALTIKA NO 6 PORTER

PORTER 7 % VOL.
Bien équilibrée. Les saveurs de malts noirs torréfiés, de chocolat et de mélasse emplissent le verre, couvertes d'une finale houblonnée convenable.

OCHAKOVO CLASSIC

LAGER 5 % VOL.
Robe jaune maïs, touches intenses de malt et finale houblonnée.

OCHAKOVO RUBY

LAGER VIENNOISE 3.9 % VOL.
Robe rubis pâle, arômes de fruits d'hiver et notes florales, soupçons prononcés de caramel sur le palais.

TOLSTIAK DOBROYE

LAGER 5 % VOL.
Bière pâle à la saveur riche et sucrée, et à l'amertume houblonnée agréable.

KLINSKOYE SVETLOE

LAGER 4,5 % VOL.
Robe paille, saveur modérée obtenue par l'ajout de maïs ou de riz en cours de brassage. Arôme houblonné doux.

GUBERNIJOS EKSTRA

LAGER 5,5 % VOL.
Robe moyennement blonde. Forte, riche et réchauffante, avec des touches de caramel et de maïs doux. La finale sèche, aux saveurs d'agrumes et de houblon, se prolonge sur le palais.

KALNAPILIS

Taikos Avenue 1,
LT-5319 Panevėžys, Lituanie
www.kalnapilis.lt/en

Cette brasserie fut fondée il y a plus d'un siècle par Albert Foight, d'origine allemande, qui la baptisa à l'origine Bergschlösschen (« petit château sur la colline »). Le nom fut changé par la suite. Appartenant désormais au groupe danois Royal Unibrew, la société fut la première en Lituanie à utiliser des capsules vissées et à commercialiser ses bières en canettes.

ORIGINAL

LAGER 5 % VOL.
Robe jaune blond pâle avec une mousse convenable. Arôme de maïs doux avec un soupçon de maïs Saaz.

RED

LAGER 4,8 % VOL.
Robe roussâtre et touches maltées, sucrée, néanmoins l'arrière-goût s'estompe rapidement.

ALDARIS

Tvaika iela 44, Riga, Lettonie
www.aldaris.lv/eng

Cette brasserie, fondée en 1865, rejoignit le groupe Baltic Beverages Holding (partenariat commercial entre Carlsberg et Scottish & Newcastle) en 1992. Leader en Lettonie, elle est aussi la brasserie la plus moderne du pays, produisant plus de 12 light et dark lager basées sur des recettes traditionnelles.

GAIŠAIS

LAGER 4,5 % VOL.
Bière légère à l'arôme frais et houblonné et à la saveur doucement amère. Sans grande complexité, elle est désaltérante.

ORIGINĀLAIS

PILSNER 5 % VOL.
Robe ambrée, avec un arôme léger de caramel et une saveur amère donnée par les houblons.

CĒSU ALUS

Aldaru laukums 1, Cēsis,
Lettonie 4101
www.cesualus.lv

Créée en 1879, Cēsu Alus est la plus ancienne brasserie lettonne, et l'une des plus grandes du pays. En 1999, elle fut rachetée par le brasseur estonien A. Le Coq. Elle dispose d'une salle de brassage récente et prévoit de nouveaux investissements. La ville est réputée pour sa fête de la bière, ses tournois de chevaliers et ses représentations théâtrales en plein air.

CĒSU BALSAM PORTER

PORTER 6 % VOL.
Saveur sucrée de chocolat, soupçons de vanille aromatique. En Lettonie, le baumier (balsam) est couramment utilisé pour aromatiser les boissons.

CĒSU PREMIUM

LAGER 5,2 % VOL.
Robe blond pâle, soupçons sucrés de gazon et nez de houblon.

SAKU

75 501 Saku, Estonie
www.saku.ee/english.php

Les plus anciennes références à cette brasserie datent de 1820. Elle fut bâtie par le comte Karl Friedrich Rehbinder sur sa propriété de Saku. Elle est la plus grande brasserie estonienne et produit l'Originaal, la bière préférée dans le pays.

SECRET DE BRASSERIE Saku travaille sur une gamme de bières aromatisées et aux robes colorées nommée DLight.

ORIGINAAL

LAGER 4,6 % VOL.
Saveur modérée, robe paille clair, agréables soupçons de maïs doux sur l'arôme.

HELE

LAGER 5,2 % VOL.
Forte saveur houblonnée, soupçons de gazon et de houblons sur le nez. Robe légère, elle manque de corps pour être parfaite.

GROS PLAN SUR...
LA BIÈRE À TABLE

Si la bière se suffit à elle-même, elle accompagne aussi agréablement les repas. Autrefois, la bière était exclue de la gastronomie. Pourtant, elle est naturellement liée à l'alimentation, comme le découvrent de nombreux chefs cuisiniers, brasseurs et consommateurs.

Les nations brassicoles européennes telles que la Belgique, l'Allemagne, l'Autriche et la Hongrie ont préservé ce secret pendant des siècles, et les bars et les restaurants n'ont jamais eu de scrupules à cuisiner avec la bière ou à la servir en accompagnement de plats. En Belgique, on aime le lapin cuit dans la bière à la cerise ainsi que la carbonnade, un ragoût de bœuf cuit dans la bière brune. En République tchèque, si vous commandez une galette de pommes de terre avec du porc épicé, elle sera servie avec un verre de Budvar ou de Bernard. Il en va de même en Bavière, où les plats à base de porc s'arrosent d'une dunkel, brune et savoureuse, ou d'une doppelbock.

Cette approche se développe progressivement dans le reste du monde. Les chefs cuisiniers et les brasseurs goûtent au plaisir de marier la bière à la gastronomie. Par exemple, les pubs-brasseries américains s'amusent à associer des styles de bière audacieux à une cuisine moderne et créative, et à les utiliser comme ingrédients de leurs recettes. En cuisine comme en salle, la bière rivalise peu à peu avec le vin, et les deux breuvages sont désormais traités avec la même reconnaissance.

BIÈRES ET HUÎTRES
Dans les îles Britanniques, l'association huîtres et stout est établie depuis longtemps, et la bière brune est utilisée traditionnellement dans la préparation du pudding au bœuf et aux rognons.

ACIDITÉ Mariées à des plats au vinaigre, les bières aigres comme les lambics et les flamandes rousses sont mises en valeur. Cela étonnera peut-être, mais elles sont excellentes avec un fromage bien fait et relevé.

SAVEURS MALTÉES Les
douces saveurs issues du malt
s'harmonisent avec la douceur
naturelle des viandes telles que le
porc. Les malts torréfiés dégagent
des notes fumées et grillées,
les bières qui en découlent sont
réservées aux grillades.

SAVEURS HOUBLONNÉES

Les bières à la finale épicée et
poivrée se prêtent à merveille
aux plats asiatiques, tandis que
les notes d'agrumes des bières
houblonnées mettent en valeur
les fromages. L'amertume
houblonnée coupe à travers
la texture grasse et nettoie
le palais avant la bouchée
suivante.

SAVEURS COMPLEXES

La bière est bienvenue lorsque les
experts peinent à accommoder
certains aliments avec le vin : le
chocolat et les asperges notamment.
Un dessert au chocolat et une kriek
belge forment un mariage divin,
tandis qu'une weissbier bavaroise,
avec son arôme et sa saveur
de crème anglaise, s'apprécie
sur des asperges. Enfin,
la rauchbier se prête
traditionnellement aux
plats bavarois comme
la saucisse accompagnée
d'asperges.

PLATEAUX DE DÉGUSTATION
À Sidney, en Australie, le Redoak Boutique
Beer Café propose des plateaux de
dégustation composés de petites assiettes
de délices culinaires, chacune accompagnée
d'une bière spécialement sélectionnée.

BRASSERIES

ALHAMBRA

Avenida de Murcia 1,
18012 Grenade, Espagne
www.cervezasalhambra.com

Le groupe Alhambra, qui doit son nom
au célèbre palais maure de Grenade,
fut fondé en 1925. L'eau la plus pure
d'Espagne, issue de la Sierra Nevada,
est utilisée dans l'élaboration des bières.

SECRET DE BRASSERIE Les brasseurs
appliquent des techniques
traditionnelles, dont la fermentation
durant 39 jours.

HEINEKEN ESPAÑA

Carretera Córdoba,
23005 Jaén, Espagne
www.heineken.es

Heineken España (anciennement
El Alcázar), telle qu'elle se présente
actuellement, fut créée en 1999
lorsque Heineken racheta les cinq
brasseries du groupe Cruzcampo
pour compléter les deux établissements
El Águila qu'il possédait déjà. Il fut
ensuite contraint par l'autorité de
la concurrence de vendre à Damm
deux brasseries à Madrid et à Valence.

DAMM

Roselló 515, 08025 Barcelone,
Espagne
www.damm.es

Au XIXe siècle, Auguste Kuentzmann
Damm acheta cette brasserie
située à Barcelone et élabora
des lager de type alsacien. L'entreprise
d'origine fonctionna jusqu'en 1992,
puis elle fut relocalisée à El Prat
de Llobregat dans le but d'augmenter
la capacité de production et de
moderniser l'ensemble du processus
de fabrication.

SOCIEDAD CENTRAL DE CERVEJAS

Estrada da Alfarrobeira
2625-244 Vialonga, Portugal
www.centralcervejas.pt

Cette brasserie fut influencée par
les techniques allemandes et danoises.
Elle produit une large gamme de
bières blondes et brunes à base
d'une grande variété de malts colorés.
De la Pilsen vive à la Bohemian
fruitée, ses bières jouissent d'une
certaine réputation.

BIÈRES

ALHAMBRA PREMIUM

LAGER 4,6 % VOL.
Robe blonde, douce, nez frais et
citronné avec un soupçon de malt.
Équilibrée et accessible au palais.

MEZQUITA

BIÈRE DE FROMENT 7,2 % VOL.
Bière de froment roux franc
et de corps plein, avec des notes
de caramel et des soupçons
de poivre sur l'arôme.

CRUZCAMPO

LAGER 5 % VOL.
Robe blond pâle, saveur légère,
bon équilibre de malt et de
houblon, et un arôme floral
et aromatique. L'une des bières
préférées en Espagne.

BOCK-DAMM

STOUT 5,4 % VOL.
Stout de style munichois,
riche avec des saveurs grillées
et une douceur réchauffante
sur la finale.

ESTRELLA DAMM

PILSNER 5,4 % VOL.
Bière légère, rafraîchissante, à
la mousse crémeuse et à la saveur
plutôt sèche et amère.

SAGRES PRETA (DARK)

LAGER 4,3 % VOL.
Lager brune dans le style
de Munich, à la robe acajou
avec une mousse crémeuse
et à l'arôme de noix. Saveur
légèrement chocolatée, avec
des soupçons de caramel
et de toffee, mais néanmoins
équilibrée par une grande
amertume houblonnée.

CEREURO – CERVEJEIRA EUROPEIA

Estrada da Portela nº 8,
279-643 Carnaxide, Portugal
www.sumolis.pt

Appartenant au fabricant de boissons non alcoolisées Grupo Sumol, cette brasserie fut créée après la révolution de 1974, lors de la nationalisation du secteur brassicole. Elle fut privatisée dans les années 1990. La société élabore aussi la Magna, une bière brune de style allemand, et commercialise la Grolsch au Portugal.

SIMONDS FARSONS CISK

The Brewery, Notabile Road,
Mriehel, BKR 01, Malte
www.farsons.com

Partout où l'armée britannique passait, la bière suivait de près ; cette brasserie fut fondée dans le style art déco en 1946. Le site est en développement, et les anciennes cuves de brassages trônent au cœur du centre touristique.

SECRET DE BRASSERIE La bière forte XS, titrant 9 % vol., est brassée pour le marché d'exportation.

KEO

Franklin Roosevelt Ave, Limassol,
3602 Chypre
www.keogroup.com

Limassol est le port principal et la ville à la croissance la plus rapide de l'île de Chypre. Elle abrite la brasserie Keo, située juste derrière le vieux port et qu'il faut absolument découvrir lors d'un séjour à Limassol. Des visites sont organisées chaque jour de la semaine, et se concluent, bien entendu, par une dégustation.

MYTHOS

570 22 Sindos Thessaloniki,
Grèce
www.mythosbrewery.gr

L'une des plus grandes brasseries grecques, Mythos appartient au groupe britannique Scottish & Newcastle. La bière éponyme est le produit phare de la maison, elle constitue la marque de lager dominante sur le marché grec, et ses ventes augmentent de 10 % par an. Mythos brasse également la lager grecque Golden et les bières allemandes Henninger et Kaiser.

TAGUS

LAGER 5,4 % VOL.
Robe blond clair, saveur riche et maltée avec des touches de caramel. Son nez marqué par les esters esquisse une force alcoolisée et une finale réchauffante.

FARSONS LACTO

MILK STOUT 3,8 % VOL.
Douce sur la langue ; milk stout classique, contenant du lactose ajouté après la fermentation.

HOPLEAF EXTRA

ALE 5 % VOL.
Le malt anglais associé aux houblons Challenger et Target produit une bière complexe à la finale amère et désaltérante.

KEO

LAGER 4,5 % VOL.
Lager pâle à la mousse épaisse et à la saveur maltée sucrée, simple sur le palais, très accessible.

FIVE BEER

LAGER 5 % VOL.
Robe ambré profond, saveur riche en malt et de faible amertume. Sucrée sur la finale.

MYTHOS

LAGER 5 % VOL.
Bière accessible au palais, à la robe blond étincelant avec une mousse blanche épaisse. Un léger arrière-goût de caramel.

MYTHOS RED

LAGER VIENNOISE 5,5 % VOL.
Robe rousse, riche, faible amertume, saveur dominée par les notes sucrées.

BRASSERIES

AMSTERDAM BREWING

21 Bathurst Street, Toronto,
Ontario, M5V 2NG, Canada
www.amsterdambeer.com

Authenticité, passion et enthousiasme
sont les maîtres-mots de ce premier
pub-brasserie ouvert à Toronto.
Fondé en 1986 par John Street dans
le quartier de divertissements, il fut
un succès immédiat. Les affaires furent
florissantes, et l'établissement fut
déplacé dans de nouveaux locaux
avant de trouver son site actuel
en 2005. Il comprend une grande

boutique de vente au détail et
des visites sont organisées deux fois
par jour tout au long de l'année.
La brasserie est située face au Fort
York, site national historique et
berceau de la ville de Toronto, créée
en 1793. En 2003, la société brassicole
Kawartha Lakes, en liquidation, céda
ses marques à Amsterdam Brewing
qui continue d'élaborer une des
gammes KLB (pour Kawartha Lakes
Brewing), dont une bière de froment
aromatisée à la framboise, ainsi que
la KLB Nut Brown Ale.

BIG ROCK

5555-5576th Avenue SE, Calgary,
Alberta T2C 4L8, Canada
www.bigrockbeer.com

Les journées chaudes et les nuits froides
d'Alberta contribuent à la culture de
l'orge à deux rangs la plus raffinée au
monde. La variété la plus populaire,
Harrington, est le seul malt utilisé dans
l'élaboration des bières Big Rock.

SECRET DE BRASSERIE La brasserie refuse
l'utilisation d'additif ou de tout autre
agent de traitement.

CREEMORE SPRINGS

139 Mill Street, Creemore,
Ontario, L0M 1G0, Canada
www.creemoresprings.com

La reprise de la brasserie par Molsons
en 2005 a eu peu de conséquence sur
l'indépendance de cette entreprise
vieille d'un siècle. La ville de Creemore
est située entre deux fleuves. Chaque
année au mois d'août, la brasserie
sponsorise le Copper Kettle Festival
organisé au centre de la ville.
Des visites du site de production
sont régulièrement organisées.

BIÈRES

KLB NUT BROWN ALE
BROWN ALE 5 % VOL.
Le goût acidulé des houblons East
Kent Goldings est inévitable. Saveur
douce, avec des soupçons de miel
et de chocolat.

AMSTERDAM WHEAT BEER
BIÈRE DE FROMENT 4 % VOL.
Robe légère, douceur de malt et
soupçon de pain frais. Souvent
servie avec une rondelle de citron.

AMSTERDAM NATURAL BLONDE
LAGER 5 % VOL.
Vive et nette avec des soupçons
d'agrumes. Le malt canadien est
associé aux houblons aromatiques
tchèques et allemands.

AMSTERDAM SPRING BOCK
LAGER 6 % VOL.
Robe acajou, corps riche et
réchauffant. Les trois malts confèrent
de merveilleuses saveurs fruitées.

GRASSHÖPPER
BIÈRE DE FROMENT 5 % VOL.
Vive, rafraîchissante et légèrement
houblonnée. Elle se déguste avec
une rondelle de citron, ce qui
confère davantage de caractère.

MCNALLY EXTRA ALE
STRONG IRISH ALE 7 % VOL.
Irish ale forte et de corps plein.
Arôme floral et saveur maltée
et fruitée riche.

PREMIUM LAGER
LAGER 5 % VOL.
Les saveurs douces de malt et de
fruits mènent à des touches de noix
et à une finale sèche et houblonnée.

URBOCK
BOCK 6 % VOL.
Brun foncé, texture sucrée marquée
par les noix ; arômes de fruits se
développant au fur et à mesure que
la bière se réchauffe dans le verre.

LES BIÈRES CANADIENNES LES PLUS CONNUES

Au Canada, les plus grands brasseurs appartiennent à des groupes étrangers ou ont fusionné avec des sociétés de boisson internationales.

La fusion la plus récente fut celle de Molson avec son concurrent américain Coors en 2005. Anheuser Busch-InBev possède les brasseries Labatt, et le japonais Sapporo possède les brasseries Sleeman, troisième producteur de bière actuellement au Canada. Dans ce pays, le marché brassicole intérieur est dominé par deux marques, Labatt Blue et Molson Canadian, qui utilisent les images des montagnes, des grands espaces et du hockey sur glace dans leurs campagnes de publicité. Ces deux grands brasseurs ont une longue histoire. John Molson créa sa brasserie à Montréal en 1786 tandis que John Kinder Labatt débuta à London en Ontario, en 1847. Leurs gammes de bières sont vastes et s'inscrivent dans des niches. Le Canada abrite aussi de nombreux brasseurs artisanaux ainsi que des pubs-brasseries dont la plupart appliquent une démarche de production respecteuse de l'environnement. Le Cheval Blanc illustre cet esprit, premier pub-brasserie ouvert à Montréal, il est l'un des plus réputés. Authentique auberge de quartier, il est apprécié des habitants locaux et des amateurs de bière du monde entier depuis 1986.

LABATT BLUE (PILSNER 5 % VOL.) *à gauche*
MOLSON CANADIAN (LAGER 5 % VOL.) *au centre*
SLEEMAN CREAM ALE (ALE 5 % VOL.) *à droite*

FAT CAT BREWERY

940 Old Victoria Road, Nanaimo, Colombie-Britannique V9R 6Z8, Canada
www.fatcatbrewery.com

Caractère et qualité se dégagent de cette microbrasserie fondée en 2000. Fat Cat Brewery fait partie d'un nouveau courant selon lequel la bière est un produit à la mode qui doit être élaboré par des brasseurs artisanaux respectueux de l'environnement. Les bières produites ici sont particulières et témoignent d'un savoir-faire indéniable.

MCAUSLAN

5080 St-Ambroise, Montréal, Québec, H4C 2G1, Canada
www.mcauslan.com

McAuslan Brewing fut fondé en janvier 1989 par Peter McAuslan, désireux de professionnaliser son loisir de brasseur amateur. L'établissement devint rapidement l'une des meilleures microbrasseries de la région, et la première au Canada à conditionner ses produits en bouteilles. Elle élabore également une gamme de bières de saison.

NIAGARA FALLS

6863 Lundys Lane, Niagara Falls, Ontario, L2G 1V7, Canada

Que faire après avoir vu les chutes du Niagara ? Boire une bière, cela va de soi. La brasserie fut fondée en 1989, et a rapidement acquis une bonne réputation pour ses bières audacieuses. Elle appartient désormais intégralement à Moosehead.

SECRET DE BRASSERIE Niagara Falls est la première brasserie d'Amérique du Nord à produire une véritable eisbock.

POMPOUS POMPADOUR

PORTER 4 % VOL.
Porter à la robe noir rubis, très brune et luxueuse, avec une grande quantité de chocolat et des touches de crème.

FAT CAT INDIA PALE ALE

INDIA PALE ALE 6 % VOL.
Bière très équilibrée, à la robe ambrée et avec de nombreuses notes houblonnées.

ST-AMBROISE APRICOT ALE

BIÈRE DE FROMENT FRUITÉE 5 % VOL.
L'essence d'abricot et le froment malté s'associent pour créer une bière à la saveur originale, au nez net et fruité.

ST-AMBROISE OATMEAL STOUT

STOUT 5 % VOL.
Brassée avec des malts noirs et de l'orge torréfiée, cette stout dégage des notes d'expresso et de chocolat.

NIAGARA HONEY BROWN

BROWN ALE AMÉRICAINE 5 % VOL.
Douceur inhérente, avec un soupçon de miel et de caramel. Légère, avec une finale sèche et courte.

NIAGARA EISBOCK

EISBOCK 8 % VOL.
Bière robuste qui réchauffe la gorge. Chaque millésime présente des caractéristiques uniques. Un classique de la maison !

BRASSERIES

SLEEMAN
551 Clair Road West, Guelph,
Ontario, N1L 1E9, Canada
www.sleeman.com

La famille Sleeman débuta son activité brassicole au Canada en 1834, l'année même où John Sleeman, jeune brasseur anglais, s'installa dans l'Ontario. En 1851, il fonda la première brasserie Sleeman basée à Guelph, pour produire de petites cuvées de 100 fûts en puisant l'eau de source locale, prisée pour sa pureté et sa dureté. Aujourd'hui, la société appartient à Sapporo.

UNIBROUE
80 Des Carrieres, Chambly,
Québec, J3L 2H6, Canada
www.unibroue.com

Au printemps 1992, André Dion commercialisa sa première bière non filtrée et embouteillée sur lie. La levure continue à agir dans la bouteille et modifie les caractéristiques de la bière à mesure de son vieillissement. Ses bières jouissent d'un grand succès, et la société fut rachetée par Sleeman en 2004, toutes deux font désormais partie du brasseur japonais Sapporo.

WELLINGTON BREWERY
950 Woodlawn Road West, Guelph,
Ontario, N1K 1B8, Canada
www.wellingtonbrewery.ca

Cette brasserie fut fondée en hommage à Arthur Wellesley, premier duc de Wellington, commandant britannique qui vainquit l'armée française de Napoléon à Waterloo en 1815. Le bâtiment est réputé pour son toit conique, réplique d'un séchoir à houblon – local traditionnellement utilisé dans le comté anglais du Kent pour sécher le houblon.

YUKON BREWING
102A Copper Rd, Whitehorse,
Yukon, Y1A 2Z6, Canada
www.yukonbeer.com

L'eau pure produit de la bière pure. Les bières Yukon sont brassées avec l'eau la plus pure d'Amérique du Nord. Surnommée parfois Wilderness City, Whitehorse est nichée sur les rives du célèbre fleuve Yukon et est entourée de montagnes et de lacs. Yukon élabore huit bières, dont une est aromatisée aux grains de café.

BIÈRES

HONEY BROWN LAGER
LAGER 5 % VOL.
Lager souple rafraîchissante et corps plein, avec une subtile touche de miel produisant une finale légèrement sucrée.

SLEEMAN CREAM ALE
ALE 5 % VOL.
Marie la qualité désaltérante d'une lager allemande à la saveur typique des ales britanniques.

MAUDITE
RED ALE 8 % VOL.
Robe roux profond, avec une mousse instable, un arôme appétissant d'épices sauvages et des notes houblonnées florales.

BLANCHE DE CHAMBLY
BIÈRE DE FROMENT 5 % VOL.
Robe blond pâle, avec une mousse effervescente et un bouquet subtil de notes épicées et acidulées.

ARKELL BEST BITTER
BEST BITTER 4 % VOL.
Bière ambrée rafraîchissante – de corps léger pour une bitter. Plus maltée sur le palais que sur le nez, avec des notes de caramel.

WELLINGTON IMPERIAL STOUT
STOUT 8 % VOL.
Bière riche, exceptionnellement complexe, avec une saveur évoquant le café.

LEAD DOG ALE
ALE 7 % VOL.
Les saveurs maltées complexes prédominent. Proche d'un porter, elle présente une mousse crémeuse légèrement brunie.

DISCOVERY ALE
PALE ALE 5 % VOL.
Brassée avec du miel d'épilobe à feuilles étroites, l'emblème de Yukon. Finale sèche sur la langue.

AUTRES BIÈRES
CANADIENNES

Le Canada abrite un noyau stable de brasseries artisanales, dont la plupart ont une clientèle fidèle dans les environs. Certains de ces brasseurs produisent des bières en bouteilles distribuées plus largement, mais en général, leur bière est vendue localement, en pression.

BRASSERIES

BRICK BREWING
181 King Street South, Waterloo, Ontario, N2J 1P7, Canada
www.brickbrewery.com

Le fondateur Jim Brickman a voyagé dans 29 pays et visité 68 brasseries pour effectuer des recherches avant de créer sa propre brasserie en 1984. À l'époque, il était le premier brasseur de l'est du Canada depuis 37 ans. Le lieu d'origine de la brasserie, Waterloo, accueille une fête de la bière chaque année au moins d'octobre.

CHEVAL BLANC
809 Rue Ontario-Est, Montréal, Québec, H2L 1P1, Canada
www.lechevalblanc.ca

Premier pub-brasserie de Montréal, cette auberge de quartier ravit les habitants et les amateurs de bière du monde entier depuis 1986. En cuisine sont élaborés de bons hot-dogs hongrois. Longtemps considéré comme l'un des meilleurs bars de la ville, il a conservé un décor simple et organise des expositions et des concerts.

DIEU DU CIEL
29 West Laurier Avenue, Montréal, Québec, H2T 2N2, Canada
www.dieuduciel.com

Petit pub-brasserie ouvert en 1998, Dieu du Ciel appartient à Jean-François Gravel, qui a transformé sa passion en activité professionnelle. Gravel repousse constamment les limites du brassage et aime créer de nouvelles bières. Il estime que la bière est une aventure fantastique qui allie l'art à la science.

FERME BRASSERIE SCHOUNE
2075 Ste-Catherine, St-Polycarpe, Québec, J0P 1X0, Canada
www.schoune.com

Les bières sont inspirées des origines belges de la famille Schoune. Toutes sont élaborées avec du pur malt d'orge, et la bière blanche est brassée à partir de froment local.

SECRET DE BRASSERIE Les bières sont non filtrées, la levure produit ainsi des saveurs fruitées riches et profondes.

BIÈRES

WATERLOO DARK
LAGER 5 % VOL.
Les malts torréfiés donnent à cette bière une robe ébène foncé et un nez d'expresso. Saveur légère.

BRICK BOCK
BOCK 7 % VOL.
Bière de saison dont les ingrédients changent chaque année. Brune et maltée avec des touches de réglisse.

AMBER
RED ALE 5 % VOL.
Red ale caramélisée classique, avec une amertume nette et rafraîchissante. Bien équilibrée et accessible.

INDIA RED
INDIA PALE ALE 6 % VOL.
IPA roussâtre dans le style américain. Saveur houblonnée sèche issue des houblons Centennial. Amertume prononcée.

CHAMAN
IMPERIAL PALE ALE 8 % VOL.
Robe ambrée prononcée, saveurs houblonnées dominantes. Très complexe et amère, mais toujours équilibrée.

ROUTES DES ÉPICES
BIÈRE DE SEIGLE 5 % VOL.
Du poivre a été ajouté en cours de brassage pour donner à cette bière un arôme poivré.

LA REB'ALE
STRONG ALE 7,5 % VOL.
La bière rock'n'roll de la gamme : rouge cuivré, profondément maltée, avec une sensation de caramel puissante en bouche.

LA BLANCHE DU QUÉBEC
BIÈRE BLANCHE 4,1 % VOL.
Caractère épicé, caresse acidulée rafraîchissante sur le palais ; idéale avec du fromage de chèvre.

BRASSERIES

GRANITE
1662 Barrington Street, Halifax, NS B3J 2A2, Canada
www.granitebrewery.ca

La brasserie Granite n'utilise que des ingrédients naturels pour élaborer ses bières : malt d'orge à deux rangs venant de l'ouest du Canada, malt caramel apportant saveur et couleur, et malt noir anglais pour approfondir la robe.

SECRET DE BRASSERIE La farine de froment canadienne écrasée permet de produire une bonne mousse.

RUSSELL
202-13018 80 Avenue, Surrey, Colombie-Britannique, V3W 3B2, Canada
www.russellbeer.com

Lorsque Russell Brewery fut fondée en 1995, ses propriétaires n'avaient qu'un seul but en tête : brasser la meilleure bière naturelle, sans pasteurisation et sans abréger le processus d'élaboration. Actuellement, leurs bières sont vendues à la pression dans la région de Vancouver, et la brasserie projette de conditionner ses produits en canettes et en bouteilles.

SPINNAKERS
308 Catherine Street, Victoria, Colombie-Britannique, V9A 3S8, Canada
www.spinnakers.com

Il faut absolument visiter ce pub-brasserie qui constitue une base idéale pour découvrir d'autres brasseurs créatifs de la région. Les bières éclectiques s'inspirent des styles du monde entier. Le site comprend aussi une entreprise produisant des vinaigres de malt naturels vieillis en fûts de chêne.

STORM BREWING
St John's, Terre-Neuve, A1B 3N7, Canada
www.stormbrewing.ca

La brasserie fut nommée Storm (« tempête ») en référence au climat de Terre-Neuve. Récemment, la brasserie a participé à une expérience « zéro émission » consistant à cultiver des champignons shiitake et des vers de terre sur les graines d'épeautre. Les bières sont non pasteurisées et ne contiennent ni conservateur ni additif.

BIÈRES

PECULIAR
ALE 5,6 % VOL.
Ale roux foncé, au palais légèrement sucré mais sec.

GIN LANE ALE
BARLEY WINE 9 % VOL.
Houblonnée à sec, au caractère franc, presque vineux. L'amertume est dérivée des houblons Kent Golding et Fuggles.

RUSSELL PALE ALE
PALE ALE 5,5 % VOL.
Robe ambrée. Malts d'Écosse et houblons de variété Yakima. Touches acidulées douces.

RUSSELL CREAM ALE
ALE ANGLAISE 5 % VOL.
Élaborée avec des malts anglais, robe blond foncé. Saveur souple associant orge canadienne et houblons américains.

SPINNAKERS IMPERIAL STOUT
IMPERIAL STOUT 7,75 % VOL.
Stout forte, brassée avec des céréales maltées anglaises. Breuvage riche et aromatique.

SPINNAKERS HONEY PALE ALE
ALE BLONDE 4,7 % VOL.
Brassée avec du malt anglais clair et du miel local, cette bière est souple, de corps léger, légèrement sucrée et très rafraîchissante.

NEWFOUNDLAND RED ALE
RED ALE 5,5 % VOL.
Bière de fermentation haute souple, à la robe roussâtre profond. Une douceur de sucre couverte par du caramel.

COFFEE PORTER
PORTER 5 % VOL.
Bière de saison, brassée avec des grains de café Arabica torréfiés.

BUCANERO SA

Circunvalación Sur Km 3.5,
Holguin, Cuba
www.cervezacristal.com

Cette brasserie étonnamment
moderne et sophistiquée oriente
progressivement sa production
vers le marché du tourisme croissant
et vers les exportations. Le logo
Cristal est omniprésent à Cuba,
notamment sur les célèbres Bici-taxis
Cristal, dont les chauffeurs sont
toujours prêts à vous emmener
au bar le plus proche.

CRISTAL
LAGER 4,9 % VOL.
Légèrement houblonnée, riche
en douceur de sucre de canne.
Idéale sous forte chaleur.

DESNOES AND GEDDES

214 Spanish Town, Kingston,
Jamaïque
www.jamaicadrinks.com

Appartenant au géant Diageo, Desnoes
and Geddes fut fondée en 1918 par
deux amis, Eugene Desnoes et Thomas
Geddes, qui commencèrent par produire
des boissons non alcoolisées et se
tournèrent vers la brassiculture en 1927
avec le lancement de la Red Stripe.
James Bond, espion créé par Ian Fleming,
consomme de la Red Stripe, outre ses
nombreux martinis, et la bière apparaît

dans plusieurs films tirés des romans.
La Red Stripe fut popularisée en Grande-
Bretagne dans les années 1980 et 1990
grâce à des événements de culture
caribéenne, comme le carnaval de
Notting Hill. Elle est encore brassée
en Jamaïque, ainsi qu'à la brasserie Wells
& Young de Bedford au Royaume-Uni.

SECRET DE BRASSERIE La Red Stripe fut
inspirée d'une ale anglaise ; elle n'eut
de succès qu'à partir du moment où
elle fut qualifiée de lager fraîche.

DRAGON STOUT
STOUT SUCRÉE 7,5 % VOL.
Sucrée lors de l'embouteillage, elle
présente une saveur maltée avec
des notes distinctes de mélasse.

DRAGON GOLD
LAGER 5,5 % VOL.
Ambrée, avec une douceur et
un arôme de caramel. Houblons
modérés sur le nez, corps
raisonnablement ample.

RED STRIPE
LAGER 4,7 % VOL.
Robe jaune, arôme céréalier,
saveur vive et nette, meilleure
servie très fraîche.

KINGSTON LAGER
LAGER 5 % VOL.
Pale, légère en bouche, dominée
par une touche céréalière.

MOCTEZUMA

Monterrey/Veracruz-Llave,
Mexique
www.femsa.com

Brasserie la plus innovante du Mexique,
Moctezuma a aussi des entreprises
au Brésil et est un exportateur majeur
de bière aux États-Unis. Elle présente
un catalogue de marques épatant, qui
comprend Tecate, Dos Equis, Sol, Indio,
Bohemia et Carta Blanc, dont la plupart
est vendue dans les bars chics du
monde entier. Ses bières sont souvent
souples, avec une finale éclatante.

DOS EQUIS
LAGER VIENNOISE 4,8 % VOL.
Roux foncé et riche, avec des
saveurs de chocolat et d'orange. Sa
douceur mène à une longue finale.

SOL
LAGER 4,5 % VOL.
Lager vive, de corps léger, avec
un arôme de sirop de maïs.

AUTRES BIÈRES

D'AMÉRIQUE DU SUD

L'Argentine et le Brésil abritent des brasseurs artisanaux talentueux mêlant les styles européens et américains. En voici quelques autres.

BULLER BREWING COMPANY

RM Ortiz 1827, Buenos Aires, Argentine
www.bullerpub.com

Les bars à bière sont rares à Buenos Aires, et celui-ci a le mérite de proposer six bières brassées sur place, inspirées des styles européens et américains.

SECRET DE BRASSERIE Le miel d'Argentine, les malts allemands et les houblons américains rivalisent dans cette gamme de bières raffinées.

HONEY BEER
BIÈRE AROMATISÉE 8,5 % VOL.
Associé aux malts, le miel d'Argentine confère à la bière son caractère franc.

OKTOBERFEST
ALE ALLEMANDE 5,5 % VOL.
Les malts de Vienne et de Munich influencent le profil gustatif prononcé. L'amertume de houblon est faible, dominée par le malt.

EISENBAHN

Cervejaria Sudbrack Ltda, Rua Bahia, 5181 – Salto Weissbach, 89032-001 Blumenau SC, Brésil
www.eisenbahn.com.br

Les propriétaires Jarbas et Juliano Mendes ont fondé cette brasserie en 2002, et élaborent leurs bières sans additifs ni conservateurs. Ils proposent une gamme de bières diversifiées, d'une weizenbier de style allemand aux ales inspirées des recettes belges. Les bières Eisenbahn sont exportées en France et aux États-Unis.

EISENBAHN KÖLSCH
KÖLSCH 4,8 % VOL.
Quatre malts, dont un malt de froment, s'associent dans cette bière blonde à la saveur maltée ; arôme légèrement fruité et amertume faible.

EISENBAHN NATURAL
PILSNER 4,8 % VOL.
Première bière bio du Brésil. Légère et blonde, amertume faible. Nez biscuité et malté.

CERVESUR

Arequipa, Pérou

Basée au sud du Pérou, dans les Andes, la société d'origine allemande brasse depuis 1898 et appartient désormais à SABMiller. Elle a fusionné récemment avec une autre société de SABMiller, Backus & Johnson. Sa marque principale, Cusqueña, est la lager la plus vendue au Pérou.

SECRET DE BRASSERIE L'eau de brassage est issue d'une source andéenne d'altitude.

CUSQUEÑA
LAGER 5 % VOL.
Prononcez « Cus-Ken-Ya ». Vive et rafraîchissante, avec un arôme citronné persistant.

QUILMES

Tte. Gral. Juan D. Peron 667 103, Buenos Aires, Argentine
www.quilmes.com.ar

Bière dominante en Argentine, Quilmes appartient aujourd'hui à InBev. Comme de nombreuses brasseries en Amérique du Sud, elle fut créée par un Allemand, Otto Bemberg, dans les années 1880, et elle était alors dotée d'une entreprise de maltage. « Quilmes » est dérivé d'un nom indigène désignant l'endroit où est située la brasserie.

QUILMES CRISTAL
LAGER 4,9 % VOL.
Légère, pâle, sans distractions aromatiques. Accessible au palais et dégageant une douceur rafraîchissante.

QUILMES STOUT
STOUT 4,8 % VOL.
La cacophonie de trois malts retient l'attention – mais les saveurs de café attendues sont submergées par la douceur.

SUL BRASILEIRA

BR 392, Km 05, Santa Maria – RS, 97000, Brésil

Le folklore local explique que la bière Xingu de Sul Brasileira est la descendante d'une bière élaborée autrefois par les premiers brasseurs amazoniens. Le Xingu (prononcez « chine-goo ») est un affluent de l'Amazone, autour duquel vivent les dernières cultures amazoniennes.

XINGU BLACK BEER
SCHWARZBIER 4,7 % VOL.
Robe brune, mais saveur légère et sucrée. La mousse s'estompe rapidement.

TERESÓPOLIS

BR-040 - Km 116, Serra do Capim, Teresópolis, RJ, Brésil
www.lokalbier.com.br

Située à 900 m d'altitude, Teresópolis est entourée de montagnes et de forêts tropicales verdoyantes. D'après la brasserie, le nom de sa bière Lokal est dérivé d'un mot allemand signifiant « bière de notre pays », ce qui illustre les liens avec la communauté locale et l'environnement que la brasserie entretient fièrement.

LOKAL
PILSNER 4,7 % VOL.
Robe jaune pâle, riches saveurs de maïs. Modérément houblonnée et rafraîchissante, arrière-goût minime.

TERESÓPOLIS BLACK PRINCESS
DARK LAGER 4,8 % VOL.
Il manque les notes maltées annoncées par la robe. Rafraîchissante si servie fraîche.

BRASSERIES

BAIRD BREWING

9-4 Senbonminato-cho, Numazu City,
Shizuoka 410-0845, Japon
www.bairdbeer.com

Fondée en janvier 2001 par Bryan Baird, originaire de l'Ohio aux États-Unis, et son épouse Sayuri, Baird est considérée comme la meilleure brasserie japonaise. Après avoir créé six bières de base – complétées par une bière de froment de style américain –, Baird se concentre sur les bières de saison. Le couple a également ouvert un bar à bière à Tokyo.

ECHIGO

3970 Fukui, Nishiura-ku, Niigata City,
Niigata 953-0076, Japon
www.echigo-beer.jp

Les producteurs du saké Tsurukame de Niigata ouvrirent la première microbrasserie japonaise en février 1995. Le pub-brasserie d'origine s'est largement développé en une grande brasserie dotée d'une chaîne de conditionnement en canettes. Ces bières en canettes sont appréciées, mais les quelques produits en bouteilles, plus chers, sont davantage prisés.

FUJIZAKURA HEIGHTS

3633-1 Funatsu, Fujikawaguchiko-machi,
Minami Tsuru-gun,
Yamanashi 401-0301, Japon
www.fuji-net.co.jp/beer/

Située au nord du mont Fuji, cette petite brasserie est spécialisée dans les bières allemandes traditionnelles. Si la Pils semble être la bière préférée de la clientèle du restaurant, la Weizen est d'une qualité largement supérieure, tandis que la Rauch, bière fumée, est le produit médaillé de la maison.

HAKUSEKIKAN

5251-1 Hirukawa Tahara,
Nagatsugawa, Gifu 509-8301, Japon
www.hakusekikan-beer.jp

L'une des brasseries japonaises les plus singulières, Hakusekikan repousse les limites des styles de bière. Satoshi Niwa, brasseur en chef génial et créatif, expérimente des recettes de bières sauvages avec de la levure airborne, et applique entre autres les techniques de fermentation longue et de maturation en fûts pour produire des bières uniques.

BIÈRES

RISING SUN PALE ALE
PALE ALE 5 % VOL.

Pale ale de style américain, élaborée avec du malt britannique Maris Otter et des houblons américains pour un caractère unique.

ANGRY BOY BROWN ALE
BROWN ALE 6,2 % VOL.

Fascinante et complexe, cette brown ale forte présente un profil gustatif multiple et une finale riche.

ECHIGO PILSENER
PILSNER 5 % VOL.

Cette bière artisanale présente une saveur maltée riche, une amertume modérée et une finale nette et brève.

ECHIGO STOUT
STOUT 7 % VOL. (5 % AUPARAVANT)

Le brassage de plus haute densité et plus soigné produit une bière marquée par une habile interaction de saveurs torréfiées et riches.

DOPPEL BOCK
DOPPELBOCK 8 % VOL.

Brassée au printemps et présentée avec une étiquette ornée de fleurs de cerisier, cette lager riche et fortifiante dégage une longue finale maltée.

RAUCH
RAUCHBIER 5,5 % VOL.

Une rauchbier particulière, brassée régulièrement, avec des saveurs fumées se prolongeant sur la finale.

SUPER VINTAGE
STRONG ALE 14,3 % VOL.

Incroyablement fruitée et complexe, avec une finale sèche surprenante. Servie toute l'année en pression au Beer Club Popeye de Tokyo.

SMOKED PALE ALE
PALE ALE 5 % VOL.

Pale ale accessible au palais avec un soupçon de malt fumé et une saveur fumée apparaissant sur la finale.

LES BIÈRES LES PLUS CONNUES AU JAPON

Plusieurs marques de bières japonaises apparaissent sur le marché international : Asahi, Kirin, Orion et Sapporo.

Dans les années 1980, Asahi, producteur brassicole majeur au Japon, a fait une forte incursion sur le marché avec le lancement de l'Asahi Super Dry, qui jouit depuis d'un succès constant. Les bières Asahi, brassées sur divers sites japonais et étrangers, sont réputées pour leur profil aromatique houblonné discret et leur saveur nette et vive ; l'Asahi Stout constitue une rare exception au caractère typique de la maison. Autrefois, Kirin détenait les deux tiers des parts du marché brassicole japonais grâce à sa Kirin Lager classique. La situation a cependant changé depuis l'introduction de la Super Dry d'Asahi. Orion est basée sur l'île d'Okinawa dont elle représente 50 % des parts du marché, et réalise des exportations massives. Sapporo a chuté à la quatrième place des ventes dans le secteur brassicole mais les amateurs continuent d'apprécier ses bières douces, agréables et accessibles au palais. Fondée dans les années 1870 sur l'île d'Hokkaido, au nord du pays, la brasserie a rencontré un rapide succès national, puis international. Son Edel Pils domine néanmoins en termes de qualité et de saveur.

Asahi (STOUT 8 % VOL.) *à gauche*
Kirin (LAGER 5,5 % VOL.) *du centre*
Sapporo (PILSNER 5 % VOL.) *à droite*

HARVEST MOON

Ikspiari 4F, 1-4 Maihama,
Urayasu City, Chiba 279-8529, Japon
www.ikspirari.co.jp/harvestmoon/

Implantée dans un complexe commercial proche de Tokyo Disneyland, Harvest Moon doit sa force au talent illimité de son maître brasseur Mayumi Sonoda. Les saveurs sont sobres, mais exhalent de complexité et d'équilibre, et sont accessibles au palais.

SECRET DE BRASSERIE La Yuzu Ale est souvent utilisée dans la cuisine japonaise.

ISEKADOYA

6-428 Jingu, Ise City,
Mie 516-0017, Japon
www.biyagura.jp

Ancienne entreprise de fabrication de miso (pâte de fèves de soja fermentées) et de sauce soja qui daterait du XVIe siècle, Isekadoya se tourna brièvement vers la brassiculture au XIXe siècle, elle approvisionnait alors les bateaux étrangers. La production de bière reprit en 1997, et l'entreprise a conservé les étiquettes originales.

KINSHACHI

1-7-34 Sakae, Naka-ku,
Nagoya City,
Aichi 460-0008, Japon

Il y a un siècle, Morita Shuzo, brasseur de saké, produisit de la bière pour la vendre aux baleiniers américains. Akio Morita, l'un des fondateurs de Sony, compte parmi les membres les plus connus de sa famille. En 1996, la société réouvrit une entreprise d'embouteillage de boissons non alcoolisées pour la convertir en brasserie, en reprenant l'ancien nom de la marque Kinshachi.

YUZU ALE

ALE 4,5 % VOL.

Un arôme d'agrume avec une amertume subtile. L'arôme agréable compense la structure maltée riche.

SCHWARZ

SCHWARZBIER 4,5 % VOL.

Très brune, avec des reflets roux ; saveur de chocolat, amertume minime et carbonisation agréable ; sensation en bouche homogène.

ISEKADOYA PALE ALE

PALE ALE 5 % VOL.

Bière initialement produite dans un style plus britannique. Ses versions récentes présentent des houblons plus marqués et se rapprochent des pale ale américaines. Toutefois, elle recèle des caractéristiques discrètes.

RED MISO LAGER

BIÈRE AROMATISÉE 6 % VOL.

Le miso est une spécialité de la région. La petite quantité de miso utilisée donne à cette bière une saveur de viande légère.

BLACK MISO LAGER

DARK LAGER 6 % VOL.

Bière brassée avec du « hatcho » miso, très noir. Saveur riche, évoquant presque les noix.

LES AUTRES BIÈRES
JAPONAISES

Suntory est certes réputé pour son whisky, mais sa bière vaut aussi la peine d'être dégustée, parmi celles de ces autres brasseurs japonais.

HELIOS

405 Kyoda, Nago City,
Okinawa 905-0024, Japon
www.helios-syuzo.co.jp

Helios était à l'origine une distillerie de rhum installée dans les immenses champs de canne à sucre d'Okinawa. L'entreprise s'est tournée vers la brassiculture artisanale en 1996. Son produit phare est une weizenbier riche, qui se marie parfaitement au climat sub-tropical d'Okinawa, tandis que la Goya Dry est la bière la plus « locale » et la plus caractéristique.

OTARU

3-263-19 Zenibako, Otaru City,
Hokkaïdo 047-0261, Japon
www.otarubeer.com

Les propriétaires japonais, le brasseur allemand et le directeur américain s'associent pour porter Otaru Beer sur la scène internationale, avec la qualité comme maître-mot. Les bières sont distribuées dans un rayon n'excédant pas 100 km autour d'Otaru. La grande qualité de la production rivalise avec celle de la plupart des brasseurs allemands.

GOYA DRY

Bière aromatisée 5 % vol.
La margose, le « légume national » d'Okinawa, est associée aux houblons pour donner de l'amertume à cette bière curieusement rafraîchissante. Elle se marie idéalement à la cuisine régionale, basée sur la viande de porc.

OTARU PILS

Pils 4,9 % vol.
Interprétation stellaire du style de bière le plus populaire au monde. La version d'Otaru est parfaitement équilibrée.

BRASSERIES

SANKT GALLEN

124 Kaneda, Atsugi City,
Kanagawa 243-0807, Japon
www.sanktgallenbrewery.com

Au début des années 1990, cette entreprise opéra discrètement avant la libéralisation des microbrasseries en produisant des bières titrant à moins de 1 % d'alcool. Néanmoins, aujourd'hui, Sankt Gallen semble se spécialiser dans les « bières sucrées » de haute densité, destinées aux femmes, bien que leur golden, amber et pale ale demeurent populaires.

SHIGA KOGEN

1163 Hirao, Yamanouchi-machi, Shimo Takai-gun Nagano 381-0401, Japon
www.tamamura-honten.co.jp

En septembre 2004, Tamamura Honten, brasseur de saké, se mit à produire de la bière, rompant avec une tradition vieille de deux siècles. En trois ans, Shiga Kogen est devenue l'une des marques de bière artisanale japonaise les plus réputées. Des produits uniques et distincts et un design de qualité ont contribué à ce succès.

OZENO YUKIDOKE

7-3 Nishi Honmachi, Tatebayashi City, Gunma 374-0065, Japon
www.ryujin.jp

La qualité et la stabilité des produits étaient assez irrégulières au cours des premières années d'existence de cette brasserie fondée en 1997. Cependant, à partir de 2004, Ozeno Yukidoke améliora considérablement ses bières et produit actuellement plusieurs breuvages savoureux. La maison mère est une ancienne brasserie de saké bien établie.

SUNTORY

Daiba 2-3-3, Minato-ku,
Tokyo 135-8631, Japon
www.suntory.com

Entreprise de whisky établie depuis longtemps et médaillée, Suntory est relativement nouvelle sur la scène brassicole. Fondée au début des années 1960 pour profiter de son vaste réseau de distribution, la brasserie remporte un succès récent pour sa lager de qualité.

BIÈRES

IMPERIAL CHOCOLATE STOUT

Imperial stout 8,5 % vol.
La plus populaire des « bières sucrées ». Embouteillée en édition limitée pour le jour de la Saint-Valentin, elle se vend très rapidement. Les nombreuses saveurs riches de chocolat et de caramel sont tempérées par une touche d'acidité et une faible teneur en houblon.

HOUSE DPA / DRAFT PALE ALE

Pale ale 8 % vol.
De style américain, avec une robe blond orangé éclatante, un arôme houblonné floral complexe et une douceur persistante.

MIYAMA BLONDE

Bière de type saison 7 % vol.
Élaborée avec la variété de riz à saké Miyama Nishiki, ainsi que des houblons et de l'orge d'Europe.

BROWN WEIZEN

Hefeweizen 5 % vol.
Trouble et brune, avec une note lactique subtile. La richesse surgit en milieu de palais, et laisse place à une longue finale satisfaisante.

INDIA PALE ALE

IPA 6 % vol.
Bière dans le style d'une IPA de la côte ouest américaine, elle est amère avec une finale houblonnée rapide.

THE PREMIUM MALT'S

Lager 5,5 % vol.
Cette bière a remporté trois prix consécutifs dans la « Monde Selection ». Lager pur malt, elle est l'une des meilleures au Japon.

GUANGZHOU ZHUJIANG

Canton, Chine
www.zhujiangbeer.com

La bière Zhu Jiang est brassée
à Canton, dans le sud de la Chine,
la troisième ville du pays avec
12 millions d'habitants. Depuis
2002, InBev détient 24 % du capital
de la brasserie. Les bières sont
exportées dans le monde entier.

SUN LIK

22 Wang Lee Street,
Nouveaux Territoires, Hong Kong, Chine
www.sunlikbeer.com

Sun Lik est l'équivalent cantonais de
San Miguel, l'une des marques de bières
les plus célèbres au monde. San Miguel
Brewery Hong Kong est une filiale
partiellement indépendante de la San
Miguel Corporation. La brasserie garde
le droit de produire et de vendre les
marques San Miguel à Hong Kong,
à Macao et dans la province
de Hainan, en Chine continentale.

TSINGTAO

Hong Kong Road, Central,
Qingdao, Chine 266071
www.tsingtaobeer.com

La brasserie Tsingtao fut fondée en
1903 par des Allemands installés à
Qingdao. Aujourd'hui, elle appartient
au géant américain Anheuser-Busch
InBev qui investit sur de nouvelles
brasseries en Chine continentale.
La société dirige 40 brasseries
et entreprises de maltage réparties
dans 18 provinces chinoises.

HITE

640, Yeongdeungpo-Dong,
Yeongdeungpo, Séoul, Corée du Sud
www.hite.com

Fondée en 1933 sous le nom
de Chosun Breweries, Hite est
le brasseur majeur en Corée,
représentant 60 % des ventes
de bière locales. Carlsberg est
un investisseur majeur. Actuellement,
la production annuelle avoisine
7 millions d'hectolitres. L'entreprise
élabore également un vin à base
de riz.

ZHU JIANG BEER

LAGER 5,3 % VOL.
Robe jaune pâle proche de la paille,
saveur maltée subtile rehaussée
par un équilibre houblonné délicat
menant à une finale vive et nette.
Houblons tchèques, levure
allemande, riz chinois et malt
d'orge canadien sont les ingrédients
de cette bière.

SUN LIK

LAGER 5 % VOL.
Du riz est ajouté dans la mouture,
conférant à la bière une finale vive
et quelque peu sucrée. La robe est
jaune pâle et le nez marqué par
le maïs doux.

TSINGTAO

LAGER 4,8 % VOL.
Saveur vive légèrement maltée et
un goût sucré de noix. La robe est
jaune brillante, l'arôme céréalier,
avec un soupçon de douceur. Une
carbonisation élevée rend la bière
très pétillante.

HITE

LAGER 4,5 % VOL.
Robe blonde, bière légère
accessible, avec un arôme
de chewing-gum.

PRIME MAX

LAGER 4,5 % VOL.
Robe orange pâle, arôme
de maïs doux, soupçons
de biscuits et d'agrumes.

BRASSERIES

BOON RAND
999 Samsen Road, Bangkok,
Thaïlande 10300
www.boonrawd.co.th

Cette entreprise fut fondée en
1933 par Phraya Bhirom Bhakdi
qui avait appris le brassage au cours
d'un long voyage en Allemagne
et au Danemark. Elle appartient
toujours à la famille Bhirom-Bhakdi,
et gère trois brasseries en Thaïlande.

THAIBEV
Vibhavadee Rangsit Road,
Chomphon, Chatuchak,
Bangkok, Thaïlande

Cet autre grand producteur de bière
thaïlandais rivalise férocement
avec Boon Rand. Sa marque Chang
est la plus vendue dans le pays et
est largement exportée. La société
élabore également le célèbre whisky
de riz Mekhong.

LAO BREWERY
Km 12 Thadeua Road,
Vientiane, Laos
www.beer-lao.com

La production à la brasserie Lao
débuta en 1973 ; l'entreprise était
alors nommée Brasseries et Glacières
du Laos. Deux ans plus tard, en
1975, elle fut nationalisée. En 2002,
Carlsberg et TCC, une société
thaïlandaise, acquièrent chacune 25 %
des parts de Lao, les parts restantes
sont toujours détenues par le
gouvernement laotien.

ASIA PACIFIC BREWERIES
459 Jalan Ahmad Ibrahim,
Singapour 639934
www.tigerbeer.com

Largement distribuées dans
toute l'Asie, les bières AP sont
actuellement brassées dans sept pays.
La bière Tiger, la plus célèbre de
la maison, fut lancée dans les années
1930, avec le slogan « *Time for
a Tiger* ». Le premier roman de
la trilogie *The Long Day Wanes* écrite
par Anthony Burgess, est intitulé
Time for a Tiger.

BIÈRES

SINGHA
LAGER 6 % VOL.
Bière d'orge maltée de corps plein,
au fort caractère houblonné. Avec
une saveur nette, elle accompagne
les plats épicés.

SINGHA LIGHT
LAGER 3,5 % VOL.
Dépourvue de la complexité et de
la vitalité de son équivalent plus
fort. Robe jaune pâle, saveur légère.

CHANG
LAGER 5 % VOL.
La version export est blonde
et légère pour plaire aux
consommateurs du monde entier.
La version thaïlandaise est plus
forte (6,4 % vol.), légèrement
plus brune et brassée avec du riz,
du malt et du houblon.

BEERLAO
LAGER 5 % VOL.
Qualifiée de meilleure bière asiatique,
elle présente une douceur agréable.
Amertume légère, soupçons de miel.

BEERLAO DARK
LAGER 6,5 % VOL.
Robe brun roussâtre, riche
en saveurs de caramel sucré
et de pain grillé. Finale brève
mais réchauffante.

TIGER
LAGER 5 % VOL.
Lager blonde rafraîchissante.
Idéalement servie très fraîche, si
bien que sa saveur et ses arômes
sont masqués.

ABC EXTRA STOUT
STOUT 8 % VOL.
Forte mais néanmoins accessible.
Le nez est robuste, avec des saveurs
de café torréfié et de chocolat.

MULTI BINTANG

Surabaya, Java centrale, Indonésie
www.multibintang.co.id

La plus grande brasserie d'Indonésie produit une gamme de boissons dont les marques Bir Bitang, Heineken, Guinness Stout et Green Sands, peu alcoolisées. Fondée en 1929, elle vendit une part de sa société à Heineken dans les années 1930. Elle fut reprise par le gouvernement en 1957, et puis réinvestie en 1967 par Heineken, qui détient la majeure partie de son capital.

UNITED BREWERIES

Bangalore, Inde
www.theubgroup.com

Cette société qui approvisionnait autrefois les troupes de l'Empire britannique jouit aujourd'hui d'une réputation internationale. On raconte que son logo – un pégase – portait jadis un fût de bière entre ses ailes comme présent aux dieux. La marque Kingfisher est le leader du marché brassicole croissant en Inde.

LION BREWERY

254 Colombo Road, Biyagama,
Sri Lanka
www.lionbeer.com

La Lion Stout, conditionnée en bouteilles, est la marque la plus connue de cette société. La bière est brassée avec des malts britanniques, tchèques et danois, des houblons Styrian et une souche de levure anglaise. Tous ces ingrédients sont transportés sur de mauvaises routes menant à la brasserie, située à 1 000 m au-dessus du niveau de la mer, au cœur de plantations de thé.

PAULANER

Clock Tower Precinct, Victoria & Alfred Waterfront, Le Cap, Afrique du Sud
www.paulaner.co.za

Paulaner est une ramification de la grande Paulaner Bräuhaus implantée en Allemagne. Sur le site sud-africain, le maître brasseur Wolfgang Ködel élabore des bières de style bavarois et les vend à la pression dans le pub-brasserie vitré et le bar à bière situés sur le front de mer très fréquenté du Cap.

BINTANG BIR PILSENER

LAGER 4,8 % VOL.

Arôme malté frais laissant place à une finale houblonnée sèche et amère – cette bière s'inspire clairement de son ancêtre néerlandais.

BINTANG GOLD

LAGER 4,8 % VOL.

Variante de la pilsner, légèrement plus foncée, brassée pour fêter le 50ᵉ anniversaire de la République.

KINGFISHER

LAGER 5 % VOL.

Brassée sous contrat dans de nombreux pays. Saveur vive et fraîche avec une note douce.

LONDON PILSNER 5.0

LAGER 5 % VOL.

Robe jaune légère, arôme quelque peu houblonné, arrière-goût douceâtre et notes de gazon.

LION STOUT

STOUT 8 % VOL.

Bière de classe mondiale, avec des arômes et des saveurs de pruneaux et de moka. Son corps est gras, évoquant le goudron, et la finale est poivrée et amère comme du chocolat. L'alcool réchauffe et allonge la finale.

PAULANER LAGER

LAGER 4,9 % VOL.

Non filtrée et non pasteurisée, robe blonde, saveur homogène et bien équilibrée.

MÜNCHNER DUNKEL

DUNKEL 5 % VOL.

Bière sombre dans le vieux style munichois : blond foncé, de corps plein, maltée et souple.

BRASSERIES

BARONS
1 Moncur Street, Woollahra,
Nouvelle-Galles du Sud 2025, Australie
www.baronsbrewing.com

« Barons de la bière » à tous points de
vue, cette brasserie produit ses marques
sous contrat, et est l'une des entreprises
brassicoles artisanales australiennes à
la croissance la plus rapide. Elle exporte
ses produits en Russie et aux États-Unis.

SECRET DE BRASSERIE Barons utilise des
ingrédients locaux du bush, tels que le
myrte citronné et les graines d'acacia.

BOOTLEG
Corner Johnson & Pusey Roads, Wilyabrup,
Australie-Occidentale 6280, Australie
www.bootlegbrewery.com.au

« Une oasis de bière dans un désert de
vin » est la métaphore qu'utilise Bootleg
pour rappeler qu'elle fut la première
brasserie artisanale de la région viticole
du fleuve Margaret. Depuis qu'elle a
ouvert en 1994, quatre microbrasseries
se sont implantées dans la zone. Bootleg
est installée sur un vaste domaine et
dispose d'une salle de dégustation,
d'un restaurant et d'un bar à bière.

CASCADE
131 Cascade Road, South Hobart,
Tasmanie 7004, Australie
www.cascadebrewery.com.au

La plus ancienne brasserie australienne,
dotée d'aires de maltage, est aussi celle
dont l'architecture et la situation sont
les plus surprenantes : le bâtiment
en grès, construit comme un château,
est niché au pied du mont Wellington.
Elle appartient désormais à l'empire
Foster, et accueille chaque année des
dizaines de milliers d'amateurs de
bière venus visiter le centre touristique.

COOPERS
461 South Road, Regency Park, Adélaïde,
Australie-Méridionale 5010, Australie
www.coopersbrewery.com.au

Au XXᵉ siècle, tandis que la plupart des
brasseries australiennes se spécialisèrent
dans la production de lager, cette
brasserie familiale continua de brasser
ses ales et ses stout troubles et
conditionnées en bouteilles. Depuis
l'ouverture d'une nouvelle brasserie
en 2001, générant une forte hausse de
la demande, Coopers est devenue le
troisième producteur de bière du pays.

BIÈRES

LEMON MYRTLE WITBIER
WITBIER BELGE 5 % VOL.
Carbonisation modérée, milieu de
palais parfumé au citron vert, avec
des soupçons épicés, suivi d'une
finale nette, vive et fraîche.

BLACK WATTLE ORIGINAL ALE
ALE ÉPICÉE AMBRÉE 5,8 % VOL.
Sensation en bouche crémeuse,
dominée par le malt. Soupçons de noix
torréfiées, chocolat et café au lait.

RAGING BULL
STRONG DARK ALE 7,1 % VOL.
Robe acajou foncé, notes complexes
de café, de mélasse et de chocolat
amer ; amertume abondante tardive.

TOM'S AMBER ALE
BROWN ALE ANGLAISE 4 % VOL.
Robe brun-grenat profond,
saveurs initiales amères et
torréfiées avec des notes de
mélasse, finale sèche.

CASCADE STOUT
MEDIUM STOUT 5,8 % VOL.
Note de café immédiate, chocolat
au lait sur le palais, puis une finale
modérément amère.

CASCADE BLONDE
BIÈRE D'ÉTÉ 4,8 % VOL.
Nette et vive, avec une légère
saveur de houblon acidulé.

COOPERS SPARKLING ALE
PALE ALE AUSTRALIENNE 5,8 % VOL.
Robe trouble, arômes de fruits
avec un soupçon de pêches,
finale ronde, sèche, marquée
par la levure.

COOPERS EXTRA STOUT
DRY STOUT 6,4 % VOL.
Notes d'expresso et de chocolat
amer, avec des soupçons de
bananes, finale robuste et amère.

LORD NELSON

19 Kent Street, The Rocks, Sydney, Nouvelle-Galles du Sud 2000, Australie
www.lordnelsonbrewery.com

Après plus de 20 ans d'existence, ce pub-brasserie de Sydney maintient une bonne croissance et continue d'attirer les amateurs de bière dans son établissement, qui affirme être « le plus ancien pub de la ville ayant conservé sa licence ». Les premiers breuvages étaient des bières simples à base d'extrait de malt, mais la gamme a évolué vers des ales complexes.

MALT SHOVEL

99 Pyrmont Bridge Road, Camperdown, Sydney, Nouvelle-Galles du Sud 2050, Australie
www.maltshovel.com.au

Branche brassicole artisanale de Lion Nathan, la brasserie Malt Shovel a développé un catalogue impressionnant de styles de bière grâce au talent du maître brasseur Dr Charles « Chuck » Hahn, d'origine américaine. Le premier produit, une amber ale, fut commercialisé en 1998, et reçut l'approbation immédiate des consommateurs de lager traditionnelles. Les bières de la marque James Squire doivent leur nom à un ancien détenu condamné pour grand banditisme, et qui est devenu le premier cultivateur de houblon et brasseur de la colonie. Malt Shovel lance régulièrement des bières exceptionnelles et authentiques dans le sillage de Lion Nathan.

SECRET DE BRASSERIE Parmi les audacieuses éditions limitées, on remarque un porter vieilli en fûts ayant contenu du rhum, et une bière de froment à la framboise.

OLD ADMIRAL

STRONG ALE 6,1 % VOL.
Palais dense et malté, avec des notes de prunes, une amertume énergique et une rémanence réchauffante.

THREE SHEETS

PALE ALE 4,9 % VOL.
Arômes maltés et fruités ; accents de malt, avec des soupçons d'agrumes et d'abricot ; amertume bien ronde.

MALT SHOVEL INDIA PALE ALE

INDE PALE ALE 5,6 % VOL.
Caractère malté onctueux, ponctué de caramel, saveur houblonnée robuste issue de l'houblonnage à sec, et amertume persistante.

MALT SHOVEL PILSENER

PILSNER TCHÈQUE 5 % VOL.
Légers arômes épicés, palais riche et malté, avec des notes de miel et une amertume excessive.

JAMES SQUIRE PORTER

PORTER 5 % VOL.
Soupçons de café, de chocolat noir et de fruits noirs. Bière somptueuse avec une finale homogène.

JAMES SQUIRE GOLDEN ALE

GOLDEN ALE 4,5 % VOL.
Bière d'été accessible au palais, avec des saveurs houblonnées de fruits de la passion et d'agrumes, la finale est vive et modérément amère.

LES BIÈRES AUSTRALIENNES LES PLUS CONNUES

La Victoria Bitter, produite par le groupe Foster, est la bière la plus vendue. Elle représente un cinquième des bières consommées.

Il est difficile d'expliquer l'essor de la VB au cours des deux dernières décennies, mais cela a correspondu à des changements de propriétaires et à une érosion de la fidélité portée aux marques nationales indépendantes. Avec une certaine ironie, la Lager de Foster, l'une des marques les plus vendues au monde, ne représente que 1 % du marché brassicole intérieur. Carlton Draught, autre marque du groupe Foster, reste bien implantée dans la région de Victoria, tout comme la Tooheys en Nouvelle-Galles du Sud et la Castlemaine XXXX dans le Queensland. Cette dernière est néanmoins éclipsée depuis peu par la XXXX Gold, une version moins alcoolisée. Ces bières « midstrength » (« de force moyenne ») ont du succès dans les États du Queensland et d'Australie-Occidentale, mais doivent encore conquérir les autres marchés régionaux. Peu à peu, les Australiens se tournent vers les premium lager locales ou les lager importées, ainsi que vers les bières artisanales. Ces dernières années, Carlton Pure Blonde est la marque qui connaît la croissance la plus rapide ; il s'agit d'une bière pauvre en glucides qui inspire déjà de nombreuses imitations.

VB (LAGER 4,9 % VOL.) à gauche
CARLTON DRAUGHT
(LAGER 4,6 % VOL.) au centre
TOOHEYS (LAGER 5 % VOL.)
XXXX GOLD (LAGER 3,5 % VOL.)
à droite
CARLTON PURE BLONDE
(LAGER 4,6 % VOL.)

BRASSERIES

MURRAY'S

Taylor's Arm Road, Taylor's Arm,
Nouvelle-Galles du Sud 2447, Australie
www.pubwithnobeer.com.au

Le Pub With No Name doit son nom
à une chanson populaire composée par
le chanteur national défunt Slim Dusty,
et constitue l'invraisemblable base
d'une nouvelle brasserie artisanale.

SECRET DE BRASSERIE Murray's repousse
les limites des styles de bière
traditionnels et développe quelques
bières savoureuses en édition limitée.

REDOAK

201 Clarence Street, Sydney,
Nouvelle-Galles du Sud 2000, Australie
www.redoak.com.au

Le Redoak Boutique Beer Café est la
vitrine d'une gamme de bières élaborée
par David Hollyoak, l'un des brasseurs
australiens les plus récompensés, bien
qu'il n'ait lancé cette série qu'au cours
de l'année 2004. Une bière aux infusions
de fruits, un porter balte, une bitter
anglaise soutirée à la main et une barley
wine vieillie en fûts comptent parmi
les nombreuses bières proposées.

DUX DE LUX

Cnr Hereford & Montreal Streets,
Christchurch, Nouvelle-Zélande
www.thedux.co.nz

Établissement artisanal parmi les
plus réputés de Nouvelle-Zélande,
The Dux possède des pubs-brasseries
à Christchurch et à Queenstown. Une
gamme de styles variés est produite
sous le contrôle de Richard Fife, maître
brasseur, viticulteur et chef cuisinier.

SECRET DE BRASSERIE Les visiteurs
peuvent déguster une bière de saison.

EMERSON'S BREWERY

14 Wickliffe Street, Dunedin,
Nouvelle-Zélande
www.emersons.co.nz

La microbrasserie la plus récompensée
de Nouvelle-Zélande propose un
catalogue de bières produites toute
l'année et des bières spéciales telles
que la Taieri George, une dark ale
épicée, et une pale ale américaine
brassée avec des houblons américains.

SECRET DE BRASSERIE La Bookbinder
Bitter n'est disponible qu'en pression.

BIÈRES

NIRVANA PALE ALE

PALE ALE 4,5 % VOL.
Palais complexe avec des notes
d'agrumes et d'épices, finale
généreusement amère.

SASSY BLONDE

ALE BELGE 4,5 % VOL.
Caractère belge distinct avec
des notes de levure robustes, un
soupçon de fenouil, et une finale
sèche marquée par la levure.

FRAMBOISE FROMENT

BIÈRE FRUITÉE 5,2 % VOL.
Robe cramoisie voilée, notes
de framboises aigres sur le palais,
et finale très sèche.

REDOAK RAUCH

RAUCHBIER ALLEMANDE 5,5 % VOL.
Soupçons de bacon, d'iode et
de fumée de bois flotté, l'ensemble
est équilibré par des saveurs de
malts sucrés.

NOR'WESTER

PALE ALE ANGLAISE 6,5 % VOL.
Douceur céréalière initiale, puis
soupçons de noix et de fumée, esters
de fruits et une finale houblonnée
profonde et persistante.

BLACK SHAG STOUT

IRISH DRY STOUT 5,5 % VOL.
Bière brune et dense. Mousse
crémeuse durable et corps soyeux.
Caractère sec appétissant.

EMERSON'S OLD 95

BARLEY WINE 7 % VOL.
Bière robuste, avec du malt riche
évoquant le caramel et des
houblons résineux. Le vieillissement
en cave lui est bénéfique.

EMERSON'S ORGANIC PILSNER

NEW WORLD PILSNER 4,9 % VOL.
Abonde en fruits de la passion et en
agrumes. Une vitrine pour la variété
de houblon néo-zélandaise Riwaka.

LES BIÈRES NÉO-ZÉLANDAISES LES PLUS CONNUES

Les bières les plus réputées sont élaborées avec une forte proportion de sucre et sont fermentées à chaud avec des levures de lager.

Les bières ont donc tendance à être douces et de corps léger, et, suivant les standards des lager européennes, dégagent des notes d'esters. Les bières dominant le marché, Speight's, Tui et Export Gold, sont produites par Lion et DB. Il s'agit de trois styles de bière néo-zélandais basiques. Ici, une bière de robe bronze ou cuivrée est nommée à tort « draught » (« pression »), même si elle est conditionnée en canettes ou en bouteilles ! Les autres bières plus pâles sont qualifiées de « lager » (le nom de la marque étant souvent suffixé par « gold »). Enfin les bières plus colorées sont nommées « dark ». Dans le cas des draught et des dark néo-zélandaises, le terme « ale » est souvent annexé, à tort également. Durant la dernière décennie, les brasseurs se sont détournés des styles nationaux traditionnels au profit des premium lager, plus pâles et vives. La bière néo-zélandaise la plus célèbre, la Steinlager (désormais disponible en versions Classic et Pure) rivalise avec des lager locales brassées sous contrat notamment par Heineken, Stella Artois et Carlsberg, et par des marques importées d'Europe, d'Amérique, d'Asie et d'Australie.

SPEIGHT'S GOLD MEDAL ALE
(LAGER 4 % VOL)
TUI (LAGER 4 % ABV) à gauche
EXPORT GOLD (LAGER 4 % VOL.)
au centre
STEINLAGER (LAGER 5 % VOL.)
à droite

MOA

Jacksons Rd, RD3 Blenheim,
Nouvelle-Zélande
www.moabeer.co.nz

Au cœur des vignes de Marlborough, la brasserie et salle de dégustation Moa fut créée par un viticulteur, Josh Scott, désireux de brasser des super premium avec la méthode champenoise utilisée pour l'élaboration des vins pétillants.

SECRET DE BRASSERIE Les grandes bouteilles de 75 cl sont issues de la méthode de production traditionnelle.

STEAM BREWING

186 James Fletcher Drive,
Otahuhu, Auckland, Nouvelle-Zélande
www.cockandbull.co.nz

Cette brasserie fut fondée en 1995 pour produire exclusivement des bières pour le pub Cock & Bull de Pakuranga. Neuf ans et cinq pubs plus tard, la société racheta le site de Auckland Breweries, doté d'une chaîne de conditionnement à la pointe de la technologie. Outre les bières Cock & Bull, la brasserie produit plusieurs bières sous contrat.

TUATARA BREWING

183 Akatarawa Rd,
Waikanae,
Nouvelle-Zélande

Nommée d'après un reptile local en voie de disparition, la brasserie est à 1 heure de route de Wellington. Ses bières sont largement distribuées au sud de l'île du Nord, et le succès remporté l'a incitée à aménager une nouvelle salle de brassage de style allemand en 2007. Les bières Tuatara sont servies soutirées à la main au pub The Malthouse de Wellington.

MOA ORIGINAL

PILS EN BOUTEILLES 5,5 % VOL.
Le contact prolongé avec la levure produit une pilsner vive et sèche, avec une saveur de pain grillé.

MOA BLANC

BIÈRE DE FROMENT EN BOUTEILLES 5,5 % VOL.
Sèche et vive, avec des soupçons de banane et de vanille, carbonisation naturelle douce.

EPIC PALE ALE

PALE ALE AMÉRICAINE 5,4 % VOL.
Interprétation robuste du style, avec une explosion de résine de houblons (Cascade américains) et malt sucré.

MONK'S HABIT

ALE AMBRÉE AMÉRICAINE 7 % VOL.
Brassée exclusivement pour la chaîne de pubs Cock & Bull. Malt sucré, équilibré par des saveurs de houblons floraux et résineux.

TUATARA PILSNER

NEW WORLD PILSNER 5 % VOL.
La saveur houblonnée tardive (issue des houblons Motueka de culture locale) produit un caractère frais, chargé en houblon.

TUATARA INDIA PALE ALE

INDIA PALE ALE 5,5 % VOL.
Malgré une certaine saveur maltée sucrée évoquant les noix, les houblons terreux dominent l'arôme et le palais.

GLOSSAIRE

Abbaye, bière d' Famille belge de bières fortes et fruitées, produites ou inspirées par des moines brasseurs.

Acide lactique Issu du métabolisme des sucres par les lactobacilles, cet acide donne à la bière une saveur aigre. Les notes lactiques sont parfois données lors de la dégustation de bière.

Additif Au sens strict, tout élément ajouté au cours du brassage autre que l'orge, le houblon, la levure et l'eau. Plus généralement, il s'agit des céréales non maltées telles que le riz, l'orge, l'avoine ou le maïs, ajoutées pour augmenter la teneur en alcool et alléger la saveur.

Aire de maltage, salle de maltage Local dans lequel la céréale est imbibée d'eau pour favoriser une germination partielle, puis séchée.

Ale Bière de fermentation haute élaborée avec des levures spécifiques. Ce style comprend la golden ale, la brown ale, la mild et la bitter.

Alt, altbier Style de bière allemand semblable à la bitter ou à la pale ale britanniques, notamment associé à la ville de Düsseldorf.

Bac à houblon Cuve équipée d'un tamis destinée à filtrer le brassin. Le but est d'ôter les pétales de fleurs de houblon ou, lorsque la bière est élaborée avec des houblons frais, de renforcer la saveur du brassin.

Barley wine Style d'ale extra-forte, d'origine anglaise et désormais produit par de nombreux brasseurs américains.

Berliner weisse Bière de froment pâle, de fermentation haute, originaire du nord de l'Allemagne.

Bière de froment Bière à forte teneur en froment malté. Généralement de fermentation haute et souvent conditionnée en bouteilles. Robe pâle et trouble, texture crémeuse et saveur douce.

Bière de garde Style traditionnel du nord de la France. Brassée à l'origine en hiver et au printemps, puis embouteillée pour être consommée plus tard dans l'année par les ouvriers agricoles, cette bière est désormais brassée toute l'année dans plusieurs pays.

Bière de saison Style belge à l'origine, bière de fermentation haute, à la saveur forte et sèche, traditionnellement brassée en hiver et consommée en été.

Aujourd'hui, ce type de bière le plus souvent conditionnée en bouteilles est produit toute l'année. Ailleurs, les bières de saison sont élaborées pour une période de vente limitée, généralement adaptée aux conditions climatiques à un moment précis de l'année (comme la märzen), ou pour fêter un événement ou commémorer une date historique, comme la festbier de l'Oktoberfest.

Bière sauvage Bière de fermentation spontanée élaborée avec des levures sauvages et exposée aux éléments pendant une période déterminée. L'exemple classique est le lambic belge.

Bières extrêmes Terme d'origine américaine désignant des styles de bière exceptionnels : ingrédients inhabituels, fermentation avec de la levure sauvage, maturation en fûts de bourbon ou forte teneur en alcool sont des éléments permettant de décrire ces bières.

Bitter, best bitter Style de bière anglais désignant une bière très houblonnée. Best bitter fait souvent référence aux variantes plus fortes.

Blonde Terme essentiellement français et belge pour désigner une bière de couleur jaune clair.

Bock Terme allemand désignant une bière forte – bière de saison à l'origine, mais ce n'est plus le cas. Les variantes comprennent la doppelbock, plus forte encore, et l'urbock, style datant du XIIIᵉ siècle. *Voir aussi eisbock.*

Brassage sous contrat Accord commercial entre le créateur d'une bière et une brasserie dont une partie de sa capacité est disponible, afin que la bière y soit produite.

Brasserie artisanale Désigne les brasseries ouvertes depuis la fin des années 1970 et qui produisent des bières spéciales.

Brettanomyces Levure semi-sauvage utilisée dans l'élaboration des lambics et de certains porters et stouts. Produit un arôme et une saveur caractéristiques.

Broyhan Bière de froment pâle créée à Hanovre, en Allemagne, en 1526.

Burton-union Système de fermentation dans plusieurs fûts alignés et reliés, dans lesquels une culture de levure stable se développe avec le temps. Mis au point au XIXᵉ siècle à Burton-on-Trent.

Carbonisation Produit l'effervescence de la bière, générée par l'action de la levure ou par l'introduction artificielle de gaz sous pression.

Carrés du Yorkshire Cuves de fermentation de forme carrée associées au brassage traditionnel du comté du Yorkshire, en Angleterre. Ces carrés sont encore utilisés à la brasserie Samuel Smith ainsi que chez Black Sheep. Ce matériel permettrait de produire une bière à l'équilibre remarquable entre douceur du malt et aigreur de la levure.

Conditionnement en bouteilles Processus visant à embouteiller la bière avec la levure vivante et, parfois, les sucres fermentescibles, allongeant ainsi la durée de maturation et permettant le développement des saveurs et de l'effervescence.

Conditionnement en fûts Pratique consistant à porter de la bière en pression à maturité dans le fût, dans la salle de conditionnement de la brasserie ou dans la cave d'un pub. La durée varie d'une semaine à une année, voire plus.

Cuivres Terme définissant les cuves de brasserie en cuivre. Il en existe encore de nombreuses, mais les modèles récents sont fabriqués en acier inoxydable.

Curaçao Petite orange amère croissant dans l'ancienne colonie néerlandaise de Curaçao dans les Caraïbes. L'écorce séchée est utilisée dans l'élaboration de certaines bières de froment belges, dont la célèbre Hoegaarden.

Cuve de brassage Cuve dans laquelle le moût est porté à ébullition avec les houblons pour associer les saveurs, l'opération dure généralement 1 h 30.

Décoction Processus consistant à ôter une partie du moût du mash tun pour le chauffer à une température plus élevée avant de le reverser dans le brassin. Cela produit des saveurs de caramel complexes et des bières plus nettes.

Densité originale Mesure de la densité du moût. Une haute densité indique une abondance de sucres fermentescibles. Plus les sucres sont présents, plus la bière sera forte.

Dentelle Motif dessiné par la mousse lorsqu'elle colle aux parois du verre.

Doppelbock *Voir bock*

Dortmunder Bière blond pâle, de fermentation basse et de corps plein, originaire de Dortmund en Allemagne.

Double Bière d'abbaye belge, plus forte qu'une pilsner mais moins qu'une triple.

Dunkel, dunkler bock *Dunkel* signifie « sombre » en allemand, le terme s'applique aux dark lager, ou aux bières

de froment brunes. Une dunkler bock est une dark lager aussi forte qu'une bock.

Édulcoration Ajout de sucre dans la bière avant l'embouteillage pour favoriser la carbonisation.

Eisbock Le type de bock le plus fort, stocké en caves glaciales avec des cristaux d'eau gelée filtrés pour augmenter la concentration d'alcool.

Ester Composé chimique naturel apportant des saveurs fruitées et épicées (banane, fraise, clou de girofle). Les notes d'ester sont donc souvent associées à la dégustation de bière.

Export Désigne souvent une bière premium, excepté en Allemagne où le terme fait référence à une bière de type dortmunder.

Feistbier Terme allemand désignant une bière traditionnellement brassée pour une fête. Il fait parfois référence aux styles märzen et oktoberfest, des variantes fortes de la lager viennoise.

Fermentation basse Terme décrivant les levures de souche *Saccharomyces carlsbergensis* utilisées pour brasser la lager. Au cours du stockage, la levure coule au fond du breuvage, produisant une bière à la saveur nette.

Fermentation haute Désigne les levures de bière de la souche *Saccharomyces cerevisiae* qui produisent une mousse épaisse à la surface de la cuve de fermentation.

Fermentation Transformation des sucres du malt en alcool et en CO_2 sous l'action de la levure.

Gose Style de bière de froment nettement salée originaire de Leipzig.

Gueuze Mélange de lambics jeunes et vieux destiné à produire une bière effervescente et rafraîchissante.

Hefeweizen Terme allemand désignant une bière de froment contenant un dépôt de levure. *Hefe* signifie « levure » en allemand.

Hell, helles Terme allemand désignant une bière de robe pâle.

Houblons Northwest Désigne la zone pacifique nord-ouest des États-Unis, qui est la principale région américaine de culture du houblon. Les houblons Cluster y sont traditionnellement cultivés, complétés aujourd'hui par de nombreuses autres variétés, essentiellement aromatiques.

Houblon Les fleurs de houblon – séchées, en granulés ou en résine – sont ajoutées à la bière pour lui donner de la saveur, de l'arôme et de l'amertume afin d'équilibrer la douceur du malt. *Voir* aussi houblons aromatiques, houblons amers et houblons nobles.

Houblonnage à sec Ajout de houblons dans le brassin final pour renforcer son arôme et sa saveur.

Houblonnage tardif Technique consistant à ajouter des houblons dans la cuve de brassage lors des dernières minutes de l'ébullition, pour donner des saveurs houblonnées prononcées.

Houblons amers Variétés de houblons telles que Chinook ou Fuggles, riches en composés chimiques produisant une sensation gustative amère. On les utilise pour équilibrer la douceur du malt. Ils se distinguent des houblons aromatiques.

Houblons aromatiques Terme utilisé pour distinguer les houblons floraux et plus fruités, tels que les variétés Cascade et Goldings, utilisés pour donner à la bière plus de saveurs et d'arômes. Les houblons aromatiques sont souvent ajoutés plus tard que les houblons amers pour conserver la subtilité de leurs qualités. Certains houblons ont un potentiel très aromatique, ils donnent notamment des saveurs de résine et de pamplemousse. La plupart commencent par la lettre C : Cascade, Chinook, Cluster, Centennial, c'est pourquoi ils sont nommés en anglais « houblons C », bien qu'ils comprennent également les variétés Amarillo et Simcoe.

Houblons nobles Termes désignant un groupe de quatre variétés de houblons aromatiques et de faible amertume : Hallertau, Žatec (ou Saaz), Tettnanger et Spalter.

Imperial stout Stout extra-forte destinée à l'exportation, son nom évoque la popularité de cette bière auprès de la cour impériale de Russie.

IPA (india pale ale) Bière robuste et très houblonnée, élaborée à l'origine pour supporter les conditions rudes du transport maritime depuis la Grande-Bretagne jusqu'en Inde. Aujourd'hui, elle est produite par plusieurs nations brassicoles.

Kellerbier « Bière de cave » en allemand, désigne une bière non filtrée, houblonnée et légèrement carbonisée.

Kölsch Style léger de bière blonde de fermentation haute brassée à l'origine à Cologne et dans les environs.

Kriek Lambic belge dans lequel sont macérées des cerises fermentées pour obtenir une saveur aigre et fruitée.

Lactobacilles Famille de bactéries bénéfiques, qui transforment les sucres en acide lactique. L'aigreur qui en résulte caractérise certains styles, comme la berliner weisse.

Lager Famille de styles de bière de fermentation basse. Les exemples comprennent aussi bien des bières brunes, telles que la schwarzbier ou la pilsner blonde, plus commune.

Lambic Désigne une bière fermentée avec des levures sauvages airborne dans de petites brasseries rurales de la région du Pajottenland en Belgique.

Levure Grande famille d'organismes fongiques unicellulaires, dont certaines espèces sont des agents actifs utilisés dans le brassage de la bière.

Levures d'ale Levures utilisées pour élaborer des bières de fermentation haute. Issues de levures écumées à la surface de la cuvée précédente. Elles fermentent à haute température.

Lie Dépôt de levures résultant de la seconde fermentation en bouteilles.

Malt Orge ou autres céréales ayant subi un processus de germination contrôlée, stoppé dès que les graines renferment de fortes concentrations d'amidon. Après le séchage, le touraillage ou la torréfaction, le malt peut être transformé en mouture pour le brassage.

Märzen À l'origine, terme allemand désignant une bière moyennement forte brassée en mars (*März* en allemand), puis vieillie jusqu'à septembre ou octobre. Aujourd'hui, ce style de bière peut être brassé et consommé toute l'année.

Mash bill Terme d'Amérique du Nord désignant la proportion des différentes céréales ajoutées dans le mash.

Mash Mélange obtenu lorsque la mouture est trempée dans de l'eau chaude. Le processus de mashing consiste à transformer l'amidon des céréales en sucres fermentescibles.

Mash tun Cuve dans laquelle le mash est trempé dans l'eau.

Méthode champenoise Mise en bouteilles selon la méthode utilisée pour élaborer le champagne. Une seconde fermentation se fait dans la bouteille en ajoutant de la levure et des sucres fermentescibles. Ces bières sont généralement conditionnées dans des bouteilles champenoises et vieillissent plusieurs années.

Microbrasserie Terme désignant les petites brasseries fondées à partir des années 1970 et produisant des quantités de bière relativement modestes. Selon la US Brewers Association, le terme s'applique aux établissements produisant moins de 15 000 fûts de bière par an.

Mild Bière légèrement houblonnée, et donc à la saveur douce (*mild* en anglais) et à la teneur en alcool modérée. Associée aux régions industrielles du pays de Galles et des Midlands anglais.

Milk stout Stout sucrée élaborée avec des sucres de lactose non fermentescibles dérivés du lait, qui adoucissent la saveur finale de la bière.

Mousse Écume se formant à la surface de la bière lorsqu'elle est servie.

Moût Mélange contenant des sucres fermentescibles produits au cours du processus de mashing. Le moût est filtré, porté à ébullition, puis refroidi. La levure est ensuite ajoutée pour débuter le processus de fermentation.

Mouture Malt (ou autres céréales) écrasé qui, mélangé à l'eau chaude, constitue la base du moût.

Münchner (*Munich dunkel*) Style de dark lager allemand développé à Munich.

Oatmeal stout Style de bière populaire aux États-Unis brassé avec 5 % d'avoine au maximum.

Oktoberfest Fête de la bière organisée durant deux semaines dans la ville bavaroise de Munich en Allemagne.

Oud bruin « Vieille brune », style de bière flamand, sa durée de maturation peut s'étendre jusqu'à un an.

Pale ale Style de bière originaire de Grande-Bretagne caractérisé par l'utilisation de malts clairs. Le terme s'applique aux bières embouteillées.

Pasteurisation Processus de traitement à chaud appliqué à la bière pour conserver la qualité pendant le stockage. Pour certains, la pasteurisation étoufferait la saveur de la bière.

Pilsner, pils Style de bière blonde populaire, développé dans la ville tchèque de Plzeň, ou Pilsen.

Porter Famille de bières très sombres caractérisées par des saveurs de malt noir chocolat et une amertume houblonnée franche.

Pub-brasserie Bar ou restaurant ayant sa propre brasserie sur le site.

Rauchbier Style allemand de lager élaborée avec du malt fumé au bois de hêtre. Spécialité franconienne.

Reinheitsgebot Loi allemande sur la pureté de la bière, décrétée en 1516, aujourd'hui remplacée par une législation moderne. Selon ses termes, la bière doit contenir exclusivement de l'eau, de la levure, du malt et du houblon.

Schwarzbier Signifie « bière brune » en allemand. Lager brune et opaque.

Sour ale Bière aigre, ou acidulée, originaire des Flandres, et subissant une durée de maturation de 18 mois à deux ans en cuves de chêne, pendant laquelle elle prend son caractère acétique, très désaltérant.

Stein Chope allemande traditionnelle en verre ou en céramique (*stein* signifiant « pierre » en allemand).

Stout Style de bière brune, souvent de fermentation haute, élaborée avec des céréales fortement torréfiées.

Tap, taproom Dans les pays anglophones, désigne le bar ouvert sur le site de la brasserie où les visiteurs peuvent déguster les bières produites.

Triple, tripel, trippel Qualifie les bières d'abbaye belges les plus fortes ; désormais surpassées par les « quadruples ». Plus généralement, le terme désigne une bière de fermentation haute très forte.

Urbock *Voir* bock

Urtype Signifie « type d'origine » en allemand, permet de préciser que la bière est une version authentique d'un style établi.

Verre nonic Forme de verre à bière aux parois lisses, dont la contenance est de 0,5 ou 0,25 l. Il est caractérisé par un renflement facilitant la prise en main.

Vienna lager, lager viennoise Lager de robe bronze à cuivrée, à l'arôme et à la saveur maltés doux. Mise au point par le brasseur autrichien Anton Dreher.

Weiss, weisse Signifie « blanc » en allemand, désigne une bière blanche.

Weizenbier Terme allemand désignant une bière de froment.

Wit, witbier Ces termes signifient respectivement « blanc » et « bière blanche » en néerlandais.

INDEX

3 Schténg voir Grain d'Orge
32 Via dei Birrai 132
312 voir Goose Island
1516 Brewing Company 22, 153

A. Le Coq 136, 143
Aass 131
Abbaye des Rocs 90
ABC voir Asia Pacific Breweries
Åbro 135
Achouffe 90
Acorn 68
Affligem 90
AFO voir Ducato
Afrique du Sud 159
Aktien 44
Alaskan 7, 14
Aldaris 143
Aldersbach 44
Ales américaines 31
Alhambra 146
Alken-Maes 91
Allemagne 42-65
Altbier 63
Altenburg 44
Altöttinger 44
Amber 137
AmBev 91
Ambräusianum 57
Amstel 23, 129
Amsterdam Brewing (Canada) 148
Anchor 7, 12, 14
Angry Boy voir Baird
Anheuser-Busch InBev 14, 17, 20, 21, 23, 30, 34, 38, 45, 91, 95, 129, 157
Anker 90
Ankerbräu Nordlingen 45
Apatinska Pivara 140
Arabier voir De Dolle
Argentine 153
Aromatisation 124-125
Asahi 155
Asia Pacific Breweries 158
Atlanta 15
Atlas 68
Augustiner 45
Augustijn voir Van Steenberge
Australie 160-162
Autriche 123, 126

Baird 154
Baladin, Le 118, 124
Baltika 142
Banks's 68
Barley 118
Barons 160
Bateman 68
Bavaria 129
Bayern 22
BB 10 voir Barley
Beartown 69
Beck's 21
Beer Geek Breakfast voir Mikkeller
Beerlao voir Lao Brewery
Belgique 88-105
Bellevaux 91
Bell's 15
Bere Romania 140
Bergquell 45
Berghoff voir Minhas
Berliner-Kindl-Schultheiss 46
Bi-Du 9
Bier Circus 101
Bières allemandes 52
Bière à table 144-145
Bières de froment 138
Bières fruitées 103
Bières sauvages 92
Big Rock 148
Binchoise, La 91, 124
Bios Vlaamse Bourgogne voir Van Steenberge
Birra del Borgo 125
Birra Moretti 119
Birra Peroni 119

Birrificio Italiano 118
Bischofshof 46
Bitburger 45, 46
Black Ghost voir Fantôme
Black Isle 69
Black Tulip voir New Holland
Blackwater Dry Porter voir Orlando
Blanche des Honnelles voir Abbaye des Rocs
Blue Moon voir Coors
Bocq 91, 132
Bøgedal 133
Bohemian Lager voir Herold
Bootleg 160
Bosteels 93
Boston Beer Company voir Samuel Adams
Boulevard 11
Bourbon County Stout voir Goose Island
Bourganel 125
Bouteilles 132-133
Brakspear 78
Brand 128
Brasseurs de Lorraine 120
Brauerei Spezial's 56
Braustolz 46
Brésil 153
Brew Pub 130
Brewer's Art 16
Brice voir Grain d'Orge
Brick Brewing 151
Bridgeport 12, 29
Brok voir Koszalin
Brooklyn 16
Brooklyn Brewery 7, 16, 31
Broughton 70
Brouwerij 't IJ 128
Bucanero SA 152
Bucegi voir Heineken Romania
Bud 17
Budels 123
Budvar voir Budweiser Budvar
Budweiser Budvar 108
Budweiser Burgerbrau 108
Buller 153
Burton Bridge 70
Busch Light 17
Bush voir Dubuisson

Caffrey's 69
Cains 70
Calanda 127
Caledonian 70
Canada 148-151
Cantillon 8, 92, 93, 103
Carling 69
Carlsberg 7, 20, 23, 45, 69, 119, 121, 130, 136, 143, 157, 158, 163
Carlsberg Italia 119
Carlsberg Sweden 134
Carlton 161
Cascade 160
Castelain 120
Castle 22, 23
Castlemaine 161
Celis voir Michigan
Cereuro 147
Cervesur 153
Cesu Alus 136
Chang voir Thaibev
Cheval Blanc 149, 151
Chimay 93
Chine 157
Chodovar 108
Chouffe voir Achouffe
Chypre 147
Citabiunda 118
Cittavecchia 119
Ciuc voir Heineken Romania
Clausthaler 45
Coastal Brewing voir Old Dominion
Coopers 160
Coors 17, 69, 149
Copper Dragon 71
Corée du Sud 157
Corona voir Grupo Modelo

Corsendonk voir Bocq
Crailsheimer Engelbräu 47
Creemore Springs 148
Cristal voir Bucanero SA
Croatie 140-141
Cropton 71
Cuba 152
Cusqueña voir Cervesur

Daleside 71
Damm 146
Danemark 130-131
DB 163
De Dolle Brouwers 96
De Koninck 96
De Ryck 96
Dégustation 36-37
Delirium (bar) 101
Deschutes 17
Desnoes and Geddes 152
Deus Brut des Flandres voir Bosteels
Die Weisse 126
Diebels 63
Diekirch 127
Dieu du Ciel 151
Dinkelacker-Schwabenbräu 47
Döbler 47
Dogfish Head 7, 18
Dominion voir Old Dominion
Dommelsch 129
Dos Equis voir Moctezuma
Double Maxim 74
Dragon Stout voir Desnoes and Geddes
Dreher 139
Dubuisson 97
Ducato 119
Dugges Ale & Porterbryggeri 135
Durham 74
Duvel Moortgat 97
Dux de Lux 162
Duyck 120

Echigo 154
Echt Kriekenbier voir Verhaeghe
Eichhof 127
Eisenbahn 153
Ellezelloise 98
Emerson's 162
Ename voir Roman
Epic Pale Ale voir Steam Brewing
Erdinger 47
Espagne 146-147
Estonie 143
Etalon Weissbier voir Ridna Marka
États-Unis 12-41
Exmoor 74
Export Gold 163

Falken 127
Fantôme 97, 124
Farsons voir Simonds Farsons Cisk
Fässla 57
Fat Cat 149
Faust 50
Ferdinand 113
Ferme Brasserie Schoune 151
Finlande 135-136
Finlandia 135
Firestone Walker 18
Fischer 121
Fleků voir U Fleků
Flensburger 50
Fleurette voir Birrificio Italiano
Flying Dog 12, 19
Forst 19
Forstner 123
Fosters 69
France 120-122
Fraoch 124
Freiberger 50
Früh 60
Füchschen 63
Fujizakura Heights 154
Fuller's 74
Fürstenberg 51

Galway Hooker 75

Gambrinus 108
Gauloise, La voir Bocq
Géants voir Légendes
Géants de la bière 20-23
Gilde 51
Girardin 97
Glossaire 164-165
Gold Ochsen 51
Goose Island 19
Gouden Carolus voir Anker
Gourmetbryggeriet 130
Grain d'Orge 98
Granite 151
Gray's 41
Grèce 147
Greif 51
Grimbergen 91
Grolsch 22, 23, 128
Grupo Modelo 22
Guangzhou Zhujiang 157
Gubernija 142
Guinness 72-73, 75

Hacker-Pschorr 53
Hair of the Dog 12, 29
Hakusekikan 154
Hambleton 76
Hampshire 76
Hansa Borg 131
Härke 53
Hartwall 136
Harvest Moon 155
Heineken 20, 23, 69, 99, 112, 129, 137
Heineken España 146
Heineken Hungária 139
Heineken Italia 119
Heineken Romania 140
Helios 156
Herbes aromatiques 124-125
Hercule Stout voir Légendes
Herforder 53
Herold 109
Hertog Jan 129
Het Kapittel voir Van Eecke
High Falls 19
Highland 24
Hirt 123
Hite 157
Hobsons 76
Hoegaarden 94-95, 98
Hofbräuhaus 53
Hofbräu München 53
Hogs Back 76
Holba 109
Holsten 45
Hongrie 139
Hook Norton 77
Houblon 48-49
Huber voir Minhas
Hydes 77

IJ voir Brouwerij 't IJ
Îles Britanniques 66-87
InBev 21, 64, 91, 94, 95, 129
Inde 159
Indonésie 159
Interbrew 20, 91, 94, 127, 129, 142
Introduction 6-11
Isekadoya 155
Isle of Arran 77
Isle of Skye 77
Italie 118-119
Ithaca 24

Jacobsen 20, 23, 130
Jamaïque 152
James Squire voir Malt Shovel
Janáček 109
Jandelsbrunner 54
Japon 154-156
Jelen Pivo voir Apatinska Pivara
Jettenbach 54
Jever 55
John Smith's 69, 80
Jolly Pumpkin 24
Jopen 129
Jupiler 91, 129

Kalnapilis 143
Kaltenhausen 123
Kawartha Lakes Brewing
   voir Amsterdam Brewing
Keo 147
Kesselring 54
Keto Reporter voir Birra del Borgo
Kingfisher voir United Breweries
Kinshachi 155
Kirin 155
Klášter 113
KLB voir Amsterdam Brewing
Klosterbrau 56
Kölsch 52, 60
Kompania Piwowarska SA 137
König Ludwig 54
Koszalin 137
Krombacher 45, 58
Kronenbourg 69, 121
Kwak 85

La Choulette 120
La Djean voir Sainte-Hélène
La Rulles voir Rulles
La Trappe 129
Labatt 149
Laitilan 136
Lake Placid 24
Lambic 92, 103
Lambrate 119
Lancaster 25
Lang-Bräu 58
Lao Brewery 158
Laos 158
Leffe 21, 91
Légendes 98
Lettonie 143
Liefmans 99
Lindemans 99
Lindenbräu 58
Lion (États-Unis) 25
Lion (Nouvelle-Zélande) 163
Lion (Sri Lanka) 159
Little Creatures 10
Lituanie 142-143
Lobkowicz 109
Lokal voir Teresópolis
London Pilsner voir United
   Breweries
Lone Star 17
Lord Nelson 161
Louny 113
Löwenbräu 45, 58
Luxembourg 127

Mac & Jack's 25
Mack's (Norvège) 134
MacTarnahan's 12, 25
Maisel 59
Malt Shovel 161
Malte 147
Malt 36-37
Mammut 65
Maredsous voir Duvel
Marin 26
Marston's 68
Matilda voir Goose Island
Maximilians 65
McAuslan 149
McNeill's 41
Meantime 80
Medvídků voir U Medvídků
Meininger 59
Menabrea 119
Mercury 26
Meteor 121
Mexique 152
Michelob 14
Michigan 26
Midnight Sun 26
Mikkeller 131
Miller 17, 22, 26, 119
Minhas 27
Moa 63
Moctezuma 152
Molson 149
Monk's Habit voir Steam Brewing
Montegioco 132

Moortgat voir Duvel
Moosehead 149
Mordue 80
Moretti voir Birra Moretti
Mort Subite (bière) 99, 101
Mort Subite (bar) 211, 212-213
Mountain Creek voir Minhas
Mountain Goat 332
Multi Bintang 159
Murphy's 81
Murray's 162
Mythos 147

Nailaer Wohn 65
Nastro Azzurro 119
New Belgium 27
Newcastle 69, 82
New Glarus 103
New Holland 27
New Morning voir Ducato
Niagara Falls 149
Nick Stafford voir Hambleton
Nils Oscar 135
Nimbus 41
Nøgne ø 134
Norvège 131, 134
Nouvelle-Zélande 162-163

Oakham 82
Obolon 141
Ochakovo 142
Odell 30
Oeral voir De Dolle
Oerbier voir De Dolle Old Dominion 30
Old Luxters 82
Olvi 136
Oppale voir 32 Via dei Birrai
Orge 36-37
Orion 155
Orkney 82
Orlando 30
Orval 99
Otaru 156
Otter Creek 30
Oxford 79
Ozeno Yukidoke 156
Ožujsko voir Zagrebacka

Pabst 17
Palmer's 83
Paulaner 159
Pays-Bas 128-129
Pelican 28, 32
Peroni 22, 119
Pérou 153
Pike 32
Pilsner Urquell 22, 108, 110, 111
Pinkus Müller 59
Pivodum 115
Platan 113
Poechenellekelder 100
Polička 113
Pologne 137
Poretti 119
Porter 81
Portland Brewing voir MacTarnahan's
Portugal 146-147
Postel Dobbel voir Affligem
Poutník 113
Primátor 129
Prinz 127
Pyramid 32

Quarta Runa voir Montegioco
Quilmes 153

Re Ale Extra voir Birra del Borgo
Real Ale 32
Rebel 112
Red Brick voir Atlanta
Red Stripe voir Desnoes and Geddes
Redhook 40
Redoak 162
République tchèque 106-115
Reudnitzer 65
Reutberg 59
Ridna Marka 141
Ringnes 134

Rising Sun voir Baird
Rodenbach 102
Rogue 28, 33
Röhrl 61
Roman 102
Rooster's 83
Rouget de Lisle 121
Roumanie 140
Routes de la bière
   Bamberg, Allemagne 56-57
   Bruxelles, Belgique 100-101
   Cotswolds, Angleterre 164-165
   Oregon, États-Unis 28-29
   Prague, République tchèque 114-115
Royal Unibrew 131
Rulles 102
Russell 151
Russie 142
Russian River 33
Rychtář 113

Saalfeld 61
SABMiller 20-21
Sagres voir Sociedad Central
   de Cervejas
Saint Germain 122
Sainte-Hélène 102
Saison de Pipaix voir Vapeur
Saku 143
Samson voir Budweiser Burgerbrau
Samuel Adams 34
Samuel Smith 80, 81
Sankt Gallen 156
Sapporo 155
Schlafly 34
Schlenkerla 56, 57
Schlitz 17
Schumacher 63, 65
Schwarzbach 61
Schweiger 62
Scires voir Birrificio Italiano
Scottish & Newcastle 69, 80, 99, 143, 147
Serbie 140
Shakespeare Stout voir Rogue
Sharp's 83
Shepherd Neame 86
Shiga Kogen 156
Shiner 34
Sierra Nevada 31, 35
Simonds Farsons Cisk 147
Sinebrychoff 136
Singapour 158
Sint Bernardus 104
Ska 35
Slater's 86
Sleeman 150
Slovaquie 139
Slovénie 141
Slovensko 139
Snake River 35
Sociedad Central de Cervejas 146
Sol voir Moctezuma
Southampton 38
Southern Tier 38
Spinnakers 151
Sri Lanka 159
St-Ambroise voir McAuslan
St Austell 83
St Bernardus voir Sint Bernardus
St-Sylvestre 122
Starobrno 112
Starr Hill 38
Steamworks (États-Unis) 39
Steam Brewing (Nouvelle-Zélande) 163
Steenberge voir Van Steenberge
Stegmaier voir Lion (États-Unis)
Stella Artois 21, 91, 163
Sternquell 62
Stiegl 123
Stone Mill voir Anheuser-Busch
Storm Brewing 151
Stoudts 41
Stout 81
Straub 39
Sudwerk 39
Suède 135
Suisse 127
Sul Brasileira 153

Summit 39
Sun InBev 142
Sun Lik 157
Suntory 156

Tagus voir Cereuro
Ten Pin Porter voir Ska
Teresópolis 153
Terminal Gravity 40
Tetley 69
Thaibev 158
Thaïlande 158
Theillier 122
Thiriez 122
Thornbridge 86
Tiger voir Asia Pacific Breweries
Timmermans 104
Timothy Taylor 87
Titanic 87
Toccadibò voir Barley
Tomislav voir Zagrebacka
Tommyknocker 41
Toone 100
Topvar 139
Traditional Scottish Ales 87
Trappe voir La Trappe
Traunstein 62
Tripel Karmeliet voir Bosteels
Tröegs 41
True Blonde voir Ska
Tsingtao 157
Tuatara 163
Tuborg voir Carlsberg
Tui 163

U Fleků 113
U Medvídků 112
U Pinkasů 114
U Zlatého Tygra 114
Uerige 62
Ukraine 141
Unertl 64
Unibroue 150
Union 141
Unionbirrai 119
United Breweries 159
Urquell voir Pilsner Urquell
Ursus voir Bere Romania
Uttendorfer 126

Val-Dieu 104
Van Eecke 105
Van Steenberge 105
Vapeur 105
VB 161
Veltin's 45
Verhaeghe 105
Verres 84-85
Vichtenaar voir Verhaeghe
Victoria Bitter 161
Victory 40
Villacher 126
Von Wunster 119

Warka 137
Warsteiner 45
Weinstube Pizzini 56, 57
Weldebräu 65
Weltenburg 64
Wellington 150
Weltenbourg, Abbaye de 8, 52, 64
Westmalle 84
Westvleteren 104
Widmer 12, 29 40
Williams 48, 124, 125
Wychwood 78

X-Beer voir U Medvídků
Xingu voir Sul Brasileira

Yuengling 41
Yukon 150

Zagrebacka 141
Žatec 49, 107, 110
Zhu Jiang voir Guangzhou Zhujiang
Zipfer 126
Zötler 64

CONTRIBUTEURS

Tim Hampson, rédacteur en chef de cet ouvrage, avoue pratiquer l'un des meilleurs métiers du monde – il gagne sa vie à boire de la bière. Présentateur et rédacteur spécialisé dans la bière, il parcourt le monde en quête du breuvage parfait. Président du British Guild of Beer Writers, il cherche à prouver au plus grand nombre que la bière est une boisson bien plus complexe que le vin, ce qui n'est pas une tâche aisée. Ses travaux sont publiés dans *The Telegraph*, le magazine *Food & Travel*, *What's Brewing*, *Drinks International*, *Beers of the World*, *American Brewer*, *Brewers Guardian* et *Morning Advertiser*. Il fait également des apparitions sur BBC Good Food Live et Sky TV. Il est l'auteur de *Room at the Inn*, rédigé en collaboration avec **Adrian Tierney-Jones**.

Stan Hieronymus est un journaliste spécialisé dans la bière depuis 1993. Auteur de quatre livres sur le sujet, il a contribué à l'élaboration de nombreux autres ouvrages et a rédigé des centaines d'articles pour des magazines. Il est le fondateur du Beer Oral History Institute. Ses travaux lui ont valu de nombreuses récompenses, et il fut notamment désigné USA Beer Writer of the Year, en 1999. Depuis 1998, il est rédacteur pour le site Internet Realbeer.com. En 2008, il prit un congé de 15 mois pour voyager – et surtout visiter des brasseries. Dans cet ouvrage, Stan est l'auteur du chapitre sur les bières des États-Unis.

Werner Obalski est journaliste depuis 30 ans, spécialisé dans les alcools forts, le vin et la bière. Il écrit des critiques sur les bars et les restaurants pour plusieurs guides. Il est l'auteur de *365 Wine Tips* (Dumont Verlag, Köln), *Sherry* (Hädecke Verlag, Weil der Stadt) et *Tequila* (Hädecke Verlag, Weil der Stadt). Werner est aussi membre de l'organisation allemande Food Editor's Club, et juge et membre du ISW (Concours international de spiritueux) de Neustadt en Allemagne. Il vit et travaille à Munich. Dans cet ouvrage, il a contribué au chapitre sur les bières allemandes.

Alastair Gilmour est l'un des plus grands journalistes régionaux de Grande-Bretagne. Il est rédacteur des pages Culture de *The Journal*, quotidien du nord-est de l'Angleterre, dont les lecteurs apprécient ses articles spécialisés au sujet de la bière. Il fut rédacteur régional au *Glenfiddich Food & Drink Awards* en 2004 et 2007, et fut désigné à quatre reprises « Writer of the Year » par le British Guild of Beer Writers, entre 1998 et 2007. Il a été juge lors de plusieurs concours internationaux de bière, dont le Great British Beer Festival de Londres et l'International Master Bartender Awards à New York et à Prague. Dans cet ouvrage, Alastair a rédigé les chapitres sur la bière des îles Britanniques et de la République tchèque.

Joris Pattyn fut membre fondateur de Objectieve Bierproevers (OBP) au milieu des années 1980. Depuis il contribue à l'organisation de nombreux festivals, séminaires et concours, pendant lesquels il donne des conférences. Il est également juge lors de plusieurs concours internationaux, dont la World Beer Cup en 2008 à San Diego. Il rédige des articles pour les publications britanniques et américaines, et est co-auteur de *Lambic Land* avec Tim Webb et Chris Pollard. Il a récemment publié *100 Belgian Beers to Try Before You Die*. Il est membre de Zythos en Belgique, de PINT aux Pays-Bas, de CAMRA au Royaume-Uni, des Amis de la Bière en France, et de ABO en République tchèque. Dans cet ouvrage, il a rédigé les articles sur les bières belges.

Lorenzo Dabove est né en Ligurie et vit actuellement entre Milan et Genève où il travaille comme directeur culturel de Unionbirrai. Il est le plus grand expert de la brassiculture artisanale italienne et est réputé dans le monde entier pour sa démarche de promotion de la bière italienne ainsi que du brassage du lambic. Il a été juge dans divers concours prestigieux tels que la World Beer Cup en 2004, 2006 et 2008, ou la European Beer Star à Gräfelfing en Bavière, en 2006 et 2007. Il est l'auteur de *Le Birre*, publié en 2005 par Gribaudo Editore, Savigliano. Ici, Lorenzo a rédigé le chapitre sur les bières italiennes.

Gilbert Delos est un journaliste et biérologue français. Depuis plus de 20 ans, il goûte les bières d'Europe. Les titres *Les Bières du monde* (Tiger Books, 1994) et *Les Grands Chefs et la Bière* (Somogy, Paris, 2003) comptent parmi les ouvrages qu'il a rédigés sur le sujet. Il est aussi président des Amis de la Bière, une organisation rassemblant les amateurs de bière franciliens. Il organise des séances de dégustation. Dans cet ouvrage, il a rédigé les articles sur les bières françaises.

Conrad Seidl est né à Vienne où il travaille en tant que journaliste et commentateur politique pour le quotidien *Der Standard*. Ses articles sur la bière sont signés du pseudonyme « Bierpapst ». Ses rubriques apparaissent souvent dans le magazine gourmet *Falstaff* et dans le magazine spécialisé *Der Getränkefachgroßhandel*. Il présente une émission mensuelle diffusée aussi sur Internet (www.bierpapst.tv). Il a commencé sa carrière de rédacteur biérologue avec le guide autrichien *Hurra Bier !* en 1990, et a publié à ce jour plus de 25 ouvrages. Il est membre du British Guild of Beer Writers de Londres, du Gesellschaft für Geschichte und Bibliographie des Brauwesens de Berlin, de la Confrérie Gambrinus de Luxembourg, et du Bier Convent International de Munich. Ici, il a rédigé les articles sur les bières suisses et autrichiennes.

Ron Pattinson, membre du British Guild of Beer Writers, vit à Amsterdam. Il est l'auteur de nombreux articles sur la bière européenne. Ses guides sur les pubs sont utilisés par des milliers d'amateurs de bière. Les plaisanteries de mauvais goût, la surabondance des données, et une obsession pour la Barclay Perkins, la Dark Mild et la Leipziger Gose parsèment ses parutions sur l'histoire de la bière. Il a ici rédigé les articles sur les bières néerlandaises.

Laura Stadler-Jensen est une journaliste indépendante américaine basée à Copenhague au Danemark. Elle est spécialisée dans la culture scandinave et rédige des articles sur la gastronomie, les voyages et le design. Elle est mariée à Lasse Fredrik Jensen, chef cuisinier danois talentueux, qui apporte ses idées sur les tendances culinaires. Dans cet ouvrage, Laura a rédigé les chapitres sur les bières scandinaves.

Bryan Harrell est d'origine californienne, mais vit au Japon depuis 1977. Il est rédacteur et correspondant pour plusieurs magazines américains, et a mené des recherches approfondies sur la brassiculture japonaise pour contribuer aux ouvrages du célèbre spécialiste de la bière et du whisky Michael Jackson, décédé en 2007. Bryan a rédigé des ouvrages sur le brassage amateur, il publie actuellement la lettre mensuelle *Brews News* (www.bento.com/brews.html) et contribue à la rubrique sur la bière dans le magazine *Metropolis* de Tokyo (www.metropolis.co.jp/tokyo/recent/beer.asp). Il est ici l'auteur des articles sur les bières japonaises.

Willie Simpson vit en Tasmanie, dans une ville au pub unique. Considéré comme le plus grand rédacteur biérologue d'Australie, il écrit depuis une vingtaine d'années sur le nectar ambré et les autres boissons alcoolisées. Ses articles paraissent régulièrement dans le *Sydney Morning Herald* et dans *The Age*. Il est l'auteur de trois ouvrages : *Amber & Black* (New Holland Publishing, 2001), *The Beer Bible* (Fairfax Publishing, 2006) et *Home Brew* (Penguin, 2007). Plus récemment, il a créé sa brasserie artisanale Seven Sheds, dotée aussi d'une hydromellerie et d'une houblonnière. Dans ce livre, il a rédigé les articles sur les bières australiennes.

Geoff Griggs est le seul spécialiste de la bière à temps plein en Nouvelle-Zélande. Rédacteur, commentateur, juge et formateur, il écrit pour de nombreux magazines. Il signe une rubrique hebdomadaire dans le journal régional, et soumet ses critiques sur les bières à la plus grande chaîne de supermarchés du pays. Au cours de la dernière décennie, il a été juge lors de concours internationaux organisés en Nouvelle-Zélande et a été invité à rejoindre le jury du plus grand concours mondial de la bière, la World Beer Cup, pour l'édition 2008.

CRÉDITS PHOTOGRAPHIQUES

Les éditeurs souhaitent remercier toutes les brasseries qui les ont aidés en envoyant les bouteilles ou les étiquettes utilisées pour illustrer ce livre et rédiger les textes.

Merci également à toutes les agences et sociétés photographiques pour leur aimable autorisation de reproduire les illustrations contenues dans cet ouvrage :

Légende : h = haut, b = bas, c = centre, g = gauche, d = droite

Alamy 72 (hc, b), 73 (hd, bd), 94 (gc) ; Anheuser-Busch 21 (b, bd) ; Carlsberg 23-24 (b, c, bd) ; Getty 36-37 ; Golden Valley Brewery 29 (hg) ; Heineken 22 (h, hd) ; InBev 21 (hg, hc), 94 (hg, bc), 95 (hd, bd) ; Pelican 28 (b) ; Pilsner Urquell 110-111 ; Rogue Brewery 28 (hd, c) ; SABMiller 20 Sierra Nevada Brewery 11 (b).

Autres photographies en studio et sur site par : Thameside Media, Quentin Bacon, Joe Giacomet, Tim Hampson, Catherine Harries, Michael Jackson © DK/Michael Jackson, Roger Mapp © Rough Guides, Ian O'Leary © DK, Michael Schönwälder, Mark Thomas © Rough Guides.

Couverture : (1re de couverture) © Getty Images/Antonio Luiz Hamdan.

Cartes : Casper Morris, Paul Eames, David Roberts, Iorwerth Walkins.

Les éditeurs souhaitent remercier les personnes et organismes suivants pour l'aide qu'ils ont apportée à l'élaboration de cet ouvrage : Beers of Europe, Finn de Utobeer, Jeff de Cracked Kettle, Lithuanian Beer, Belgian Beer Shop, The Grove Tavern, Karen Heptonstall, Malini McCauley, Jennifer Crake de Tourmaline Editions, Florian Bucher, Dorothee Whittaker, Tina Gehrrig, Monika Schlitzer, Ina Melzer de DK Verlag, Dirk Kaufman de DK Inc, Rebecca Carman, Shawn Christopher, Katerina Cerna, Wojciech Kozlowski, Agnes Ordog, Jürgen Scheunemann, Yumi Shigematsu, Diggory Williams, Nora Zimerman.